rüffer & rub cares

Erika Ziltener

Zwischen Sorge, Hoffnung und Vertrauen

Patienten, Patientinnen, Personal – mehr Sicherheit für alle

Ein spezieller Dank für die fachliche und redaktionelle Unterstützung geht an Ruedi Spöndlin, den Juristen, Journalisten und Ko-Autor des Buches »Die Wucht der Diagnose«.

Die Autorin und der Verlag bedanken sich für die großzügige Unterstützung bei:

Rita Frei, Altstätten SG
Kunz Erben
IRENE-Stiftung

Der rüffer&rub Sachbuchverlag wird vom Bundesamt für Kultur mit einem Strukturbeitrag für die Jahre 2021–2024 unterstützt.

Erste Auflage Frühjahr 2023

info@ruefferundrub.ch | www.ruefferundrub.ch

Bildnachweis:
Cover, Kapitelseiten: © mathisworks | istockphoto.com
Porträt Ziltener: © Felix Ghezzi

Schrift: Arnhem, Avenir Next
Druck und Bindung: CPI – Ebner & Spiegel, Ulm
Papier: Werkdruck holzfrei (FSC) bläulichweiß, 90 g/m², 1.75

ISBN 978-3-907351-17-8

1

Mythos Gesundheitswesen

Das Schweizer Gesundheitswesen wird als eines der weltweit besten gelobt; ist das ein Mythos? Immer wiederauftauchende Berichte über Ereignisse zur Gesundheitsversorgung lassen das vermuten: »Patientin mit Medikamenten ruhiggestellt«, »Das Gesundheitswesen in der Krise« oder »Personalmangel gefährdet die Patientensicherheit«. Sie rütteln die Bevölkerung auf und verunsichern die Patient:innen, denn Gesundheit geht uns alle an, und schon morgen können wir betroffen sein. Wie also steht es grundsätzlich um unser Gesundheitswesen?

Die enormen medizinischen Errungenschaften der letzten Jahrzehnte bedeuten für viele Menschen Heilung, Besserung und für jene mit einer chronischen Erkrankung oft ein leichteres, längeres Leben. Zugleich wecken diese Errungenschaften große individuelle und kollektive Erwartungen an die Medizin, Pflege und Betreuung.

Die Medikalisierung[1] rückte die menschlichen Lebenserfahrungen und Lebensbereiche in den Fokus systematischer medizinischer Erforschung und Verantwortung, die vorher außerhalb der Medizin lagen. Mit dem Prozess setzte die Tendenz ein, die Menschen auch bei leichten Beschwerden oder gesundheitlichen Befindlichkeiten und bei natürlichen Lebensphänomenen wie Geburt und Tod medizinisch zu behandeln. Dieser gesellschaftliche Veränderungsprozess orientierte sich am Fortschritts- und Machbarkeitsglauben innerhalb der Naturwissenschaften; gemeinsam galt für alle Beteiligten des Gesundheitssystems das Ziel, die bestmögliche Versorgung der Bevölkerung zu erreichen.

Mit der Medikalisierung änderte sich auch die Wahrnehmung der Medizin und setzte sie der gesellschaftlichen Kritik aus: Die Medizin mache den Menschen beim Versuch, ihn zu heilen, krank, sie schütze sich selbst professionell vor Leistungskontrolle, Kritik und Veränderung, sie unterliege wirtschaftlichen Zwängen, für die sie selbst verantwortlich sei, sie normiere den Menschen mit dem naturwissenschaftlichen Menschenbild, sie übe soziale Kontrolle aus, und schließlich, die Medizin versuche Einfluss auf das menschliche Leben in seiner Gesamtheit zu nehmen. Die Ärzteschaft ist nicht nur mit dieser Kritik, sondern auch mit ihrem Selbstbild und dem abweichenden Verständnis von Berufsethik konfrontiert.

Die Erfahrungen und die systematische Forschung haben ein enormes, theoretisches Wissen generiert. Dem steht das deutliche Missverhältnis beim Wissenstransfer und bei der Implementierung in der Praxis gegenüber. So weist die Gesundheitsversorgung große Lücken bei der Sicherheit der Patientinnen und Patienten auf; bekannte Lösungsansätze wie das »Lernen aus Fehlern« oder ein konsequentes Qualitätsmanagement, auch zum Schutz des Personals, wird punktuell, aber nicht systematisch und schweizweit umgesetzt.

Vertrauen ist keine Selbstverständlichkeit

Vertrauen ist ein zentraler Wert in jeder Gesellschaft und wirkt bis in die kleinste Zelle – wenn sich zwei Menschen gegenseitig »blind vertrauen«, entsteht eine starke Bindung, die ausgesprochen belastbar ist. Zugleich verlangen wir einen Vertrauensbeweis, wir schenken jemandem unser Vertrauen, wir bauen im Vertrauen auf etwas und wir vertrauen einer Person etwas an. Parteien und Produkte werben um unser Vertrauen, wir machen Geschäfte auf Vertrauensbasis und wir geben uns das Ja-Wort im Vertrauen darauf, dass es für immer ist. Doch es ist Achtsamkeit geboten, denn Vertrauen ist schnell verspielt, gar zerstört und für immer verloren. Eine besondere Bedeutung kommt diesem Begriff in der Medizin zu, denn hier müssen wir uns darauf verlassen, dass das kostbare Gut – unser Leben – stets nach bestem Können und Wissen »behandelt« wird.

Wer sich in eine medizinische Behandlung begeben muss, muss vertrauen: ins Gesundheitspersonal, ins Gesundheitssystem, und dieser Mensch muss das gesellschaftliche Grundvertrauen in die Medizin teilen. Hingegen muss die Medizin – trotz anhaltender Kritik – kaum etwas für die Vertrauensbildung oder deren Erhalt tun.

Das Vertrauen ist eine gegenseitige Angelegenheit: Ein Mensch vertraut, dem anderen wird vertraut. Für die Arzt-Patienten-Beziehung bedeutet das: Die Ärztin muss das Vertrauen verdienen, die Patientin muss befähigt werden, ihr zu vertrauen. Der Patient M. erzählt: »Ich liege im Bett, frühmorgens werde ich in den Operationssaal gefahren. Auf dem Weg dorthin realisiere ich, ich muss aufstehen und gehen. Zu viel war falsch gelaufen, als ehemaliger Spitaldirektor kannte ich mich zudem gut aus. Ich hatte das falsche Medikament bekommen, die Informationen zu meinem Eingriff variierten gegenüber denjenigen vom Vortag und die Operationszeit wurde verschoben. Die Operation ging schief, eine lange Leidenszeit war die Folge, glücklicherweise bin ich trotz allem wieder gesund. Aber: Warum ich nicht weggelaufen bin, weiß ich bis heute nicht.«[2]

Sowohl die Ärztin wie der Arzt setzen auf Vertrauen, ohne das eine Erfolg versprechende Behandlung nicht möglich ist. »Ich muss einen Zugang zum Leben des Patienten finden und Vertrauen aufbauen, damit er sich öffnet.«[3] – »Ich habe ihm zugesagt, ihn durch die Therapie zu begleiten und an seiner Seite zu bleiben. Da hat er dann wieder Vertrauen gefasst – vor allem, weil ich ihm versprochen habe, dass er die Therapie auch jederzeit abbrechen kann.«[4]

Vertrauen, Nutzenabwägung und Abhängigkeit

Um das Vertrauen der Patientin zu gewinnen, muss der behandelnde Arzt ihr eine angepasste, überzeugende Nutzungsabwägung der Behandlung präsentieren und gegebenenfalls ihre illusorische Erwartung auffangen. Eine Alpinistin, die sich zeit ihres Lebens in den Bergen aufhielt und für die Immobilität undenkbar ist, beurteilt den Nutzen einer Knieprothese anders als ein Mann, der die meiste Zeit im Lehnstuhl sitzt und Bücher liest. Die Alpinistin wird im Gegensatz zum Bücherwurm den Nutzen einer neuen Prothese über das Operationsrisiko stellen und den Zeitpunkt für die Operation früher ansetzen. Die Nutzenbeurteilung hängt auch eng mit den existenziellen Risiken zusammen. Ein Handwerker nimmt die Operationsrisiken wahrscheinlich erst auf sich, wenn der Leidensdruck sehr hoch oder der Eingriff unausweichlich ist.

Bei einer medizinischen Behandlung ist Verlässlichkeit in allen Belangen unabdingbar, gerade in Situationen, in denen kontrolliertes rationalisiertes Abwägen nicht weiterhilft und intuitive Entscheidungsfähigkeit gefragt ist. Dazu gehört die gesellschaftlich definierte Rolle der Patientin und der Ärztin und die generalisierten Erwartungen. Die Patientin begibt sich in Abhängigkeit eines fremden Menschen. Sie trifft in einem geschlossenen Raum auf eine ihr nicht persönlich bekannte Person. Sie muss Fragen zu intimen und privaten Angelegenheiten beantworten und sie muss ihren Körper vor jemandem entblößen, in einer Situation, in der sie angeschlagen ist.

Die Asymmetrie in der Arzt-Patienten-Begegnung wird mit dem idealen Aufklärungsgespräch und der Nutzenabwägung auf das absolute Minimum reduziert. Dem Ideal entspricht das Aufklärungsmodell der partizipativen Entscheidungsfindung (Shared Decision Making, SDM) oder der Entscheidung auf der Grundlage von empirisch nachgewiesener Wirksamkeit »evidence-based patient choice/evidenzbasierte Patientenentscheidung«. Die Aufklärung zeigt der Patientin den individuellen Nutzen der Behandlung, das zu erwartende Resultat, allenfalls die Prognose, die Alternativen und die Behandlungsoptionen, sie kennt die Risiken, hat angemessene Bedenkzeit für ihren Entscheid und kann unter den gegebenen Umständen ihre Einwilligung erteilen.

Das paternalistische Verhältnis zum Patienten hat sich teilweise bis heute gehalten. In diesem hat der Patient eine passive Rolle, während der autoritäre Arzt entscheidet, welche Therapie die richtige ist. Zunehmend nähern sich die Patientin und der Patient jedoch dem Idealfall an. Er ist informierter und selbstbewusster als früher und wehrt sich gegen eine vereinnahmende Autorität des Arztes. Trotz allem bleibt eine gewisse Abhängigkeit bestehen.

Das Berufsethos des Gesundheitspersonals

Wir vertrauen einem Menschen, wenn wir davon ausgehen können, dass er sich den allgemein anerkannten Moralvorstellungen und der Berufsethik verpflichtet fühlt. Vertrauen basiert auf Ethik und Moral im Sinne eines korrekten Handelns und Entscheidens. Die Medizinethik beschäftigt sich mit den sittlichen Normsetzungen, die für das Gesundheitspersonal gelten sollen. Sie hat sich aus der ärztlichen Ethik entwickelt, betrifft aber alle im Gesundheitswesen tätigen Personen, Institutionen und Organisationen und nicht zuletzt auch die Patientinnen und Patienten.

Das Berufsethos wird von der Fachperson primär als Verantwortung für die individuelle Tätigkeit wahrgenommen. Ob diese daraus die Verpflichtung ableitet, sich für die Sicherheit der Patientinnen und Patienten im Versorgungssystem einzusetzen, obliegt grundsätzlich ihr. Nicht zuletzt die Erkenntnis, dass Patientensicherheit auch Sicherheit für das Personal bedeutet, führte in den letzten Jahren zur vertieften Auseinandersetzung mit dem Berufsethos.

Die Weltgesundheitsorganisation plädiert in »Globaler Aktionsplan für Patientensicherheit 2021–2030 – Auf dem Weg zur Beseitigung vermeidbarer Schäden in der Gesundheitsversorgung«[5] für die Sensibilisierung für das Berufsethos und die Umsetzung desselben. Sophie Hartmann plädiert ebenfalls dafür, »[…] dass das

Thema Sicherheit in allererster Linie einhergeht mit einer inneren Haltung jeder Person, die in einem sicherheitskritischen Bereich agiert«. – »Sicheres Arbeiten gelingt nur dann optimal, wenn es Teil des Berufsethos ist und entsprechend gelebt wird.«[6] Innerhalb der Organisationen betrifft das Berufsethos sämtliche Bereiche der Gesundheitsversorgung; dafür ist das Vertrauen des Personals in die Gesundheitsversorgung sowohl in der Institution wie in der Zusammenarbeit im Team notwendig. Die Basis bildet der vertrauensvolle Umgang und der Austausch untereinander. Die Schweizerische Akademie der Medizinischen Wissenschaften (SAMW) hält zudem Transparenz für unerlässlich, um die Glaubwürdigkeit von medizinischen Fachpersonen und das in sie gesetzte Vertrauen zu erhalten.

Die Medikation ist insbesondere in der Langzeitpflege ein großes Problem. Der Arzt Max Giger hat die Daten von 600 Pflegeheimen in der deutschen Schweiz und im Tessin ausgewertet. – »Die Zahlen erschreckten selbst ihn: 37 Prozent aller, die in einem Pflegeheim leben, bekommen ein Beruhigungsmittel, ein sogenanntes Neuroleptikum.«[7] Eine der gravierenden Nebenwirkungen ist das erhöhte Sturzrisiko. In der Studie werden Angehörige aufgefordert, dem Personal Fragen zur Medikation zu stellen.

Der Handlungsbedarf ist offensichtlich. Doch es gibt keine einfachen Lösungen für das Problem, insbesondere in Anbetracht des chronisch herrschenden Personalmangels. Dennoch darf die Verantwortung für eine sichere Medikation nicht auf die Angehörigen abgeschoben werden; zudem bleiben die alleinstehenden

Menschen außen vor. Angehörige können unterstützend wirken, aber die Verantwortung liegt beim Personal.

Damit das Personal die Verantwortung wahrnehmen kann, ist es auf eine sichere Arbeitsumgebung und den Schutz der Arbeitsrechte angewiesen. Die WHO widmete 2020 den Welttag der Patientensicherheit dem Gesundheitspersonal und lancierte die bahnbrechende Charta »Sicherheit des Gesundheitspersonals: eine Priorität für die Patientensicherheit«.

Dazu erklärt die WHO: »Die Charta ist den Millionen von Gesundheitsfachkräften gewidmet, die weltweit gegen COVID-19 kämpfen und sich und ihre Familien einem Risiko aussetzen, um Patienten zu behandeln, grundlegende Gesundheitsdienste bereitzustellen und die Ausbreitung der Krankheit einzudämmen; an das Gesundheitspersonal, das sich mit COVID-19 infiziert hat; und für diejenigen, die in ihren unermüdlichen Bemühungen zur Bekämpfung der Krankheit ihr Leben verloren haben.« Die Charta ist in zwei Teile gegliedert: Arbeitssicherheit: jetzt mehr denn je (Health worker safety: now more than ever), und dem Aufruf zu dringendem und nachhaltigem Handeln weltweit (Call for urgent and sustainable action globally). Dieser nennt vier konkrete Handlungsfelder:

1. Schaffen Sie Synergien zwischen den Richtlinien und Strategien für die Sicherheit des Gesundheitspersonals und für die Patientensicherheit (Establish synegies between health worker safety and patient safety policies and strategies).
2. Entwicklung und Umsetzung nationaler Programme für Gesundheit und Sicherheit am Arbeitsplatz

des Gesundheitspersonals (Develop and implement national programmes for occupational health and safety of health workers).

3. Gesundheitspersonal vor Gewalt am Arbeitsplatz schützen (Protect health workers from violence in the workplace).
4. Verbesserung der psychischen Gesundheit und des psychischen Wohlbefindens des Gesundheitspersonals (Improve mental health and psychological well-being of health workers).
5. Gesundheitspersonal vor physischen und psychischen Gefahren schützen (Protect health workers from physical and biological hazards).[8]

Mit dieser Charta nimmt die WHO alle in die Pflicht: die Behörden, die Fachverbände, Interessengruppen von politischen Entscheidungsträgern bis hin zum Gesundheitspersonal.

Dieses Buch beleuchtet Sicherheit der Patientinnen, Patienten und des Personals sowie Qualität der Gesundheitsversorgung aus verschiedenen Perspektiven. Es zeigt gangbare Lösungsansätze auf, es bekräftigt längst gestellte Forderungen, es betrachtet den Status von kranken Menschen in der Medizin und in der Gesellschaft, und schließlich befasst es sich mit dem absolut unverzichtbaren Vertrauen, das die Basis jeder Arzt-Patienten-Beziehung und weit darüber hinaus, darstellt.

2

Wie steht es um die Patienten-sicherheit?

Jenny Duroux – Herzoperation mit fatalen Folgen

Jenny Duroux[9] ist 76 Jahre alt, sie fühlt sich gesund, lediglich eine starke Gewichtsabnahme – sie wiegt nur noch 45 Kilogramm – macht ihr zu schaffen. Seit September 2016 leidet die lebensfrohe Rentnerin an einer diagnostizierten Herzklappeninsuffizienz, eine Undichtigkeit der Herzklappe, die mit Medikamenten behandelt werden kann. Im April 2019 verschlechtert sich ihr Zustand; sie weist Symptome wie Kurzatmigkeit, Müdigkeit und Leistungsabfall auf. Im Kantonsspital St. Gallen wird das Herz untersucht. Die Untersuchung bestätigt die Herzklappeninsuffizienz und zeigt gesunde Herzkranzgefäße. Jenny Duroux erhält zusätzliche Medikamente und muss sich mit der Frage auseinandersetzen, ob sie sich einer Operation zur Behandlung ihrer Insuffizienz unterziehen will. Bevor sie operiert werden kann, muss sie – wie es dem Standard der Vorbereitung für diesen Eingriff bezüglich optimaler Prävention einer Infektion entspricht – ihre Zähne behandeln lassen. Damit sie bei der Operation ein bestmöglich saniertes Gebiss hat, muss der Eingriff zeitlich verschoben werden. Das ist allerdings nicht gravierend, da es sich nicht um einen notfallmäßigen Eingriff, sondern um eine elektive (planbare) Operation handelt.

Da ihr der Grund für die Operation ihrer Mutter zu wenig klar ist, fragt die mittlere der drei Töchter per Mail bei der Ärztin nach, die Jenny Duroux ins Kantonsspital St. Gallen eingewiesen hat. Sie erhält weitere Auskünfte, die sie zufriedenstellen, sowie die Empfehlung, den operierenden Ärzten zu vertrauen.[10] Das Kantonsspital St. Gallen hat keine Herzchirurgie, Jenny Duroux wird ins Zürcher UniversitätsSpital (USZ) überwiesen. Dort tritt sie im Juni 2019 für die Herzoperation ein, und es werden weitere Vorabklärungen vorgenommen.

Der Chefarzt Francesco Maisano und sein Assistent besprechen die Erkenntnisse mit Jenny Duroux und den Angehörigen am Abend vor der Operation. Zudem erläutert der Operateur den Ablauf der Herzklappenoperation. Der Eingriff stelle ein geringes Risiko dar und dauere etwa drei Stunden. Der Anästhesist informierte die Patientin bereits am Nachmittag um 13.30 Uhr über die Narkose.

Gerne hätte die Tochter den Operationszeitpunkt vom Nachmittag auf den ersten Termin am Morgen verschoben. Einer der Operateure begründete das Festhalten an der geplanten Zeit damit, dass sie zuerst die »schwersten Fälle« operieren würden. Am Ende des mündlichen Aufklärungsgesprächs klopft Jenny Duroux dem Chefarzt auf die Schulter und sagt mit einem Lächeln: »Ich vertraue Ihnen.«[11]

Am Nachmittag des 5. Juni 2019 wird Jenny Duroux um 13.30 Uhr in den Operationssaal gefahren. Der Chefarzt und sein Team führen den »Routineeingriff« durch, sie reparieren die Trikuspidalklappe und ersetzen nebst der geplanten Mitralklappe zusätzlich die Aortenklappe. Das führt zu einem sehr schweren Eingriff, der viel länger dauert als geplant: Jenny Duroux erleidet intraoperativ plötzlich einen schweren Herzinfarkt mit einer für sie äußerst belastenden Herzmassage. Aufgrund eines kompletten Herz- und Kreislaufversagens muss der Operateur ein System zur Unterstützung (ECMO-System) der Lunge und des Herzens einsetzen. Nach 9,6

Stunden im Operationssaal wird Jenny Duroux mit offenem Brustkorb auf die Intensivstation verlegt.

Das lange Warten der Angehörigen

Die drei Töchter von Jenny Duroux verbringen den Nachmittag des Operationstags in der Stadt Zürich. Der Assistenzarzt hatte ihnen am Vortag einen Anruf etwa um 18.00 Uhr in Aussicht gestellt, weshalb sie um diese Zeit ins USZ zurückkehren. Dort treffen sie das leer geräumte Zimmer ihrer Mutter an; alles, was Jenny Duroux bei sich hatte, war auf einer Inventarliste festgehalten und bereits im Keller gelagert worden. Mittlerweile ist es 20.00 Uhr, das lange Warten und das leer geräumte Zimmer machen den Frauen große Angst; sie erfahren nie, warum das Zimmer geräumt wurde und weshalb die Operation so lange dauert.

Der ersehnte Anruf kommt um 20.45 Uhr. Der Assistent teilt den Angehörigen mit, die Operation dauere immer noch an. Das Operationsteam hätte zwei Klappen ersetzen und eine Klappe reparieren müssen. Er informiert sie nicht über den Grund der deutlichen Ausweitung der Herzklappenoperation, hingegen klärt er sie über den schwerwiegenden Verlauf auf. Gegen Ende der Operation habe sich eine Klappe als undicht herausgestellt, weil das Implantat zu groß gewesen sei. Die Klappe auszuwechseln habe zur erheblichen, ungeplanten Verlängerung der Operation beigetragen. Um 22.30 Uhr teilt der Assistent den Angehörigen schließlich das Ende des Eingriffs mit. Der Gesundheitszustand von Jenny Duroux sei stabil, und sie sei künstlich beatmet auf die Intensivstation verlegt worden. Den Brustkorb habe man noch nicht verschlossen, falls sich erneut ein

Blutgerinnsel bilde und man schnell reagieren müsse. Die Angehörigen können den fachlichen Wahrheitsgehalt dieser Informationen nicht beurteilen, sie müssen den gravierenden Operationsverlauf akzeptieren.

Weitere Operationen folgen

Am nächsten Morgen erkundigt sich eine der Töchter telefonisch auf der Intensivstation nach dem Befinden ihrer Mutter. Der Oberarzt informiert sie über deren sehr kritischen Gesundheitszustand. Die Tochter ist schockiert, denn gemäß Telefonat wenige Stunden zuvor wurde ihr Zustand als stabil eingeschätzt. Wiederum einige Stunden später wird der Ehemann informiert, dass seine Frau am gleichen Tag nochmals operiert werden müsse. Die Ärzte müssen einige Nähte erneut verschließen, zusätzliche Elektroden des notwendig gewordenen Herzschrittmachers anbringen und die ECMO-Kanüle neu positionieren. Dieses Mal dauert die Operation 1 Stunde und 52 Minuten.

Um 15.00 Uhr erfährt der Ehemann telefonisch von einer Ärztin, dass ein Impella-Pumpsystem [vergleichbar mit einem temporären Kunstherz, A.d.R.] eingesetzt werden müsse. Der nächste Anruf, dieses Mal von einem Assistenten, erfolgt um 18.00 Uhr: Sie hätten ein Blutgerinnsel entfernt, allerdings müssten sie noch einen Bypass einsetzen. Weil im Herzen keine künstlichen Bypässe eingesetzt werden können, hätten sie dafür eine Vene aus dem Oberschenkel ihrer Mutter entnommen. Obwohl die Angehörigen schon am Nachmittag über die zusätzliche Operation informiert wurden, findet der Eingriff, notfallmäßig, erst um 21.53 Uhr statt und dauert 2 Stunden und 13 Minuten.

Am 7. Juni können der Ehemann und die Töchter Jenny Duroux das erste Mal besuchen. Sie warten vor der Intensivstation, als ihnen der Chefarzt begegnet. Er versichert ihnen, dass eine Maschine normalerweise ein Blutgerinnsel schneller meldet, deshalb hätten sie verspätet auf die Komplikation reagiert. Er komme später für ein ausführliches Gespräch bei ihnen vorbei. Die Angehörigen von Jenny Duroux wurden von verschiedenen Ärztinnen und Ärzten informiert, der Chefarzt Francesco Maisano meldete sich – trotz seiner Ankündigung – nicht mehr bei ihnen.[12]

Vor dem Betreten der Intensivstation werden sie von einer Pflegefachfrau über das aufgeschwemmte Aussehen der Patientin vorbereitet. Wegen der vielen Operationen hatten sich ca. 24 Liter Flüssigkeit im Körper eingelagert. Trotz des Hinweises ist der Anblick der komatösen Mutter und Ehefrau sehr schmerzhaft.

Die große Ungewissheit hält an

Die Tochter stellt beim Besuch ihrer Mutter widersprüchliche Informationen über die Behandlung fest: Offenbar hat ihre Mutter am Tag zuvor doch keine Impella-Pumpe erhalten, das Herz müsse sich zuerst erholen. Zwar verliert Jenny Duroux täglich etwa vier Liter Flüssigkeit, aber gemäß Pflegefachfrau kann ein Mensch nicht mehr als vier bis fünf Liter Flüssigkeit pro Tag verarbeiten. Die Patientin sieht etwas besser aus, die eingelagerte Flüssigkeit und die schwache Herzleistung sind aber höchst problematisch. Einer der behandelnden Ärzte äußert sich besorgt, das Herz müsse in den nächsten Tagen stärker zu schlagen beginnen, denn ein Kunstherz sei für eine Patientin ihres Alters keine Option. Sie müssten sich Gedanken darüber machen, dass sich ihre Mutter vielleicht nicht mehr erholt, und es sei wichtig herauszufinden, was dem Willen der Patientin entspreche.[13] Auf die Angehörigen macht der Arzt keinen zuversichtlichen Eindruck. Sie wollen aber die Hoffnung auf keinen Fall aufgeben und beten für ein Wunder. Eine der Töchter spricht mit ihrer komatösen Mutter und hält ihr den iPod mit ihrer Lieblingsmusik ans Ohr. Sie ist überzeugt, dass die Mutter sie hören kann.

Mittlerweile ist der 11. Juni angebrochen. Durch das tägliche Telefongespräch mit der Intensivstation erfährt die Tochter, dass die Mutter laufend Flüssigkeit verliert, die Ärzte jedoch nach wie vor eine Dialyse nicht ausschließen können. Um 13.30 Uhr wollen sie eine Ultraschalluntersuchung durchführen, über die Dialyse entscheiden und die Tücher im offenen Brustkorb wechseln. Die Behandlung findet auf der Intensivstation statt. Die Tochter schätzt das Infektionsrisiko als sehr hoch ein, vor allem, weil die Ärzte bei der Aufklärung gesagt hatten, nach der Operation wollen sie Wunden und den offenen Brustkorb so rasch wie möglich verschließen, damit kein zusätzliches Infektionsrisiko bestehe.

Ein Arzt informiert die Tochter, dass nochmals ein Blutgerinnsel, vermutlich ausgelöst von der Herz-Lungen-Maschine, aus der Lunge entfernt werden musste. Der Arzt, der Jenny Duroux drei Tage nicht mehr gesehen hat, meint zuversichtlich, das Herz hätte sich etwas erholt, obwohl der Ultraschall die Herzschwäche deutlich zeigt. Offenbar ist der Verlust der Herzfunktion sehr drastisch, auch der Bypass ist undicht und musste operativ versorgt werden. Nur mit der Dialyse können sie noch zuwarten. Die Angehörigen besuchen Jenny

Duroux um 19.30 Uhr. Sie sieht schlecht aus, die erneuten Eingriffe haben sie geschwächt, und ihr Körper ist wieder stärker aufgeschwemmt.

Am Mittwoch, 12. Juni, wird die Familie über die weitere Verschlechterung des Gesundheitszustandes informiert. Weil die Nierenfunktion ungenügend sei, müsse noch am gleichen Tag mit der Dialyse begonnen werden. Wegen der Infektion werde zudem eine Erhöhung der Antibiotikatherapie notwendig. Wenn sich nicht sehr bald eine Verbesserung einstelle, werde Jenny Duroux nicht überleben. Das Gespräch der Angehörigen mit einem der behandelnden Ärzte zeigt eindrücklich: Nur ein Wunder kann sie noch retten. Die Tochter hält Zwiesprache mit der Mutter. Wenn sie leben wolle, müsse sie kämpfen, dürfe jetzt keinesfalls aufgeben. Der Körper ist nach wie vor sehr aufgeschwemmt, das linke Auge leicht geöffnet, am Mund haben sich kleine Wunden gebildet. Am späten Abend des 12. Juni wird Jenny Duroux von den Ärzten aufgrund einer aufgetretenen Sepsis, einhergehend mit einem Versagen der Organe, aufgegeben. Ihre Angehörigen werden am 13. Juni informiert, um 13.30 Uhr verabschieden sie sich gemeinsam von ihr. Verschiedene Ärzte sprechen mit ihnen, und sie werden von einer Fachfrau des Care-Teams betreut. Im Beisein der ganzen Familie werden die Maschinen schließlich abgestellt.

Jenny Duroux stirbt acht Tage nach der Erstoperation am 13. Juni 2019 um 14.17 Uhr auf der Intensivstation im USZ, ohne das Bewusstsein wiedererlangt zu haben. Ihr Tod ist für die Angehörigen ein Schock. Beim Schlussgespräch mit der Familie kurz vor dem Abstellen der Maschine werden ihre Fragen zu den nächsten

Schritten und was sie erwarten müssten, beantwortet. Der anwesende Arzt und das Pflegefachpersonal sind einfühlsam und offen für weitere Anliegen, doch für eine schlüssige Erklärung des tragischen Operationsverlaufs sei jetzt nicht der richtige Zeitpunkt.

Damit die Angehörigen den Tod der Ehefrau und Mutter verarbeiten können, sind sie auf eine lückenlose Aufklärung des Geschehens angewiesen. Fassungslos macht sie, dass Chefarzt Maisano nie mit ihnen gesprochen hat, obwohl er ihnen das zugesichert hatte. Auch sonst hat sich nie jemand vom USZ bei den Angehörigen gemeldet. Die Familie erhält lediglich wenige Tage nach dem Tod einen Brief vom USZ, adressiert an Jenny Duroux, mit den Implantatsausweisen und einem Begleitschreiben, sie solle diese immer auf sich tragen.

Erst Monate nach dem Tod von Jenny Duroux sind die Angehörigen in der Lage, zur Abklärung möglicher Sorgfaltspflichtverletzungen ein Rechtsverfahren in die Wege zu leiten.[14] Die Verantwortlichen des USZ zeigen sich nicht kooperativ, sondern verweisen auf den Rechtsweg. Die Angehörigen müssen das Recht auf Schadensersatz und Genugtuung erkämpfen und sich die Antworten auf ihre Fragen anderweitig organisieren. Klar ist: Kein Geldbetrag wird ihnen die ersehnte Genugtuung verschaffen. Sie bleiben hartnäckig und wollen nicht ruhen, bis ihre Fragen geklärt sind und sichtbare Verbesserungen in der Sicherheit der Patientinnen und Patienten umgesetzt werden.

Eine Tochter von Jenny Duroux: »Hätten wir das Ausmaß der Operation und die damit verbundenen Risiken für meine Mutter gekannt, hätte sie sich nicht operieren lassen.«

Ein sogenannter Routineeingriff endet in Mehrfachoperationen und dem Tod

Am Abend vor der Operation klärt der Chefarzt die Patientin und deren Angehörige über den Mitralklappenersatz auf. Die Operation würde ca. drei Stunden dauern, das Risiko sei tief, es handle sich um einen Routineeingriff, weshalb sie erst am Nachmittag operieren würden.

Gemäß Operationsbericht wurde bei Jenny Duroux ein Drei-Klappen-Eingriff durchgeführt, und weil der Aortenklappenersatz vom Chirurgen Maisano zu groß ausgewählt wurde, musste die eingesetzte Prothese im weiteren Verlauf wieder entfernt und durch ein Modell mit kleinerem Durchmesser ersetzt werden.[15] Entgegen der Aufklärung musste sie eine sehr schwere, 9,6 Stunden dauernde Operation mit hohem Risiko über sich ergehen lassen. Ein Drei-Klappen-Eingriff wird bei Patientinnen und Patienten dieser Altersgruppe nur selten durchgeführt.

Jenny Duroux war nicht rechtsgenügend aufgeklärt worden. Es kann mit an Sicherheit grenzender Wahrscheinlichkeit davon ausgegangen werden, dass sie die Einwilligung für die risikoreiche Operation nicht gegeben hätte. Die lebensfrohe Rentnerin hat sich einer geplanten, nicht dringenden Routineoperation unterzogen; die Aufklärungspflichtverletzung mit Todesfolge ist deshalb besonders gravierend.

Eines der Probleme bei Jenny Duroux war der Aortenklappenersatz. Dabei wird die kranke Klappe herausgeschnitten, vom Chirurgen nach Messung passend dazu die ideale Klappengröße gewählt und eingenäht. Bei der Patientin wurde jedoch zuerst ein Aortenklappenersatz (AKE) mittels biologischer Prothese Edwards Inspiris Resilia 21 mm eingesetzt und dann mit einer kleineren, 19 mm-Klappe, ersetzt.

Während der Herzklappenoperation erlitt Jenny Duroux einen Herzinfarkt.[16] Dabei handelt es sich um eine schwerwiegende Komplikation; diese war definitiv iatrogen bedingt (durch ärztliche Einwirkung entstanden). Die Koronargefäße der Patientin wurden bei der Operationsvorbereitung untersucht und als gesund befunden. Der Auslöser für den akuten Herzinfarkt war eine Verlegung im Bereich der Abgänge der Herzkranzgefäße, die Ursache lässt sich beim Operationsvorgang des notfallmäßigen Wechsels von einer großen zu einer kleineren Aortenklappenprothese vermuten. Weitere Gründe können Kalkpartikel oder Luft sein; auch Blutkoagel sind vor allem sekundär wegen einer gewissen Blutstase bei mechanischer Verlegung möglich. Diese sind als Initialauslöser für einen Herzinfarkt aber seltener. Zudem sollte der Chirurg durch sorgfältige Spülung nach Beendigung der Einnaht das Risiko eines solchen Ereignisses minimieren.

Möglicherweise wurde das beschädigte Herzkranzgefäß zu spät, erst bei Beendigung der Operation bemerkt und könnte dadurch den Herzinfarkt und die notwendige Herzmassage ausgelöst haben. Eine mögliche Verlegung der Herzkranzgefäße durch die initial zu große Aortenklappenprothese und auch der anschließende Herzinfarkt mit stillstehendem Herz ließ das Blut im Herzkranzgefäß nicht mehr fließen (Stase), was zur Gerinnselbildung führte. Allen Spezialisten mit gewisser Erfahrung musste zu diesem Zeitpunkt klar gewesen sein, dass das Herz nur noch geringe Chancen einer Erholung hatte.

Die letztendliche Ursache für ein fatales Vorkommnis wie einen Herzinfarkt während der Operation muss der Chirurg selbst evaluieren, auch um künftig ein solches Geschehen zu verhindern. Zudem ist er verpflichtet, dieses transparent zu kommunizieren wie auch zu dokumentieren, unter anderem im Operationsbericht. Eine Autopsie im Falle des Todes eines Patienten kann zur Aufklärung beitragen. Bei Jenny Duroux lässt sich die Ursache des katastrophalen Verlaufs von Fachleuten sehr wohl vermuten, im Operationsbericht oder in ihrem Patientinnendossier ist sie allerdings nicht vermerkt. Da es sich um ein akutes Herz-Kreislauf-Versagen handelte, wurde die Patientin an ein lebensunterstützendes System, einen sogenannten extrakorporalen Membranoxygenator (ECMO), angeschlossen, ansonsten wäre sie noch im Operationssaal verstorben.

Chefarzt Francesco Maisano war der Operateur der Herzklappenoperation von Jenny Duroux. Obwohl verschiedene Ärztinnen und Ärzte mitoperierten, wird – wie üblich – nur er als Operateur bezeichnet, weil die alleinige Verantwortung bei ihm liegt. Das gilt grundsätzlich und ist wichtig, damit die Verantwortung im Falle von Komplikationen nicht von einem Arzt auf den anderen geschoben werden kann.

Es obliegt zwingend dem Operateur, mit den Angehörigen den Verlauf und insbesondere die Komplikationen zu besprechen. Bei einem so gravierenden Verlauf wie bei Jenny Duroux ist die Kommunikation über den Operationsverlauf und deren Folgen immer Chefsache. Die 9,6 Stunden dauernde Operation mit gravierenden Komplikationen zeigt eindrücklich, wie laufend schwierige medizinische und ethische Entscheidungen getroffen werden mussten bei gleichzeitig katastrophaler Kommunikation mit den Angehörigen durch den verantwortlichen Operateur. Die Konsequenz war, dass die Angehörigen mit widersprüchlichen Informationen konfrontiert waren, unter anderem mit der unterschiedlichen Einschätzung des Gesundheitszustandes durch die verschiedenen Ärzte und Fachpersonen. Während ein Arzt sich hoffnungsvoll gab und meinte, die Patientin sei stabil, erklärte ein anderer den Angehörigen, sie sei in einem sehr kritischen Zustand, man müsse mit dem Schlimmsten rechnen. Insgesamt blieben die Angehörigen die meiste Zeit im Ungewissen, wurden oft über einen Sachverhalt erst nachträglich oder, wie über den Herzstillstand, nie informiert. Davon erfuhren sie erst Monate später aus dem Operationsbericht. Auch den Chefarzt haben sie – abgesehen von der zufälligen Begegnung vor der Intensivstation – nie mehr gesprochen.

Die medizinischen Entscheidungen fällten die Ärzte ohne Rücksprache mit den Angehörigen, und dem Patientinnendossier lässt sich bei der mangelhaften Dokumentation nicht entnehmen, ob die Ärzte beispielsweise die Patientenverfügung miteinbezogen hatten. Gemäß Dossier kam sie im Behandlungsverlauf von Jenny Duroux jedenfalls erst spät zur Sprache.

Jenny Duroux erhielt ein Impella-Pumpsystem, dessen Implantation allein ca. CHF 40 000 kostet. Es handelt sich dabei nebst dem initial implantierten ECMO um ein weiteres Life Support System, das spezifisch ein massiv geschwächtes Herz unter bestimmten Bedingungen für einen längeren Zeitraum unterstützen soll. Der Einsatz ist unter Fachleuten umstritten, er muss auf jeden Fall mit der Patientin bzw. den Angehörigen besprochen werden.

Schließlich wurde versucht, mit einer überstürzten Bypassoperation zu retten, was zu retten war. Doch der Herzmuskel von Jenny Duroux war nach einem solchen schweren Herzinfarkt irreversibel geschädigt. Es muss davon ausgegangen werden, dass das den operierenden Ärzten klar gewesen sein musste.

Ob die Furcht vor einem »Mors in tabula« (lateinisch für den Tod auf dem Operationstisch während eines chirurgischen Eingriffs), der für die Angehörigen und das medizinische Personal ein schwerwiegendes Ereignis ist, die medizinischen Entscheide über den Behandlungsverlauf hinweg beeinflusste, lässt sich dem Dossier ebenfalls nicht entnehmen. Denn ein außergewöhnlicher Todesfall muss den Behörden gemeldet werden, damit die Todesursache offiziell geklärt werden kann.

Der Tod von Jenny Duroux lässt viele Fragen offen

Der Prothesenersatz zweier Herzklappen, die anatomisch eng beieinander liegen, erfordert – laut medizinischer Fachmeinung – Erfahrung und ordentliches Arbeiten wegen der Wahl der jeweiligen Prothesengrößen und der Positionierung bei der Einnaht am Herzen. Anschließend muss routinemäßig sorgfältig geprüft werden, ob die Herzkranzgefäßzugänge frei sondierbar sind. Erst dann kann die Patientin von der Herz-Lungen-Maschine genommen werden, der Körperkreislauf wieder mit dem selbst schlagenden Herzen verbunden und der Brustkorb verschlossen werden.

Der Tod von Jenny Duroux lässt viele Fragen offen: Warum musste die Aortenklappe zweimal ersetzt werden? Warum wurde die Operation auf einen Drei-Klappen-Eingriff ausgeweitet? Warum kam es zum Herzinfarkt? Warum musste ein Bypass eingesetzt werden? Was muss der Laie unter einem stabilen Zustand verstehen? Musste zu einem bestimmten Zeitpunkt von einem »Mors in tabula« ausgegangen werden? Wann wurde den Ärzten klar, dass sie Jenny Duroux nicht retten konnten? Und zuletzt: Was bedeutete die medizinische Begründung von Francesco Maisano, die Maschine habe ein Gerinnsel zu spät gemeldet?

Die Patientensicherheit im Fokus

Jenny Duroux hat gravierende und unerwartete Operationsfolgen erlitten, was den Handlungsbedarf bezüglich Patientensicherheit und Kommunikation eindrücklich aufzeigt. Die Patientensicherheit wird beispielsweise von folgenden Faktoren beeinflusst:

- »Mangelhafte Aufklärung der Patientinnen und Patienten
- Fehlerhafte und/oder unvollständige Dokumentation der Behandlung
- Schlechte oder mangelhafte Kommunikation
- Verzögerte Übermittlung von Austritts- und Übertrittsberichten
- Therapeutische Fehlbehandlung, z. B. ärztliche Sorgfaltspflichtverletzung bei operativen Eingriffen
- Fehler bei der Diagnosestellung, z. B. durch falsche Untersuchungsmethoden
- Fehler bei der Interpretation der Untersuchungsresultate

- Fehler bei der Indikationsstellung und entsprechend falsches therapeutisches Vorgehen
- Fehlbare Einschätzung vor und/oder während der Operation
- Mangelhafte interdisziplinäre Zusammenarbeit / hierarchische Strukturen
- Beschönigen von Ergebnissen und Unterschlagung von Komplikationen
- Fehlende oder nicht standardisierte Nachkontrollen
- Inkorrekte Publikationen / überwiegendes Forschungsinteresse
- Interessenskonflikte / wirtschaftliche Interessen«[17]

2018 legte die »World Alliance for Patient Safety« – eine von der Weltgesundheitsorganisation (WHO) 2004 gegründete Arbeitsgemeinschaft – die am weitesten verbreitete und allgemein akzeptierte Definition für Patient:innengefährdung vor: »Medizinischer Fehler: Ein unerwünschtes Ereignis oder ein Beinahe-Schaden, der nach dem derzeitigen Stand des medizinischen Wissens vermeidbar ist.«[18] Sie listet im gleichen Jahr zehn Fakten auf, die weltweit die Patientensicherheit gefährden:

- »Unerwünschte Ereignisse sind weltweit die 14. häufigste Ursache für Erkrankungen – sie gleichen der Inzidenz von Tuberkulose und Malaria. (Jedes Jahr kommt es weltweit zu 421 Millionen Krankenhausaufenthalten. Während dieses Aufenthalts ereignen sich etwa 42,1 Millionen Schadensfälle.)
- Jeder zehnte Patient erfährt im Krankenhaus Schaden.

- Der unsichere Gebrauch von Arzneimitteln schädigt jedes Jahr Millionen von Menschen und kostet Gesundheitssysteme mehrere Milliarden.
- 15 % der Krankenhausausgaben fließen in die Korrektur unerwünschter Ereignisse.
- Eine finanzielle Investition in die Patientensicherheit lohnt sich – sie spart enorm viel Geld.
- 14 von 100 aufgenommenen Krankenhauspatienten erleiden eine im Krankenhaus erworbene Infektion.
- Über eine Million Patienten sterben jährlich an Operationen.
- Falsche oder zu späte Diagnosen schädigen viel zu viele Patienten.
- Die enorme Strahlenbelastung in der klinischen Versorgung stellt ein ernst zu nehmendes Gesundheits- und Sicherheitsproblem dar.
- Mehr als die Hälfte der Behandlungsfehler in der Hausarztmedizin und medizinischen Grundversorgung sind auf Verwaltungsfehler (Termine, Dossierfehler) zurückzuführen.«[19]

»Jede Minute sterben fünf Menschen wegen fehlerhafter Behandlung«, sagte der WHO-Chef Tedros Adhanom Ghebreyesus 2019 in Genf.[20] Davon seien alle Länder betroffen, unabhängig vom Grad ihres Wohlstandes und/oder von der Höhe der Gesundheitskosten. »Die Bandbreite der Fehler ist groß: manche Patienten bekämen eine falsche Diagnose oder falsche Medikamente, sie würden falsch bestrahlt oder infizierten sich während der Behandlung. Auch Amputationen falscher Gliedmaßen oder Hirnoperationen auf der falschen Seite des

Kopfes kämen vor. ›Es ist ein globales Problem‹, sagte die WHO-Verantwortliche Neelam Dhingra-Kumar.«[21]

Kommunikation und Dokumentation

Für die Sicherheit der Patientinnen und Patienten ist die Dokumentation der Gesundheitsversorgung und die Kommunikation mit den Patient:innen, Angehörigen und zwischen allen beteiligten Fachpersonen in der ambulanten und stationären Gesundheitsversorgung von zentraler Bedeutung. Sehr viele Fehler passieren wegen signifikanter Kommunikationsmängel, was keine neue Erkenntnis darstellt. Der Anästhesist Daniel Scheidegger, der sich intensiv mit vermeidbaren Fehlern in der Medizin beschäftigte, stellte bereits 2004 fest: »Bei 85 % der Zwischenfälle, die im medizinischen Bereich vorkommen, sind Kommunikationsfehler schuld.«[22] Eine klar verständliche und offen transparente zwischenmenschliche Kommunikation ist für eine nachhaltige Sicherheit in der Gesundheitsversorgung unabdingbar.

Ein Meilenstein in diese Richtung erfolgte 2017 mit der gemeinsamen Kampagne der Stiftung für Patientensicherheit Schweiz unter dem Motto: »Speak up: Sicherheitsbedenken ansprechen«, der Plattform Patientensicherheit Österreich und dem deutschen Aktionsbündnis Patientensicherheit unter: »Speak Up! Wenn Schweigen gefährlich ist«. Mit der Kampagne sollte eine Form der Kommunikation, die wesentlich zur Patientensicherheit beiträgt, unter Kolleg:innen – über Berufsgruppen und Hierarchiestufen hinweg – etabliert werden.[23] Dazu wurden Empfehlungen erarbeitet, die aufzeigen, was wirkungsvolle Kommunikation leisten kann: Schlechte Verständigung im Team verbessern und den Austausch mit anderen Abteilungen und anderen Berufsgruppen fördern. Sie kann nicht gelebte Teamarbeit, ständige Unterbrechungen und Ablenkungen sowie fehlendes teambasiertes Training als Fehlerquellen identifizieren. Zudem werden die Fachpersonen mit der Kampagne aufgefordert, Sorgen, Bedenken und Zweifel, Ideen und Vorschläge im Zusammenhang mit der Patientensicherheit zu thematisieren und sich gegenseitig zu ermutigen, Kolleg:innen auf riskantes Verhalten und Sicherheitsprobleme anzusprechen.[24]

Mittlerweile sind die Begriffe der Patientensicherheit und der zwischenmenschlichen Kommunikation untrennbar miteinander verbunden; mit dem Gelingen einer sicheren Kommunikation befassen sich zahlreiche Projekte und Aktivitäten und stellen entsprechende Angebote zur Verfügung. Exemplarisch ist das Projekt »Sichere Kommunikation: die SACCIA-Kernkompetenzen« der Kommunikationswissenschaftlerin Annegret Hannawa[25] zu nennen. Laut Hannawa ist »die wichtigste Funktion der Kommunikation im Gesundheitswesen, im Sinne der Patientensicherheit, eine erfolgreiche zwischenmenschliche Verständigungsfindung. [...] Mit der Kommunikation soll mittels kommunikativer Fertigkeiten mit anderen ein einheitliches Verständnis der eigenen Gedanken, Gefühle, Absichten und Bedürfnisse erzielt werden.«[26] Sie setzt dafür auf fünf »SACCIA«-Kompetenzen, die für eine gelingende Kommunikation notwendig sind: Suffizienz (Sufficiency), Richtigkeit (Accuracy), Klarheit (Clarity), Kontextualisierung (Contextualization) und Zwischenmenschliche Anpassung (Interpersonal Adaptation). Diese evidenzbasierte Reihe von Kernkompetenzen für eine sichere Kommunikation sind aus einer kommunikationswissenschaftlichen Analyse von Hunderten von kritischen Vorfällen im Gesundheitswesen als gemeinsame mangelhafte zwischenmenschliche Prozesse identifiziert worden. Eine kompetente Kommunikation beinhaltet zwischenmenschliche Prozesse, die von allen Akteur:innen als angemessen und effektiv empfunden werden.[27]

Was können Patientinnen und Patienten zu ihrer Sicherheit beitragen? Der englische Arzt und WHO-Beauftragte für Patientensicherheit Sir Liam Donaldson[28] beantwortete in einem Podcast von Annegret Hannawa diese Frage eindrücklich: »Mit Storytelling! Erzählen Sie Ihre Geschichte als Patientin, als Patient, als Angehörige.« Er erzählte Studierenden der Medizin die traurige Geschichte einer Mutter, deren Kind wegen eines Behandlungsfehlers gestorben ist. »Ich habe Tränen in den Augen der angehenden Ärztinnen und Ärzten beobachtet; eine solche Betroffenheit habe ich nie zuvor gesehen. Niemand, der diese traurige Geschichte gehört hatte, wird sie je wieder vergessen.«[29]

Nebst der Kommunikation kommt der einwandfreien Dokumentation der Behandlung eine herausragende Bedeutung zu. Das Leiturteil des Bundesgerichts vom 19. August 2015 »schränkt die ärztliche Dokumentationspflicht auf einen vernünftigen Rahmen ein, nämlich auf das, was medizinisch üblich und erforderlich ist. Mit anderen Worten: Zu dokumentieren ist das medizinisch Notwendige und Übliche. Was das genau ist, muss im Streitfall ein medizinischer Experte festlegen.«[30]

Um eine eindeutige Verletzung der Dokumentationspflicht handelt es sich bei einer von Francesco Maisano durchgeführten Herzklappenoperation. Er dokumentierte eine intraoperative Reanimation, die lediglich im intraoperativen echokardiografischen Bericht und im Anästhesieprotokoll vermerkt ist, im Operationsbericht und auch im Austrittsbericht hingegen nicht. »Im Gegenteil wird ausgeführt, dass das Device [Anm. Herzklappenprothese] ›ohne Probleme‹ implantiert werden konnte bzw. dass die Operation ›problemlos‹ verlief.«[31]

Im Zusammenhang mit einem noch nicht zugelassenen Produkt kann eine fehlende Dokumentation von Zwischenfällen zur Verschleierung von Problemen führen, die für die zukünftige Anwendung relevant sein könnten. Für die Nachbehandlung ist die Dokumentation einer Reanimation zwingend notwendig, weil sie für den/die Patient:in belastend ist und sie möglicherweise durch anderweitige gesundheitliche Gründe, die ebenfalls eine Reanimation auslösen können, verursacht wurde. Für die Sicherheit ist die vollständige Dokumentation für den gesamten Behandlungsverlauf, insbesondere bei Involvierung verschiedener Fachdisziplinen als auch beim Wechsel einer Fachperson, unabdingbar.

Forschung und Interessenskonflikte

Patientinnen und Patienten – auch die zukünftigen – können bei Forschungsprojekten durch beschönigende Publikationen über Komplikationen bei Behandlungen oder Unterschlagung von negativen Studienresultaten zu Schaden kommen. Die Beweggründe für Fehlleistungen sind vielfältig: Fehlendes Know-how, Unsorgfalt, Eigeninteresse wirtschaftlicher Natur oder das Streben nach Reputation und Macht. Meistens liegt eine Kombination verschiedener Ursachen vor.

Gemäß medizinischer Forschungsethik ist deshalb die Unabhängigkeit von wirtschaftlichem Eigeninteresse, das überwiegende Forschungsinteresse gegenüber dem Interesse der Studienteilnehmenden notwendig: Unabdingbar ist eine wissenschaftlich nachvollziehbare und relevante Fragestellung, ein wissenschaftlicher / sozialer Wert der Studie sowie das Potenzial, die Betreuung von Patient:innen oder die klinische Praxis zu verbessern.

Bei der »Forschung am Menschen« geht es nebst der Grundlagenforschung vor allem darum, Krankheitsursachen zu verstehen und Behandlungsmöglichkeiten zu verbessern. Weil sie auch mit möglichen Gefahren verbunden sein kann, ist der Schutz des Menschen zwingend notwendig. Der Bund wird diesem Anspruch in der Gesetzgebung mit dem Hauptzweck, die Würde, Persönlichkeit und Gesundheit des Menschen in der Forschung zu schützen, gerecht. Verankert ist die Forschung im Humanforschungsgesetz (HFG),[32] in seiner Verordnung, weiteren gesetzlichen Bestimmungen und anerkannten Richtlinien von Fachorganisationen wie diejenigen der Schweizerischen Akademie der Medizinischen Wissenschaften (SAMW): »Abgrenzung von Standardtherapie und experimenteller Therapie im Einzelfall«,[33] »Zusammenarbeit von medizinischen Fachpersonen mit der Industrie«[34] sowie den Richtlinien zur »Integrität in der Wissenschaft«[35] und dem »Kodex zur medizinischen Integrität« der Akademien der Wissenschaft Schweiz. Der Kodex definiert die Grundprinzipien für wissenschaftlich integres Verhalten: »Verlässlichkeit«, »Redlichkeit«,

»Respekt« und »Verantwortung«. Diese Integrität ist folglich eine ethische Grundhaltung und setzt Reflexion, Selbstkritik und Selbstdisziplin voraus. Sie gilt für sämtliche an der Wissenschaft beteiligten Fachpersonen, ihnen obliegt auch die Verantwortung für den Vollzug der Gesetzesbestimmungen und der Richtlinien und ist eine Grundbedingung für gute Forschung.[36]

Jede Forschung muss ethisch vertretbar und die Aufklärung für die Patient:innen und Proband:innen muss umfassend und verständlich sein. Das Forschungsvorhaben muss wissenschaftlich relevante Fragestellungen aufweisen und mit Endpunkten eingegrenzt werden. Die Patient:innen und Proband:innen für die Teilnahme an Studien müssen nach ethischen Grundsätzen ausgewählt und Studiendaten entsprechend ausgewertet werden. Forschende dürfen sich keine finanziellen Vorteile verschaffen, und allfällige Interessenskonflikte müssen transparent dargelegt werden. Gemäß Artikel 10 des Humanforschungsgesetzes müssen bewilligte klinische Versuche in einem öffentlichen Register erfasst werden. Deshalb sind sämtliche klinischen Versuche im Studienportal publiziert, sind öffentlich einsehbar und können jederzeit abgerufen werden.[37]

In der Schweiz darf »Forschung am Menschen« nur mit der Bewilligung einer kantonalen Ethikkommission durchgeführt werden. Bei bestimmten Forschungsprojekten mit Medikamenten oder Medizinprodukten muss zusätzlich auch das Schweizerische Heilmittelinstitut Swissmedic das Projekt beurteilen und die Bewilligung erteilen. Geforscht wird in klinischen Versuchen (Studien) mit einer bestimmten Anzahl an Teilnehmenden oder experimenteller Einzeltherapie »Compassionate Use« (wörtliche Übersetzung: »Anwendung aus Mitgefühl«).[38] Letztere weicht von der Standardtherapie ab bzw. kann unter bestimmten Bedingungen bei Fehlen einer Standardtherapie eingesetzt werden. Ein »Compassionate Use« stellt einen Einsatz im Graubereich noch nicht zugelassener Produkte dar. Es handelt sich nicht um eine Studie, und die Ergebnisse dürfen auch nicht in ein davon unabhängiges Forschungstrial einfließen. »Compassionate Use« sollte nur bei Patient:innen eingesetzt werden, die ansonsten aufgrund mangelnder anderweitiger Therapieoptionen innerhalb eines kurzen Zeitraums versterben würden.

Studien dienen grundsätzlich der Untersuchung der Sicherheit und Wirkung eines Produkts. Für die Teilnehmenden sollte das Risiko so klein wie möglich sein. Der Benefit aus einer möglicherweise erfolgreichen Therapie darf nicht versprochen werden, damit diese an der Studie teilnehmen. Ein/e Patient:in kann hoffen, für sich einen Benefit aus der Studie zu ziehen, das darf aber nicht der Beweggrund für die Teilnahme sein. Eine Studie dient auch zur Untersuchung der Effizienz einer neuartigen Behandlungsmethode für künftige Patient:innen, so wie diese von aktuellen Behandlungen profitieren, die wiederum auf vergangenen Studien aufbauen. Ein Arzt darf deshalb Patient:innen mit einer schweren Erkrankung eine klinische Studie nicht als letzte Hoffnung für ein Medikament oder ein Medizinprodukt versprechen. Patient:innen geben oft ihre Einwilligung für die Studienteilnahme, auch wenn sie für sich keinen Nutzen aus der Studie ziehen können, aber das Wissen, einen Beitrag für die Behandlung künftiger Patient:innen gegeben zu haben, kann für viele tröstend sein.

Zum Schutz der Patient:innen ist für die Studienteilnahme und für die »Compassionate-Use«-Behandlung gemäß Gesetz und den Richtlinien der SAMW deren informierte – in der Regel schriftliche – Einwilligung[39] zwingende Voraussetzung; verantwortlich dafür ist die Ärztin oder der Arzt. Diese sind auch verantwortlich für die sorgfältige Durchführung der Studie gemäß Studienprotokoll und für die Meldung von Komplikationen; Letztere ist gesetzlich geregelt und für die Auswertung der Behandlung bzw. des Forschungsresultats unabdingbar.

Für ein »Compassionate Use« muss die Bewilligung der Swissmedic vorliegen. Diese ist darauf angewiesen, dass der Studienarzt den Antrag wahrheitsgetreu ausfüllt. Denn weil sich die Patientin in einem solchen Fall in Lebensgefahr befindet, muss die Entscheidung innerhalb kurzer Zeit gefällt werden, was der Swissmedic keine Zeit für die allfällige Nachprüfung lässt. Wenn ein Antragsteller dieses Vertrauen missbraucht, muss er hart bestraft werden.

Für die Überprüfung einer Behandlung im Rahmen der Forschung ist der Zeitraum von besonderer Bedeutung. Um den nachhaltigen Erfolg eines neuen Produkts, das als eine Therapie zur Verbesserung eines Krankheitszustands oder sogar zu einer kompletten Heilung dienen soll, zu gewährleisten, sind hochqualitative und wahrheitsgetreue Verlaufskontrollen eine wichtige Grundlage. In der heutigen Zeit ist es mit der modernen Technik beispielsweise sehr selten, dass jemand auf dem Operationstisch stirbt. Auch überleben Patient:innen häufig die ersten 30 Tage, weshalb sich dieser kurze Zeitraum nicht für die abschließende Beurteilung einer Behandlung eignet und kein Kriterium ist, den Eingriff als gut zu befinden. Dabei muss die Dauer der Zeit für die Nachkontrolle dem Implantat-Typ angepasst sein. Entscheidend ist zudem, ob es der Patientin oder dem Patienten besser geht als vor dem Eingriff oder sich der Gesundheitszustand wenigstens nicht verschlechtert hat. Aber auch bei einer vermeintlichen Besserung sind standardisierte Untersuchungsnormen und Klassifikationen anzuwenden und zu protokollieren; denn die subjektive Beurteilung ist vom Wunsch der Patientin und des Arztes geleitet, dass sich der Gesundheitszustand unbedingt verbessert hat.

Bewilligungsverfahren und Meldepflicht

Im Umgang mit Medizinprodukten gilt eine Meldepflicht von schwerwiegenden Ereignissen. Ein solches Ereignis muss sowohl die Herstellerfirma als auch der Anwender der Swissmedic melden. Die doppelte Meldepflicht soll dem Schutz der Patient:innen dienen und verhindern, dass sich schwerwiegende Vorkommnisse wiederholen.[40] Als Medizinprodukte gelten medizinisch-technische Geräte und Instrumente wie Defibrillatoren, medizinische Software, Zubehör wie Aufbewahrungsfläschchen und auch Implantate. »Anders als Arzneimittel durchlaufen die Medizinprodukte keine behördliche Zulassung. Für diese Produkte stützt sich die Schweiz auf die Vorgaben an das System der Konformitätsbewertung bzw. Zertifizierung von der Europäischen Union (EU) ab. Die Konformität zu den international geltenden Normen wird dabei von privaten Stellen bewertet.«[41]

Der Unternehmer Geoffrey Andrews gründete 1995 im britischen Cambridge die Firma Ranier Technology Ltd. Diese brachte nach mehr als acht Jahren Forschung die Bandscheibe Cadisc-L, bezeichnet als »Wunderscheibe«, auf den Markt. 2002 meldete er das Implantat zum Patent an. Im Rahmen der Entwicklung des Implantats wurden zwei In-vivo-Studien (lateinisch für »im Lebendigen«) mit Pavianen durchgeführt. Die erste Studie scheiterte wegen fehlerhafter Implantation, die zweite erfolgte im August 2008 an sechs Pavianen. Die Röntgenaufnahmen nach der Implantation zeigen im Vergleich zu den Aufnahmen der gesunden Bandscheibe der Paviane negative Ergebnisse.

Der Firma Ranier gehörte ein Scientific Advisory Board (SAB) von neun Mitgliedern an, darunter auch zwei Schweizer Ärzte, einer davon ein Spitzenmediziner. Am 29. Juni 2009 findet in London die Sitzung statt, mit den Schwerpunkten, die Ergebnisse der präklinischen Studie und den Beginn der klinischen Studie zu diskutieren. Einer der sechs wissenschaftlichen Beiräte blieb der Sitzung entschuldigt fern. Das SAB und die Mitarbeitenden von Ranier nahmen die negativen Ergebnisse nicht zur Kenntnis; im Gegenteil, sie zeichneten in Zeitschriften und Fachartikeln ein sehr positives Bild der zweiten Pavian-Studie. Der kritische Bericht zu den Röntgenaufnahmen des Radiologen wurde heruntergespielt, als irrelevant bezeichnet und das Implantat als einsetzbar bestätigt. Die Mitglieder des SAB beurteilten eine klinische Pilotstudie mit 3–5 Patienten, statt der geplanten 50, als ethisch vertretbar; auch einer der Schweizer Chirurgen machte den Entscheid zum Start der klinischen Prüfung nicht von den negativen Ergebnissen abhängig. Um die Chirurgen der anstehenden klinischen Studie nicht zu »verwirren«, sollten sie nur einen Teil der Informationen erhalten. Wie weit dieses Vorhaben umgesetzt wurde, ist dem Protokoll nicht zu entnehmen.[42] Für die Markteinführung ist die erfolgreiche Durchführung einer klinischen Prüfung zwingend erforderlich. Diese Prüfung hat Ranier trotz negativer Ergebnisse aus der Pavian-Studie ohne Zeitverzug mit einem kurzen Beobachtungszeitraum durchgeführt. Dabei hat Ranier die von unabhängigen Experten und von Mitgliedern des Scientific Advisory Boards geäußerten Empfehlungen und Bedenken offenbar außer Acht gelassen.[43]

Die europäischen involvierten Heilmittelbehörden verschiedener Länder bewilligten die klinische Prüfung 2009 bzw. im August 2010. Die Zulassungen der Heilmittelbehörde von Großbritannien (MHRA) erfolgte am 24./28. September 2009, in Belgien (ZNA) am 9. September, den Niederlanden (IGZ) am 19. November 2009 und Deutschland (BfArM) am 19. Juli 2010.[44] Ranier Technology Ltd. bestätigt in einer Medienmitteilung, »dass sie von der britischen Arzneimittel- und Gesundheitsbehörde (MHRA) die Genehmigung erhalten hat, die klinische Prüfung für ihr Bandscheibenimplantat Cadisc-L zu beginnen«. Die Studie startet im Herbst 2009; in mindestens drei Kliniken in Belgien, Deutschland und den Niederlanden erhielten im Frühling 2010 die ersten Patient:innen das Implantat. Statt der geplanten fünf nahmen schließlich 29 Patient:innen an der Studie teil.[45] Schon im Sommer 2010 wurden dem deutschen Bundesinstitut für Arzneimittel und Medizinprodukte »schwerwiegende unerwünschte Ereignisse« gemeldet. Das Implantat erhielt trotz verschiedener Rückmeldungen am 24. August 2010 von der privaten britischen Konformitätsbewertungsstelle British Standards Institution das CE-Zertifikat (»Conformité Européenne« / »Europäische Konformität«).[46] Damit ließ sich das Produkt auf dem gesamten europäischen Markt verkaufen.[47]

Die Forscher legten in der Studie den primären Endpunkt bei der Steigerung des Gesundheitszustandes innert drei Monaten nach der Implantation der Bandscheibenprothese fest. Diese Phase verlief ohne (gemeldete) negative Ereignisse. Im Rahmen der fünfjährigen Nachbeobachtungszeit erhielt Ranier für die Periode vom 24. Mai 2010 bis 24. November 2014 insgesamt 32 Rückmeldungen zu schwerwiegenden unerwünschten Ereignissen (Serious Adverse Events), die auf Produktefehler zurückgingen.[48] Diese Leistungsverschlechterung des Implantats trat signifikant im dritten und vierten Jahr nach der Implantation auf. Im Zusammenhang mit der Produktebeobachtung hat Ranier drei Sicherheitsmitteilungen erlassen und aufgrund entdeckter Fehler das Produkt Ende März 2014 vom Markt zurückgerufen und gleichzeitig die Handlungsempfehlung abgegeben, betroffene Patient:innen zu einer Nachuntersuchung aufzubieten. Zwischenzeitlich war das Implantat europaweit bereits bei fast 200 Patient:innen implantiert worden.

Die zwei Schweizer Ärzte implantierten insgesamt bei acht Patient:innen in der Privatklinikgruppe Hirslanden das Cadisc-L-Implantat. Im Zusammenhang mit der Produktebeobachtung stellte Ranier den Rückruf des Implantats sämtlichen Heilmittelbehörden Europas und den betroffenen Chirurgen, auch den beiden Ärzten, zu. Als Belegärzte lag es in deren Verantwortung, die Patientinnen und Patienten gemäß Handlungsempfehlung für die Nachkontrolle aufzubieten und über den Rückruf zu informieren.[49]

Im Auftrag der Privatklinikgruppe untersuchte Professor Dr. Andreas Raabe die Patient:innen zur unabhängigen Befunderhebung und berichtete Ende April 2019 zu jedem/jeder Einzelnen von ihnen. Zwei Rechtsanwälte führten die juristische Untersuchung durch und legten im Juli 2019 den Schlussbericht vor. Swissmedic informierte die zuständige Materiovigliance-Kontaktperson des Spitals über den Rückruf. Gemäß dem juristischen Bericht erhielt der eine Arzt die Sicherheitsmitteilung von Swissmedic zugestellt, er informierte die Klinikleitung nicht und verzichtete auf die Kontaktierung und Aufklärung seiner Patient:innen über den Rückruf sowie auf die Nachuntersuchung. Erst im November bzw. Dezember 2018 kontaktiert er seine Patient:innen und bietet sie zu einer Nachuntersuchung auf. Der zweite Arzt erhält die Sicherheitsmitteilung am 9. Mai bzw. 22. Mai 2014 von Ranier zugestellt. Er bietet seine Patient:innen für eine Verlaufsbeurteilung für den 10. Juli 2014 auf und bespricht mit der Klinikleitung die Sicherheitsmitteilung und das weitere Vorgehen.[50]

Die Rechtsanwälte weisen im Untersuchungsbericht auf die Notwendigkeit der Offenlegung von Interessenskonflikten bei der Zusammenarbeit zwischen Ärzt:innen und Industrie hin und betonen, dass diese eine Voraussetzung sein müsse, um das Vertrauen der Patient:innen in die medizinische Versorgung aufrechtzuerhalten. Die Verantwortlichen der Klinik Hirslanden zogen die Konsequenzen in ihrem Zuständigkeitsbereich und stellten 2019 intern eine verbesserte Aufsicht und Transparenz über die Medizinprodukte in Aussicht.[51]

Für die Verantwortlichen der Klinik Hirslanden war die Untersuchung auch in Bezug auf die für sie relevante Fragestellung der Haftung wichtig. In einem Privatspital mit Belegarztsystem haftet in der Regel der Arzt, es sei denn, er hat eine anders lautende Vereinbarung mit dem Spital getroffen. Hingegen haftet in einem öffentlichen Spital, wie es das USZ ist, der Staat. Dieser kann in speziellen Fällen einen Regress auf den verursachenden Arzt prüfen.

Die Verquickung von Forschung und persönlichen Interessen ist ein heißes Eisen, wie die nachfolgenden Ereignisse und die frappierende Ähnlichkeit, die die Fälle der Wirbelsäulen- und der Herzklappenimplantate aufweisen, belegen. Francesco Maisano hatte als Chefarzt einen Lehrstuhl mit einem Forschungsauftrag an der Universität Zürich inne. Folglich behandelte er Patient:innen in der Herzchirurgie auch im Rahmen der Forschung mit Studien sowie mit »Compassionate Use«. Für die Bewilligung der Swissmedic, eine Patientin 2016 mit einem »Cardioband Tricuspid-System« zu operieren, reichte er folgenden Bewilligungsantrag ein: »Das Cardioband Tricuspid-System stellt eine bereits erprobte alternative interventionelle Therapieoption mit geringem Risiko dar.« Das war zum damaligen Zeitpunkt nicht der Fall, es handelte sich um den ersten entsprechenden Eingriff im Menschen (»first in man«). Der Eingriff war weder erprobt, noch lag eine Evidenz über das Risiko vor. Besonders gravierend: Die schriftliche Einwilligung der Patientin war nicht vorhanden.[52]

Beim Implantieren der Herzklappe kam es zu einem Drahtbruch. Es wurde bei dem Eingriff ein zweites Cardioband über das defekte implantiert, was laut medizinischer Fachmeinung fragwürdig ist. Das Ergebnis am Ende der Operation war nicht zufriedenstellend. Francesco Maisano hat den Drahtriss nicht offengelegt. Weil zudem die Korrespondenz und das Gesuch nicht vollständig in den Unterlagen abgelegt sind, lässt sich nicht abschließend prüfen, ob er den Drahtbruch überhaupt vorschriftsmäßig der Swissmedic gemeldet hat.

Die Herstellerfirma Valtech, eine Tochtergesellschaft von Edwards Lifesciences, meldete ihrerseits zu einem späteren Zeitpunkt – erst nachdem eine weitere Milestonezahlung von USD 50 Millionen von Edwards an die Valtech Shareholder, zu denen auch Maisano gehörte, erfolgte – Swissmedic einen »dringenden Sicherheitshinweis«: »Diese Benachrichtigung wird freiwillig bereitgestellt […] Das Reißen des Zusammenziehdrahts bei der Kontraktion des Cardioband-Implantats wurde in einer begrenzten Anzahl von Fällen beobachtet«, heißt es im Papier der Firma.[53] Swissmedic hat den Warnhinweis auch den entsprechenden Ärztinnen und Ärzten im USZ zugestellt. Welche Maßnahmen der Warnhinweis intern ausgelöst hat, ist nicht bekannt.

Aufgrund von Maisanos Verfehlung gab die Spitaldirektion des USZ die interne Weisung heraus, die schriftliche Einwilligung sei zwingend einzuholen, gültig ab 1. August 2016. Wie der Untersuchungsbericht zeigt, hat Francesco Maisano eine Patientin nach dieser Weisung ohne schriftliche Einwilligung in einer »Compassionate-Use«-Behandlung operiert. Bei der Beurteilung dieser Verfehlung durch die Anwälte fällt auf, dass diese nicht auf das Humanforschungsgesetz verweisen, sondern nur die Richtlinien der SAMW 2015 und die Humanforschungsverordnung zitieren. Die Spitaldirektion ihrerseits forderte mit der Weisung nur ein, was bereits den speziellen Erfordernissen an die Aufklärung eines Patienten im Rahmen der »Compassionate-Use«-Behandlung aus der Gesetzgebung und den SAMW-Richtlinien hinlänglich bekannt und verpflichtend war.[54] Trotzdem verstieß Francesco Maisano auch weiterhin dagegen: Bei einer seiner Patientinnen hatte die Swissmedic für die Ausnahmebewilligung für den »Compassionate-Use«-Einsatz ausdrücklich verfügt, dass die Patientin schriftlich darüber informiert werden müsse, dass das Herzklappendevice TriCinch nicht zugelassen sei und die Anwendung nicht innerhalb einer Studie, sondern »ausschließlich als Einzelfallanwendung in einer Ausnahmesituation« erfolge. Von den untersuchenden Anwälten darauf angesprochen, bestätigte Maisano, die verfügte Information der Patientin sei nicht erfolgt. Das unter »Compassionate Use« ins Herz implantierte Produkt funktionierte nicht, weshalb sich der Zustand der Herzklappe nicht verbessert hatte. Erfreulicherweise lebte die Patientin dennoch ohne weitere Intervention auch noch Jahre nach dem Eingriff. Es bleibt zu erwähnen, dass damit die Indikationsstellung »Compassionate Use« bei dieser Patientin absolut infrage gestellt werden muss.

Wirtschaftliche Interessen

Die von Geoffrey Andrews entwickelte Bandscheibenprothese Cadisc-L hatte in den acht Jahren bis zur Patentanmeldung bereits mehr als 20 Millionen Pfund verschlungen. Mit dem Erteilen des CE-Zertifikats konnte das Implantat auch in der Schweiz auf den Markt gebracht werden. Ranier Technology Ltd. hat bis 2014 über 25 Millionen Pfund an Investorengeldern erhalten und stand seitens der Investoren unter enormem Druck, eine rasche Marktfreigabe zu erwirken.

Die Beiräte des SAB erhielten eine Option zum Erwerb von Aktien der Ranier Technology Ltd. und hatten damit ein direktes finanzielles Interesse an der Marktzulassung und am Erfolg des Implantats. Einer der Schweizer Chirurgen war seit 2005 als Mitglied des SAB in der Entwicklung des Implantats involviert. Er bewarb das Implantat in Fachartikeln und auf Kongressen – beispielsweise in Wien – aktiv; seine Tätigkeit für das SAB und seine Optionsvereinbarung legte er weder dem Spital, in dem er den Patient:innen das Implantat einsetzte, noch den Patient:innen selbst gegenüber offen.[55] Er hatte einen besonderen Wissensstand über die Entwicklung des Implantats und die Ergebnisse der präklinischen Studie. Thomas Steffen, der Professor für Chirurgie der McGill-Universität Montreal, war ebenfalls im wissenschaftlichen Beirat und hat die Entwicklung des Implantats begleitet. Er äußerte sich dazu in der Sendung »10 vor 10« des Schweizer Fernsehens: »Es gibt schon einen gewissen Druck, vor allem wenn man eine kleine Firma hat, die durch private Investoren eine so teure Entwicklung finanzieren muss. Und wenn ein Investor das ist, kann dieser … will der manchmal zu rasch auf den Markt. Und ich glaube schon, dass man dort bei der Firma Ranier damals nicht Sachen hätte besser machen können, aber etwas langsamer, sich etwas mehr Zeit hätte lassen sollen, bis man auf den Markt gegangen ist.«[56]

Nach dem Rückruf Ende März 2014 musste Ranier 2015 Insolvenz anmelden, und die Firma wurde schließlich aufgelöst. Die deutsche Möller Medical Spine AG, die die Implantate in die Schweiz lieferte, war zum Zeitpunkt der Sicherheitsmängel bereits liquidiert und aus dem Handelsregister gelöscht. Der Firmengründer Andrews hatte längst ein neues Unternehmen gegründet, diesmal produzierte er Lehrvideos für Rückenoperationen. Sämtliche involvierten Firmen haben sich aus der Verantwortung gezogen.

Die Staatsanwaltschaft des Kantons Bern nimmt im Dezember 2018 die Ermittlungen auf: Diese gestalten sich komplex und nehmen einige Wochen in Anspruch, weil der zu untersuchende Sachverhalt einen starken internationalen Bezug aufweist und zudem eine Koordination verschiedener kantonaler und eidgenössischer Stellen notwendig ist. Im Februar 2019 eröffnet sie gegen den Berner Chirurgen Max Aebi und gegen Unbekannt ein Verfahren wegen schwerer Körperverletzung und eventuellen Vergehens gegen das Heilmittelgesetz. Sie schließt ihre Ermittlungen im Dezember 2022 ab. Die zuständige Staatsanwältin klagt Max Aebi im Januar 2023 wegen schwerer Körperverletzung an. In der Anklageschrift heißt es, es sei zu »hochgradiger Zerstörung der Wirbelendplatten« gekommen, ein weiterer Anklagepunkt ist das »Unterlassen von Nachkontrollen«. Für die Patientin Manuela E. ist das besonders gravierend, weil sie überzeugt ist, sie hätte eine Chance gehabt, wenn der Arzt sie zum Zeitpunkt des Rückrufs des Produkts untersucht hätte. »Als ich es erfuhr, war es zu spät«, sagt sie, das Implantat habe sich bereits zu stark in den Knochen »gefressen«. Nun hoffe sie auf einen »fairen Prozess« und dass Lehren aus dieser Affäre gezogen werden. Niemand solle in Zukunft mehr so leiden müssen wie sie und die anderen Patient:innen.[57]

Wie die Chancen der betroffenen Patient:innen stehen, jemals Schadensersatz und Genugtuung zu erhalten, hängt stark vom ausstehenden Gerichtsurteil ab.

Francesco Maisano verfügte bei den Produkten Cardioband und TriCinch ebenfalls über ausgeprägte Eigeninteressen. »Er war (Mit)Erfinder und an der entsprechenden Herstellergesellschaft (4Tech) beteiligt, und zwar, soweit uns bekannt, bis heute [Anm. gemäß Anwälte, bis heute = 2020].«

Er hatte vor 2012 Aktien der Gesellschaft erworben und ihr zudem Darlehen gewährt.[58] Das Produkt TriCinch für die Trikuspidalklappe der Firma 4Tech funktionierte nicht; es hatte diverse Materialdefekte. Für dieses Produkt fand ein Fundraising von ca. USD 25 Millionen statt. Die im August 2017 gestartete Studie wurde im Juli 2020 abgebrochen, ob die Nachkontrollen bei den teilnehmenden Patientinnen und Patienten erfolgten, ist unklar.

Das Cardioband der Firma Valtech ist zur Behandlung undichter Herzklappen entwickelt worden, initial für die Mitralklappe und im weiteren Verlauf auch für die Trikuspidalklappe. Valtech wurde Ende 2016 für USD 450 Millionen an Edwards Lifesciences verkauft, für den erweiterten Einsatz an der Trikuspidalklappe erfolgte im April 2017 eine Milestonezahlung von USD 50 Millionen. Francesco Maisano war Aktionär der Herstellerfirma des Cardiobands und profitierte von der Wertsteigerung mit einer hohen Summe. Er hatte einen Anreiz, die Forschung und den Einsatz des erweiterten Einsatzes des Devices Trikuspidalklappe voranzutreiben. Maisano erklärte zu den Milestonezahlungen, »dass er auch die genauen Bedingungen der weiteren Milestonezahlungen gar nicht genau kenne. Die erste Milestonezahlung sei vielmehr ›automatisch‹ erfolgt.«[59] Er war zudem neben dem Cardioband auch bei den Produkten TriCinch und Cardiovalve beteiligt, und im Ganzen wesentlich mehr involviert, als das normalerweise der Fall ist: Francesco Maisano als Aktieninhaber war beteiligt bei der Entwicklung der Produkte, Studienleiter (Principal Investigator), insbesondere bei der AHEAD-Studie und der MiBAND-Studie und er war behandelnder Arzt.[60]

Die Rechtsanwälte, die im Auftrag des USZ die Interessenskonflikte von Maisano untersucht hatten, relativierten die verschiedenen Rollen: »Diese Gemengelage als solche ist zwar nach gängiger Auffassung nicht per se problematisch; sie erfordert aber in Bezug auf die Offenlegung solcher Interessenskonflikte sowie auch in Bezug auf die Anforderungen an die wissenschaftliche Integrität erhöhte Beachtung. Umgekehrt ist diese Gemengelage jedoch auch Zeugnis dafür, dass Prof. Maisano in den relevanten Kreisen sowohl in der Wissenschaft als auch in der Industrie als Kapazität in diesem Bereich wahrgenommen wird.«[61] Diese juristische Beurteilung ist in verschiedener Hinsicht höchst problematisch, widerspricht sie doch sämtlichen Gesetzen und Richtlinien zur Forschung nach ethischen Grundsätzen. Zudem ist die Beurteilung, Francesco Maisano als Kapazität wahrzunehmen, aufgrund der großen Anzahl von Interessenskonflikten fragwürdig. Dagegen spricht auch, dass ein Klinikdirektor primär zur bestmöglichen Behandlung seiner Patientinnen und Patienten verpflichtet ist und nicht seine persönlichen Interessen, verflochten mit der Industrie, im Fokus haben darf.

Die Präsidentin von swissethics, Susanne Driessen,[62] befragt zum Fall Maisano, beurteilt den nicht oder kaum in klinischen Studien geprüften Einsatz von Implantaten außerhalb von regulären Forschungsprojekten als »sehr heikel«. Wenn ein Forscher gleichzeitig behandelnder Arzt ist, wie Francesco Maisano, kann dies einen Interessenskonflikt bedeuten. Wenn der Operateur zudem persönliche finanzielle Interessen am »Erfolg« des Implantats hat, zum Beispiel als Mitinhaber der Herstellerfirma oder eines Patents, so ist seine Unabhängigkeit erheblich gefährdet: »Wenn solche Interessenskonflikte nicht aktiv transparent vorher offengelegt werden, ist dies die Umgehung unserer ethischen Standards.«[63] Kommt ein solches wissenschaftliches Fehlverhalten vor, handelt es sich nicht nur um fehlende Integrität des Forschers, sondern auch um ein Systemversagen.

Die Fälle Ranier und Maisano sind keine Einzelfälle; die Anzahl solcher Vorkommnisse bleibt jedoch im Dunklen. Medizinprodukte und Implantate sind ein Milliardengeschäft; es steht sehr viel Geld auf dem Spiel, und das Streben nach Reputation ist ein zusätzlicher Treiber, ein Implantat gegen alle Vorsicht auf den Markt zu bringen.

Wissenschaftliche Publikationen über Implantate

Um den Marktwert zu steigern, haben sowohl die Firma Ranier wie Francesco Maisano ihre Implantate aktiv beworben. Im September 2016 operiert Chefarzt Maisano eine 74-jährigen Patientin mit einer neuartigen kathetertechnischen Herzklappe. Der Eingriff wird vom USZ der Öffentlichkeit präsentiert: »Weltpremiere: Herzteam des UniversitätsSpitals Zürich führt erstmals neuen Eingriff an einer Herzklappe durch.«[64] Die Wahrheit: Die Operation misslang, ein Draht, der wichtigste Bestandteil des Produkts, riss während der Implantation, und die Patientin litt weiterhin an einer Herzklappeninsuffizienz. Maisano verheimlichte den Misserfolg und stellte den Eingriff beschönigend dar. Das USZ selbst veröffentlichte ein Video, in dem die Filmsequenz des Drahtrisses komplett herausgeschnitten war; stattdessen zeigte sich ein zweites Band, das auf das erste gesetzt war und ebenfalls nicht erwähnt wurde. Weil der Draht nicht so stark angezogen werden konnte, konnte die Klappe nicht wie erforderlich abgedichtet werden. Aus diesem Grund wurde das Zwischenergebnis vor dem Drahtriss, bei dem die Herzklappe kurzzeitig abgedichtet war, präsentiert.

Maisano publizierte 2016 die Operationsmethode, ohne den Drahtbruch zu erwähnen, im »European Heart Journal« (EHJ). Der vom USZ in Auftrag gegebene Untersuchungsbericht beurteilt die Darstellung als »stark irreführend«.[65] Maisano hält in seiner Stellungnahme dagegen: Der Bericht sei im EHJ nur als »Flashlight« erschienen, diese seien mit maximal 250 Wörtern keine Forschungsartikel.[66] Diese Einschätzung wird in der

Stellungnahme von Maisano durch einen Brief des Chefredaktors des EHJ, Thomas Lüscher, gestützt. Auch er schreibt, Flashlights seien keine Forschungsartikel und kämen nicht als klinische Empfehlung in Betracht. Daher würden auch Interessenskonflikte nicht publiziert. Lüscher war zu diesem Zeitpunkt Direktor der Klinik für Kardiologie am USZ und hatte mit Maisano zu diesem und zu zahlreichen weiteren Eingriffen bei gemeinsamen Patient:innen publiziert. Nochmals Lüscher: »Als Herausgeber des ›European Heart Journal‹ muss ich auch bei einem kurzen Fallbericht wie einem ›Cardiovascular Flashlight‹ davon ausgehen, dass das, was berichtet wird, dem Verlauf des beschriebenen Falls entspricht. Wenn dies nicht der Fall ist, liegt ein Vergehen gegen die wissenschaftliche Integrität vor. [...] Es war jedoch unstrittigerweise ein Fehler, den Drahtriss im ›Flashlight‹ nicht zu erwähnen. Deshalb habe ich als Herausgeber bei diesem Artikel online im Sommer 2020 eine note of concern angebracht.«[67]

Maisanos »Flashlight« wurde laut der Datenbank »Research Gate« in über zwei Dutzend Arbeiten zitiert. Etwa als Beleg dafür, dass das Cardioband schon »erfolgreich implantiert« worden und zu keinen Problemen geführt habe. Die frühen Ergebnisse seien »ermutigend«, steht in einer anderen Abhandlung. In einer weiteren Publikation heißt es – mit Verweis auf das »Flashlight« –, beim ersten Eingriff sei die Undichte der Herzklappe »von schwer auf leicht« reduziert worden. Wie die Zitate zeigen, werden »Flashlights« sehr wohl als wissenschaftliche Publikationen betrachtet.

Dr. Otmar Kloiber, Generalsekretär des Weltärztebundes, meint zur Publikation des »Flashlights«: »Natürlich müssen Forschungsberichte in wissenschaftlichen Journalen auch beobachtete Komplikationen enthalten. Es ist nicht statthaft, die Berichterstattung nur auf positive Ergebnisse zu beschränken.«[68] Die negativen Resultate seien oft noch wichtiger als die positiven Erkenntnisse, etwa, um den Patientenschutz zu gewährleisten. Eine klare Linie fährt auch das renommierte »New England Medical Journal«. Sprecherin Jennifer Zeis: »Grundsätzlich erwarten wir, dass klinische Berichte alle Komplikationen enthalten.« Sämtliche Artikel seien »peer reviewed«, also von Experten überprüft. Das Gleiche gilt für die Zeitschrift »Nature Medicine«, die laut einer Sprecherin alle Publikationen »rigoros« prüft, »typischerweise von zwei oder mehr Gutachtern«.[69] Beim Peer-Review-Prozess fragen Experten nach, »wenn etwas keinen Sinn macht oder unklar ist«, aber sie können bewusst geschönte Berichte nicht erkennen. Für Daniel Scheidegger sind Publikationen Ehrensache: »Die Fachzeitschrift muss sich darauf verlassen können, dass das, was ein Forscher schreibt, auch wirklich stimmt. Wenn diese Ehrlichkeit nicht da ist, ist es für die Prüfer schwierig.«[70]

Francesco Maisano beschrieb den Verlauf bei einer anderen Patientin wie folgt: Es ginge dieser gut, und sie sei ohne Symptome. Zu diesem Zeitpunkt war die Patientin seit drei Monaten tot. Das USZ kommentierte, man habe vom Tod zum Zeitpunkt der Publikation noch nichts gewusst. Nochmals Scheidegger: »Es müsste eine Selbstverständlichkeit sein, dass der Operateur über so etwas informiert ist, insbesondere dann, wenn ein wissenschaftlicher Artikel dazu geplant ist. Und wenn er nachträgliche Komplikationen oder sogar den Todesfall in der Publikation dann nicht erwähnt, kommt auch das Journal in ein schiefes Licht. Es ist für den Ruf einer Fachzeitschrift sehr schlecht, wenn so etwas bekannt wird. [...] Das ist ein schweres wissenschaftliches Fehlverhalten. Wenn es ein neues Implantat gibt, will ich als Mediziner oder auch als Patient wissen, wie sich das bewährt hat. Wenn dann in einem anerkannten Journal ein sehr wichtiger Punkt – nämlich, dass der Eingriff nichts gebracht hat – nicht erwähnt wird, ist das schlimm. Eine solche Täuschung ist verheerend.«[71] Dies auch deshalb, weil sich die nachfolgenden Behandlungen auf die Publikation stützen und diese dadurch immer wieder als erfolgreich bestätigen. Für die vermutlich aktive Unterschlagung des Autors spricht, dass er diese bei verschiedenen Fachartikeln und Videos praktizierte.

Im Auftrag der Universität Zürich (UZH) haben drei Professoren die Publikationen von Maisano im fraglichen Zeitraum untersucht. Sie kommen zum Schluss, dass er die Interessenskonflikte in den Jahren 2016 bis 2020 in wissenschaftlichen Publikationen nicht oder nur unvollständig offenlegte, und sie lasten ihm wissenschaftliches Fehlverhalten an. In diversen Publikationen bzw. Kurzartikeln zu von ihm entwickelten Devices hat er negative Aspekte der betroffenen Produkte unterschlagen und Ergebnisse beschönigt wiedergegeben.[72]

Die UZH verlangte von Maisano, die Publikationen zu korrigieren.[73] Bis im Januar 2023 erfolgte das vollständige Corrigendum der inkorrekten Inhalte in den Publikationen und/oder der Unterschlagung von Interessenskonflikten; auch der Einsatz des Devices mit dem Drahtbruch und dem nicht zufriedenstellenden Ergebnis wurde entsprechend bereinigt.

Forschung nur mit Vertrauen: Es ist gut, wenn Forschungsfehlverhalten bekannt wird

Wissenschaftliches Fehlverhalten und das Verschweigen von Interessenskonflikten führen jedes Mal, wenn es öffentlich wird, zu einem Vertrauensverlust bei den Patientinnen, Patienten und der Öffentlichkeit. Das schadet auch der großen Mehrheit der Ärztinnen und Ärzte, die mit der größten Sorgfalt arbeiten. Der Vertrauensverlust ist besonders gravierend, weil Vertrauen das wichtigste Gut in der Beziehung zwischen Arzt oder Ärztin und Patient:in darstellt und neben einem neuen Medikament oder einem neuen Implantat einen sehr wichtigen Einfluss auf die Genesung hat. Bei einem drohenden Vertrauensverlust in die Forschung ist es deshalb sehr wichtig zu betonen, dass viele Studien seriös durchgeführt werden.[74]

Das geltende Recht bezüglich des Einsatzes von Medizinalprodukten birgt das Risiko, dass Forscher ihre Ergebnisse beschönigen oder ihre Arbeit wissenschaftlich nicht sauber durchführen. 2018 hat sich Daniel Scheidegger für einen Vortrag über Forscher, die in der Wissenschaft falsche Angaben gemacht haben, eingelesen und musste feststellen: »Dieses System [ist] viel korrupter, als ich dachte.«[75]

Die Strafbestimmungen sind im Gesetz geregelt, kommen jedoch nicht zum Tragen, wenn niemand klagt. In der Forschung ist keine Kontrolle vorgesehen, sie basiert auf Vertrauen. Swissmedic geht davon aus, dass ihre Auflagen erfüllt werden; sie kontrolliert deren Erfüllung nicht systematisch, sondern risikobasiert und mit Stichproben.

»Wenn Fehlverhalten ohne Folgen bleibt, sendet das ein bedenkliches Signal«, sagte Scheidegger und kritisierte Spitalleitungen, die Mediziner zu Stars hochjubeln, denn das aktuelle System biete keine adäquate Patientensicherheit.[76] »Es ist gut, wenn solche Fälle bekannt werden«,[77] beurteilt Daniel Scheidegger, damals Präsident der SAMW, den Skandal am USZ. Denn Forscher mit Fehlverhalten haben es schwer, nach Bekanntwerden zu publizieren, und öffentliche Diskussionen – wie hier zur Herzchirurgie – lösen in der Regel Maßnahmen zur Verbesserung der Qualität und der Sicherheit der Patientinnen und Patienten aus.

»Transparenz, Transparenz, Transparenz, Offenheit – gerade im wissenschaftlichen Bereich, und zwar an der Vorderfront der medizinischen Forschung, muss alles immer offen sein und in ärztlichen Konferenzen besprochen werden. Ich glaube, das ist der allerwichtigste Punkt.«[78] Dieser eindringliche Appell stammt von Detlev Ganten[79] und bezieht sich auf den Medizinskandal, der sich 2017 im Universitätsspital Karolinska in Schweden ereignete und die medizinische Wissenschaft und die Öffentlichkeit aufschreckte.

Paolo Macchiarini und sein Team transplantierten im Universitätsspital Karolinska drei Patienten künstliche Luftröhren, die nicht funktionierten. Als Whistleblower meldeten Ärzte aus dessen Umfeld der Institutsleitung die möglichen Verfehlungen. Die Whistleblower wurden anfangs heftig angefeindet; der exzellente Ruf Macchiarinis wurde vorerst nicht in Zweifel gezogen.

Die verantwortlichen Personen beauftragten offiziell den emeritierten Professor Bengt Gerdin mit der Begutachtung der Operationen. Dieser legte einen gründlich recherchierten Bericht vor, der die Verfehlungen Macchiarinis deutlich aufzeigte. Der Bericht rüttelte weder auf, noch wurden die Ergebnisse gewürdigt oder die Angelegenheit so rasch aufgearbeitet, wie es erforderlich gewesen wäre. Macchiarini konnte weiter operieren.

Schließlich erteilten die Verantwortlichen des Karolinska-Instituts und der Ethikkommission zwei unabhängigen Experten den Auftrag zu untersuchen, ob Macchiarini wissenschaftliches Fehlverhalten vorzuwerfen war. Detlev Ganten, einer der beiden Gutachter, bestätigte die Beurteilung von Gerdin vollumfänglich: Macchiarini operierte einen Patienten, für den kein Gutachten einer Ethikkommission vorlag; seine Operationen entsprachen weder dem Stand der medizinischen Wissenschaft noch den ethischen Grundlagen, die Ergebnisse der Operationen wurden nicht offengelegt oder – wie üblich – an Ärztekonferenzen diskutiert, und sämtliche Publikationen waren geschönt.[80]

Ganten zieht das Fazit: »Es passieren immer wieder Dinge, die nicht passieren sollten, und nur Transparenz, Offenheit und auch die Bereitschaft, auf sogenannte Whistleblower zuzugehen und sie nicht gewissermaßen als Schädlinge des Systems, wie es manchmal gemacht wird, zu bezeichnen, sondern sie ernst zu nehmen, bringt uns weiter. Häufig ist nichts dran, aber häufig ist eben auch was dran, und jeder Hinweis muss ernst genommen werden, das ist die Lehre daraus.«[81]

Whistleblowing – ein wichtiger Faktor zur Aufdeckung von gravierenden Missständen

Das mit Whistleblowing bezeichnete Dokument über mögliche Patient:innengefährdungen wurde intern an oberster Stelle des USZ im Dezember 2019 persönlich von dem damals Leitenden Arzt André Plass übergeben. Von dort wurde das Dokument mit zusätzlichen Informationen versehen an zahlreiche Personen weitergeleitet. Es setzte keine internen Kontrollmechanismen in Gang, sondern die Spitaldirektion beauftragte eine externe Anwaltskanzlei mit der Abklärung längst bekannter Missstände. Die kritisierten Personen konnten ungehindert weiterarbeiten, wurden durch zusätzliches Marketing unterstützt und erfuhren zudem, wer der Whistleblower war. Daraufhin diffamierten sie diesen, die Spitaldirektion übernahm die Behauptungen und bot dem Whistleblower ein dreimonatiges, erzwungenes Sabbatical an. Weil er es ablehnte, wurde ihm mit der Freistellung gedroht, ein initial unbegründetes mit erfundenen Argumenten widerrechtliches Operationsverbot für drei Wochen auferlegt und ihm fünf Monate nach der Meldung der Patient:innengefährdung gekündigt. Es erfolgte eine Wiedereinstellung, um anschließend nach weiterer Rufschädigung und aufgrund eines angeblichen Personalkonflikts, der mit einem involvierten Netzwerk künstlich kreiert wurde, die Kündigung erneut auszusprechen. Die Folgen für Plass sind massiv: Er kann nicht mehr als Herzchirurg arbeiten, und es wird versucht, seine Reputation zu unterminieren.

Im September 2021 wird André Plass für den Prix Courage der renommierten Zeitschrift »Beobachter« nominiert. Aus seinem Umfeld erhielt er ebenfalls große Unterstützung, obwohl eine Gruppe im USZ immer wieder versuchte, die Fakten unter den Tisch zu kehren. Auf die Frage, ob er die Missstände wieder öffentlich machen würde, meinte er: »Ich bin seit mehr als 16 Jahren als Herzchirurg am Unispital Zürich tätig, zuletzt in leitender Funktion. [...] Ich bin Herzchirurg aus Leidenschaft und sehe es als oberste Verpflichtung, die Interessen der Patienten zu vertreten. [...] persönlich weiß ich nicht, wie ich es anders hätte handhaben können. Das ist für mich das Gravierende an der ganzen Situation, dass ich nicht ausschließen kann, ich würde es wieder [...] tun, obwohl das Ergebnis, vor allem auch meine Person betreffend, fatal ist.«[82]

Am 13. Juni 2021 schreibt die »NZZ am Sonntag« in einem Artikel über Whistleblowing: »Das Unispital Zürich ist ein abschreckendes Beispiel dafür, wie mit Whistleblowern umgegangen wird.«[83] Für die Patientinnen und Patienten, aber auch für viele Mitarbeiter:innen ist das eine Klatsche ins Gesicht. Mittlerweile scheint es unmöglich, sich im USZ intern oder extern bei einer möglichen Patient:innengefährdung kritisch zu äußern.

Whistleblower – wörtlich übersetzt »Pfeifenbläser« – bedeutet in der deutschen Sprache sinngemäß »Informant« oder »Hinweisgeber«. Es wird oft als illegal dargestellt und mit Eigeninteresse und Profilierungssucht in Verbindung gebracht. Das ist nicht ausgeschlossen, wird aber häufig auch aus Richtung der Verursacher der Missstände gefördert. Entscheidend ist letztendlich die Tatsache, ob es sich um belegbare Fakten handelt. Außerdem wird Whistleblowing mit »Öffentlichkeit suchen« gleichgesetzt. Das trifft in den meisten Fällen nicht zu.

Whistleblowing bedeutet die Meldung von möglichen Missständen. Diese Meldung sollte an einer dafür verantwortlichen Stelle erfolgen, damit die Probleme untersucht und so weit möglich behoben werden können. Da meist erst gravierende Vorkommnisse der Auslöser für Whistleblowing darstellen, kann im Regelfall davon ausgegangen werden, das entsprechend starke Netzwerke involviert sind, die auch Personen der Führungsetage betreffen können. Diese Konstellation erschwert das Vorgehen, da unklar ist, wer involviert ist und bei wem allfällige Missstände gemeldet werden sollten. Eine fast unlösbare Situation ergibt sich, wenn die obersten Verantwortlichen involviert sind. Wenn eine Meldung intern keine Konsequenzen auslöst oder drangsalierende Maßnahmen gegen die meldende Person erfolgen, sind keine Empfehlungen vorhanden, wie diese Person stattdessen vorgehen könnte. Erschwerend kommt hinzu, wenn aus Pflichtgefühl, aus ethischen Gründen oder aufgrund einer generellen katastrophalen Gesamtsituation für die Person das Ignorieren von Missständen unmöglich ist.

Die Erfahrungen der vergangenen Jahre zeigen, wie wichtig Whistleblowing im Interesse der Patient:innen, der Gesellschaft und einer funktionierenden Demokratie ist. Umgekehrt verbieten die arbeitsrechtliche Treuepflicht und das Amtsgeheimnis, der Datenschutz oder Geheimhaltungsverpflichtung den Arbeitnehmenden, Informationen über den Arbeitgeber preiszugeben. Was rechtens ist und was nicht, entscheiden die Gerichte – für potenzielle Whistleblower:innen ein unkalkulierbares Risiko.

2012 wurde eine Gesetzesänderung zum Schutz von Whistleblowing im Nationalrat diskutiert. Whistleblowing sollte zur Wahrung höherer öffentlicher Interessen als Rechtfertigungsgrund im Strafgesetzbuch verankert werden. Die Gesetzesänderung wurde vorerst nicht weiterverfolgt. Erst 2020 wollte der Bundesrat das Risiko eines Whistleblowing über eine Kaskadenlösung im Obligationenrecht wenigstens abschätzbar machen.[84] Die Arbeitnehmenden müssten den Missstand intern melden, erst wenn der/die Arbeitgeber:in nicht reagiert oder einer meldenden Arbeitnehmenden gekündigt wird, dürften sich diese an die Behörden wenden. Der Gang an die Öffentlichkeit wäre erst als letztes Mittel erlaubt. Der Nationalrat lehnte die Gesetzesvorlage mit einem Nichteintretensentscheid am 5. März 2020 ab. Die Gründe waren in der Parlamentsdebatte unterschiedlich: Der Gesetzesentwurf biete keinen genügenden Kündigungsschutz für Whistleblower, die Vorlage sei zu komplex und die vorgesehene Kaskadenregelung müsse nicht gesetzlich geregelt werden, sie entspreche dem gesunden Menschenverstand.[85] Die Rechtskommission anerkannte den Handlungsbedarf, schrieb den Vorstoß mit der Begründung aber trotzdem ab: »[…] der Weg über das Strafrecht [ist] nicht der richtige […], da im Strafrecht nicht alle Aspekte – insbesondere nicht die arbeitsrechtlichen Fragen – geregelt werden können.«[86]

Im Rahmen der Abklärung zur Just Culture (Redlichkeitskultur) hat sich der Bundesrat mit dem Whistleblowing befasst und eine interessante Unterscheidung vorgenommen. Fehlermeldungen und Whistleblowing verfügen über gewisse Gemeinsamkeiten: Beiden geht es um Meldungen von Fehlverhalten in einer Organisation, die meldende Person hat ein Schutzbedürfnis bezüglich negativen Konsequenzen und die Meldungen können intern oder extern erfolgen. Die Unterschiede betreffen die Urheberin oder den Urheber, den Schweregrad und die Art des gemeldeten Fehlverhaltens sowie den Zweck der Meldung. Bei den Fehlermeldungen handelt es sich im Grundsatz um eigenes Fehlverhalten zu einem sicherheitsrelevanten Ereignis, beim Whistleblowing um fremdes Fehlverhalten. Mit den Fehlermeldungen wird bezweckt, darauf hinzuweisen, dass die Sicherheit des Systems gefährdet ist. Hingegen kann Whistleblowing auch Meldungen betreffen, die nicht sicherheitsrelevant sind. Bei den Fehlermeldungen soll aus Fehlern gelernt werden, beim Whistleblowing soll Fehlverhalten unterbunden und juristisch aufgearbeitet werden, wobei auch Sanktionen der fehlbaren Person möglich sind.[87]

Der heutige Zustand ist für Whistleblower:innen unhaltbar; auch international steht die Schweiz deswegen unter Druck. Die damalige Justizministerin Karin Keller-Suter brachte es in der Nationalratsdebatte vom 5. März 2020 auf den Punkt: »So hat es insbesondere die OECD aus der Sicht der Korruptionsbekämpfung ausdrücklich bedauert, dass die Schweiz nach wie vor über keine explizite Regelung zum Whistleblowing verfügt.« Trotzdem schloss sie einen baldigen neuen Gesetzesentwurf, vom Bundesrat vorgelegt, aus.[88]

Die Europäische Union verfügt über eine aktualisierte Regelung zum Whistleblowing, aber sie ist kein Durchbruch. Ihre Richtlinie 2019/1937 schreibt den Mitgliedsländern vor, Meldekanäle zur Rapportierung von Verstößen gegen das Unionsrecht einzurichten und juristische Personen mit mindestens 50 Mitarbeitenden zur Schaffung interner Meldestellen zu verpflichten. Missstände meldende Mitarbeitende sind gemäß diesen Richtlinien vor Repressalien wie einer Kündigung oder vor einer Strafverfolgung zu schützen. Zudem muss ihnen juristische Beratung und allenfalls Prozesskostenhilfe gewährt werden. Umsetzen müssen die EU-Mitgliedsländer diese Richtlinie im privatwirtschaftlichen Sektor vorerst bis im Dezember 2023.[89]

Der Schutz von Whistleblower:innen ist demnach noch nicht garantiert und wird auch nicht von allen Ländern gleichermaßen vorangetrieben. Beispielsweise hat die deutsche Bundesregierung mit der Umsetzung der EU-Richtlinie begonnen und veröffentlichte am 27. Juni 2022 den Entwurf zu einem Hinweisgeberschutzgesetz, das voraussichtlich im ersten Quartal 2023 in Kraft treten soll. Dieses sieht beim Kündigungsschutz im Gesetzesentwurf eine interessante Beweislastumkehr vor. »Nach einer Meldung erfolgte ›Benachteiligungen‹ einer hinweisgebenden Person ›im Zusammenhang mit ihrer beruflichen Tätigkeit‹ soll laut Entwurfstext vermutet werden, dass es sich um eine Repressalie handelt. ›In diesem Fall hat die Person, die die hinweisgebende Person benachteiligt hat, zu beweisen, dass die Benachteiligung auf hinreichend gerechtfertigten Gründen basierte oder dass sie nicht auf der Meldung oder Offenlegung beruhte‹, heißt es im Entwurf.«[90]

Das Verständnis von Patientensicherheit entwickelt sich

Das Verständnis von Patientensicherheit beschränkte sich in den meisten Ländern Europas nach dem 2. Weltkrieg auf die traditionellen Gefahren wie »Feuer, Geräteausfall, Stürze des Patienten und das Infektionsrisiko«. Die Grundannahme war, Ärzt:innen und Pflegefachpersonen würden sich jederzeit umsichtig verhalten und sorgfältig arbeiten. Sie seien bestrebt, Fehler zu vermeiden oder zu minimieren. Komplikationen wie »postoperative Blutungen, fetaler Stress während der Geburt und Wundinfektionen« galten als unvermeidbar und »Transfusionen von Blut mit Blutgruppenunverträglichkeit, Medikamentenüberdosierung bei Kindern oder Eingriffe auf der falschen Körperseite« als unerwartete Komplikationen.[91]

Behandlungsfehler – auch solche mit Todesfolge – lösten fast bis zum Ende des 20. Jahrhunderts kaum mehr als Schlagzeilen in den Medien aus; nur selten kam es zu Rechtsverfahren. Die Dankbarkeit für die bedeutenden medizinischen Errungenschaften, auch bei Patient:innen mit seltenen Erkrankungen, war sehr groß. Behandlungsfehler, Komplikationen und Nebenwirkungen galten für die Führungskräfte als Kollateralschäden und als lokale Ereignisse. Für die Aufarbeitung der jeweiligen Komplikation war die betroffene Institution der Gesundheitsversorgung zuständig.

Die Perspektive auf die Sicherheit änderte sich in den 1990er-Jahren. Der Begriff »medizinischer Fehler« wurde geprägt und etablierte sich rasch. Fachpersonen in der Politik, in den Medien und selbst Laien wurde er geläufig. Für eine unsorgfältige medizinische Behandlung prägte sich der Begriff »Kunstfehler«[92] ein. Der Arzt und Jurist Antoine Roggo hält diesen Begriff für nicht sachdienlich. Die ärztliche Tätigkeit sei nach heutiger Auffassung weitgehend erlernbar und stelle nach modernem Berufsverständnis in aller Regel keine Kunst dar.[93] Der Begriff hält sich trotzdem, weitere Begriffe wie »unerwünschtes Ereignis«, »schwerwiegendes unerwünschtes Ereignis«, »Never Event« oder »Beinahe-Unfall« für die Beschreibung von Behandlungsfehlern oder kritischen Ereignissen fließen in den allgemeinen Sprachgebrauch ein. Eine einheitliche und offizielle differenzierte Definition für »medizinische Behandlungsfehler« und »kritische Ereignisse« fehlt.

Während Katastrophen in verschiedenen Hochrisikobereichen wie der Kernenergie oder Luftfahrt zur Verbesserung der Sicherheit führten, wurden die Bemühungen um die Patientensicherheit weniger durch ein einzelnes tragisches Patientenschicksal geprägt als durch den bahnbrechenden Bericht des amerikanischen Institute of Medicine (IOM), der 1999 erschien: »To Err Is Human – Building a Safer Health System«. Vor dem IOM-Bericht war der am häufigsten zitierte Begriff zur Patientensicherheit »malpractice«, danach wurde »organizational culture« zum Kernthema. Der IOM-Bericht konzentrierte den Fokus auf das System, motivierte verschiedene Interessengruppen, sich für die Patientensicherheit zu engagieren, und die Spitäler, neue sichere Praktiken einzuführen. Die Vorschläge zur Vermeidung von Patientenschädigungen und medizinischen Fehlern im Gesundheitswesen lösten ein großes akademisches Interesse aus, trieben die Diskussion und Forschung auf dem Gebiet der Patientensicherheit stark voran und beleuchteten Probleme, die bis anhin kaum beachtet worden waren. Fünf Jahre nach der Veröffentlichung des Berichts zeigten sich vier große positive Effekte:

1. »›To Err Is Human‹ beendete eine Ära der Verleugnung, in der es Ärzten, Verwaltung und Behörden möglich war, die steigende Evidenz der Forschung zu ignorieren.
2. Der Report hatte die Art verändert, mit der medizinisches Personal über Fehler und deren Vermeidung dachte: schlechte Systeme, nicht schlechte Menschen, führten zu einem Großteil der Fehler und Verletzungen.
3. Patientensicherheit wurde von vielen Politikern zu einem Thema von hoher Priorität gemacht. Gesundheitsorganisationen sollten verpflichet werden, vermehrt auf Patientensicherheit zu achten, und Krankenhäuser sollten zur Einführung neuer Sicherheitssysteme verpflichtet werden.
4. Es wurden Veränderungen eingeführt, die eine sicherere Krankenversorgung gewährleisten sollten: zum Beispiel Verbesserungen in der Patientenidentifikation, Überprüfung des Patienten seitens der Chirurgie vor Eingriffen und verbesserte Kommunikation.«[94]

Im IOM-Bericht war das Ziel formuliert worden, die vermeidbaren Fehler in der Größenordnung von 50% in fünf Jahren zu reduzieren. Dieses Ziel war im Jahr 2004 nicht erreicht. Der Wandel fand zwar statt, aber langsam; beschleunigt werden könnte er wahrscheinlich nur mit einer nationalen Verpflichtung zu strengen, ehrgeizigen, quantitativen und gut verfolgten nationalen Zielen.[95] Der IOM-Report wird in der Fachwelt als Ursprungspublikation einer Reform des Gesundheitswesens betrachtet.[96] Die Anästhesistin Petra Grawe hat mit ihrer Dissertation die akademische Rezeption des Berichts »20 Jahre nach ›To Err Is Human – Building a Safer Health System‹«[97] zur Entwicklung der Patientensicherheit anhand der Literatur in verschiedenen Ländern, darunter der Schweiz, untersucht.[98] Gemäß der Autorin spielte der Bericht in der Wissenschaft eine zentrale Rolle. Viele Autor:innen bezogen sich im Laufe der Jahre auf ihn und prägten die Diskussion zur Patientensicherheit mit. Seit seiner Veröffentlichung 1999 zeigte sich bis 2008 ein deutlicher Anstieg von Publikationen, in denen der Terminus »patient safety« verwendet wird.

Zehn Jahre nach der Veröffentlichung des Berichts hatten sich die Aktivitäten zur Patientensicherheit merklich verändert. Der Nachweis eines verbesserten Outcomes war jedoch nur schwer fassbar. Die Spitäler waren vermehrt gezwungen, die Sicherheit der Patient:innen mit Standards zur Überprüfung von Arbeitsschritten, Fehlererfassungssystemen, Hygienestandards usw. zu verbessern. Trotzdem übernahmen die zuständigen Fachpersonen in den Gesundheitssystemen die Verantwortung gegenüber den Patient:innen nicht vollständig. Die Haltung, medizinische Komplikationen würden »dazugehören«, prägte den Berufsalltag, ebenso wie Krankenhäuser, andere Gesundheitseinrichtungen »kein Verschulden ihrerseits« eingestehen wollten und sich keine selbstkritischen Fragen stellten.[99]

Eine der damaligen Schlüsselempfehlungen des Komitees »IQM – Quality of Health Care in America« war, Fehlerberichterstattungssysteme (Incident Reporting Systems) zu führen. Expert:innen für Patientensicherheit stellten 15 Jahre später fest, dass diese Systeme nicht ihr volles Potenzial ausschöpften. Die wesentlichen fünf

Hindernisse: Berichte über Störungen beziehungsweise Fehler wurden nur halbherzig bearbeitet, Ärzt:innen setzten sich nicht ausreichend dafür ein, Folgeaktionen waren nicht sichtbar, die finanzielle und institutionelle Unterstützung der Reporting-Systeme genügte oft nicht, und die sich gerade entwickelnde Gesundheits-Informations-Technologie wurde unzureichend genutzt.[100]

20 Jahre nach der Veröffentlichung, 2019, wurden zusätzlich Bereiche wie die interdisziplinäre Kommunikation und Zusammenarbeit der Patientensicherheit identifiziert. Die Wissenschaft und verschiedene Fachrichtungen nutzten den Bericht, um Probleme der eigenen Fachrichtung zu lösen, beispielsweise in den Kommunikationswissenschaften, der Psychologie und der Anästhesiologie. Letzterer wird im IOM-Bericht die Vorreiterrolle in der Patientensicherheit zugesprochen und deren große Fortschritte hervorgehoben, lobend erwähnt werden die Fehlermeldesysteme und schriftlich festgelegten Handlungsempfehlungen. Der Bericht betont das Engagement der Anästhesie, die sich seit mehreren Jahrzehnten erfolgreich mit dem Thema vermeidbarer Fehler beschäftigt habe. Als ein Beispiel für vermeidbare Patientenschäden ist im Bericht die »katheterassoziierte Blutstrominfektion« genannt. Während der letzten 15 Jahre ist bei dieser Art von Infektionen auf Intensivstationen ein Rückgang von über 80% zu verzeichnen, was die Sterblichkeit merklich gesenkt hat.[101]

Der Begriff »Patientensicherheit« steht seit Beginn des 21. Jahrhunderts für einen Paradigmenwechsel: Das Gesundheitswesen unterscheidet sich nicht von anderen Hochrisikobranchen und basiert auf einem systematischen Ansatz. Der Vergleich der Medizin mit der

Luftfahrt untermauert diese Annahme: Ein unerwünschtes Ereignis ist oft auf menschliches Versagen im Kontext komplexer Systeme zurückzuführen.

30 Jahre nach der Veröffentlichung des IOM-Berichts hat die Auseinandersetzung mit der Patientensicherheit mit dem Aktionsplan der WHO und dem ersten Welttag für Patientensicherheit 2019 auch in der Schweiz eine neue Intensität erreicht. Mit einer erhöhten Achtsamkeit im Umgang mit Fehlern und kritischen Ereignissen wurde die Forderung »Lernen aus Fehlern« in der Medizin betont und in Fachkreisen diskutiert. Der Ruf nach mehr Patientensicherheit wurde immer lauter. »Patientinnen und Patienten sollen besser geschützt werden«, ertönte es von sechs Ärzten auf dem 107. Ärztetag in Bremen schon 2004. Die Gruppe forderte »die zeitnahe Einführung eines anonymen, non-punitiven Fehlermeldesystems im deutschen Gesundheitswesen« in Anlehnung an das System der Luftfahrt.[102] Die Qualität der ärztlichen Versorgung sei für das allgemeine Gesundheitswohl maßgeblich, setzte sich als Maxime durch.

Die WHO stellt Patientensicherheit im globalen Aktionsplan 2021 bis 2030 in den Kontext der neuen Sicherheitskultur: Patientensicherheit ist »ein Rahmen organisierter Aktivitäten, die Kulturen, Prozesse, Verfahren, Verhaltensweisen, Technologien und Umgebungen in der Gesundheitsversorgung schaffen, die beständig und nachhaltig Risiken senken, das Auftreten vermeidbarer Schäden reduzieren, Fehler unwahrscheinlicher machen und die Auswirkungen von eintretenden Schäden verringern«. Weiter lautet die informelle Definition des Begriffs Kultur: »[...] die Art und Weise, wie wir die Dinge hier tun [...], wenn niemand zuschaut.«[103] Mit dieser

Definition legt die WHO die Patientensicherheit in die Verantwortung jeder einzelnen Fachperson.

Das deutsche Aktionsbündnis Patientensicherheit (APS) legt in seinem Weißbuch eine konzeptionelle Neuentwicklung des Begriffs »Patientensicherheit« vor. Galt bis anhin das einfache »lineare« Prozessverständnis: Ein vermeidbares unerwünschtes Ereignis führt zum Fehler, steht neu das System und seine Komplexität im Zentrum. Die normative Bestimmtheit eines »primum nil nocere«: Patientensicherheit ist gegeben »wenn nichts passiert«, sei identisch mit der Abwesenheit von unerwünschten Ereignissen und Fehlern.[104] Diese Abkehr von der Fokussierung auf den Fehler als Resultat einer Behandlung hin zu einer umfassenden Auffassung von Patientensicherheit war bahnbrechend: Nicht mehr das Individuum sollte in die Verantwortung genommen werden, sondern das System.[105] Nebst dieser grundsätzlichen Neuorientierung widmet sich das Aktionsbündnis im Weißbuch der zentralen Frage: »Warum ist die ›Verwirklichung‹ von Patientensicherheit so schwergängig? Denn es fing alles so dynamisch an[...]«[106]

Der Abschied von der individuellen Schuldfrage (dem person-approach von James Reason (2000)) versprach große Erleichterung und eröffnete neue Handlungsoptionen: Das Gesundheitssystem, die Organisationen, Vergütungssysteme, Kultur, Führung, Verantwortung waren die Schaltstellen, an denen die Patientensicherheit erfolgreich bearbeitet werden sollte. Diese Definition der Patientensicherheit bestimmt aus der Perspektive der Patient:innen das »Maß, in dem handelnde Personen, Berufsgruppen, Teams, Organisationen, Verbände und das Gesundheitssystem

1. einen Zustand aufweisen, in dem Unerwünschte Ereignisse selten auftreten, Sicherheitsverhalten gefördert wird und Risiken beherrscht werden,
2. über die Eigenschaft verfügen, Sicherheit als erstrebenswertes Ziel zu erkennen und realistische Optionen zur Verbesserung umzusetzen, und
3. in der Lage sind, ihre Innovationskompetenz in den Dienst der Verwirklichung von Sicherheit zu stellen.«[107]

Den Paradigmenwechsel – weg von der individuellen Schuldfrage – nimmt die WHO am 2. Welttag der Patientensicherheit 2020 auf: Fachpersonen können die Verantwortung nur übernehmen, wenn die Voraussetzungen auf Systemebene verankert sind, und die WHO verabschiedet eine Charta zum Thema »Health worker safety: a priority for patient safety«.[108] Mit der Charta fordert sie Mitgliedsstaaten, zwischenstaatliche Organisationen, internationale Organisationen, Berufsverbände, Gewerkschaften, Patientenorganisationen, zivilgesellschaftliche Organisationen, akademische Forschungseinrichtungen, Gesundheitsorganisationen, Gesundheitseinrichtungen, den Privatsektor, die Industrie und alle anderen Interessengruppen auf, sich zu verpflichten, dringende und nachhaltige Maßnahmen zu ergreifen, um die Sicherheit des Gesundheitspersonals und der Patient:innen zu gewährleisten. Die WHO lädt alle ein, diese Charta zu unterzeichnen.

Damit die Patientensicherheit im Alltag gelebt werden kann, muss das Personal geschult werden. Das Aktionsbündnis Patientensicherheit hält in einer Broschüre zum Thema fest: »Patientensicherheit muss [...] gelernt werden.«[109] Darüber herrscht in Fachkreisen breite Einigkeit, und ein entsprechend vielfältiges Schulungsangebot steht zur Verfügung. Ingenieur Matthias Aleff, Leiter Verhaltensstandards der Marke EKu.SAFE, hat in seinem Referat »Vom Kernkraftwerk ins Krankenhaus – Sicherheitsgerichtete Verhaltensstandards« die Schulung zur Sicherheit eines Kernkraftwerks, durchgeführt im Universitätsklinikum Essen, evaluiert. Diese hat ergeben, dass 84% der Teilnehmer (TN) die Methoden kennen, 50% der TN wenden einzelne Methoden regelmäßig an, bei 70% der TN wurde die Arbeitsweise verbessert und 92% der TN finden interdisziplinäre Teamtrainings sinnvoll.[110] Wenn nur die Hälfte der Teilnehmenden das Gelernte bei der Arbeit anwendet, dann, fügt Aleff hinzu, muss eine kritische Masse an einer Schulung teilnehmen, damit sich der Wissenstransfer vom Schulungsraum zur Tätigkeit im Alltag niederschlägt und dieser muss die Umsetzung des Gelernten zulassen.

Die gelebte Sicherheitskultur umfasst zwei Bereiche: Die Fachpersonen müssen im Alltag und auf der Führungsebene mit den nötigen Rahmenbedingungen die Voraussetzung dafür schaffen. In erster Linie gilt es, den vertrauensbasierten Kulturwandel »Lernen aus Fehlern« zu etablieren, verbindlich vorzugeben und gegebenenfalls gesetzlich festzulegen. Das gewandelte Verständnis von Patientensicherheit nimmt prioritär die Perspektive der Patient:innen ein, und die Maßnahmen lassen sich am Nutzen für sie messen.

Die Klassifikation der Meldungen zu kritischen Ereignissen und Fehlern

Die Umsetzung der Patientensicherheit basiert auf der Klassifikation der Meldungen von kritischen Ereignissen und Fehlern. Das Aktionsbündnis Patientensicherheit (APS) hat eine breit akzeptierte Klassifikation der kritischen Ereignisse und Fehler im Weißbuch Patientensicherheit vorgenommen:

- »**Patientensicherheit** *(safety):* Abwesenheit Unerwünschter Ereignisse [...]
- **Unerwünschtes Ereignis** *(adverse event, harm):* Ein unbeabsichtigtes negatives Ergebnis, das auf die Behandlung zurückgeht und nicht der bestehenden Erkrankung geschuldet ist. [...]
- **Fehler** *(error):* Nichterreichen eines geplanten Handlungszieles oder Anwendung eines falschen Plans [...]
- **Irrtum** *(mistake):* Nichterreichen des geplanten Handlungszieles durch Verfolgen eines falschen Plans [...]
- **Patzer** *(slip):* Nichterreichen eines geplanten Handlungszieles durch einen Ausführungsfehler [...]
- **Versehen** *(lapse):* Nichterreichen eines geplanten Handlungszieles durch einen Wahrnehmungsfehler [...]
- **Vermeidbares UE** *(preventable AE):* Ein auf einen Fehler zurückzuführendes Unerwünschtes Ereignis [...]
- **Beinaheschaden** *(near miss):* Ein Fehler ohne konsekutives Auftreten eines Unerwünschten Ereignisses [...]

- **Behandlungsfehler** *(negligent AE):* Ein Vermeidbares Unerwünschtes Ereignis, das die Kriterien der Sorgfaltsverletzung erfüllt [...]
- **Ereignis** *(event, incident):* Ein Ereignis stellt einen Zwischenfall, einen Prozess, eine Vorgehensweise oder ein Ergebnis dar, das das Risiko für das Eintreten eines Unerwünschten Ereignissen erhöht oder tatsächlich in ein Unerwünschtes Ereignis mündet, und auch das Versagen von Präventionsmaßnahmen mit einschließt [...]
- **Kritisches Ereignis** *(critical incident):* Ereignis, das das Risiko für das Eintreten eines schwerwiegenden Unerwünschten Ereignisses erhöht oder tatsächlich in ein schwerwiegendes Unerwünschtes Ereignis mündet. Ein kritisches Ereignis bedingt die sofortige Untersuchung und Reaktion [...].«[111]

Eine potenzielle Patient:innengefährdung ist kein isoliertes, nachrangiges Problem, sondern ein zentrales Element der fachlichen und organisatorischen Gesamtverantwortung einer Spitalabteilung, einer Spitaldirektion oder der verantwortlichen Personen im stationären und ambulanten Bereich.[112] Wenn eine Spitaldirektion – wie im Fall Maisano – keine Konsequenzen zieht, sondern im Gegenteil versucht, die Angelegenheit proaktiv zu beschönigen, zu banalisieren und wichtige Informationen zu unterschlagen, ist die nächste Krise nicht weit weg.

3

Was schief-gehen kann, geht schief

Eine Herztransplantation gilt immer noch als Eingriff mit hohem Prestige; 2003 wurde sie an fünf Schweizer Spitälern durchgeführt. Das waren zu viele; schweizweit stehen pro Jahr nur rund 30 Spenderherzen zur Verfügung. Weil mit dieser tiefen Fallzahl pro Zentrum die Qualität einer Transplantation nicht gewährleistet werden konnte, wurde auf Kantonsebene wiederholt eine Reduktion auf zwei oder drei Zentren diskutiert. Das stellte die weitere Durchführung von Herztransplantationen am UniversitätsSpital Zürich (USZ) infrage, was sich auch auf die Neubesetzung der Chefarztstelle auswirkte. Der in Bern tätige Chefarzt Thierry Carrel hätte die Leitung der Klinik für Herz- und Gefäßchirurgie am USZ übernehmen sollen. Nach seiner Zusage am 17. November 2004 machte er einen Rückzieher mit der Begründung, er befürchte, in Zürich würden in absehbarer Zeit keine Herzen mehr transplantiert werden.[113] Sein Rückzug hing eventuell auch mit der neuen Ausgangssituation zusammen, die die Stärkung des Transplantationszentrums in Bern zur Folge hätte haben können.

Um sich im Kampf um die Herztransplantation besser zu positionieren, lässt sich das USZ 2004 einen besonderen »Coup« einfallen: Eine Herztransplantation vor laufender Kamera der Nachrichtensendung »10 vor 10« des Schweizer Fernsehens. Mit der öffentlichen Transplantation soll nicht nur das Zentrum gesichert, sondern auch die Bevölkerung für die Organspende sensibilisiert werden. Die 57-jährige Patientin Rosmarie Voser wird für die Transplantation ausgewählt, ihre Zustimmung zur geplanten Fernsehübertragung hat sie gegeben. Die Kameraleute von »10 vor 10« nehmen ihre Arbeit auf. Sie begleiten Rosmarie Voser über Wochen und filmen die Operation am 23. April 2004 live. An diesem Tag steht endlich ein Spenderherz zur Verfügung, nur: Rosmarie Voser hat die Blutgruppe 0, das zu implantierende Herz die Blutgruppe A. Sie stößt das fremde Herz ab und stirbt drei Tage nach der Transplantation, noch bevor ihr ein Kunstherz eingesetzt werden kann. Bei einer derartigen Blutgruppenunverträglichkeit gelingt eine Herztransplantation kaum. Erforderlich wäre eine lange und sehr sorgfältige Vorbereitung, zu der auch der fortlaufende enge Austausch der Fachleute aus den verschiedenen medizinischen Bereichen unabdingbar ist. Ob die Transplantation mit der unverträglichen Blutgruppe als Option in Betracht gezogen wurde, blieb offen.

Der tragische Todesfall von Rosmarie Voser lancierte erneut eine Debatte um die Sicherheit von Patient:innen. Wie der Anästhesist Daniel Scheidegger gegenüber den Medien erklärte, passieren in der Schweiz bei medizinischen Eingriffen jedes Jahr 2000 bis 3000 schwerwiegende Fehler.[114] Die Zahl stammte von einer Hochrechnung aufgrund statistischer Daten in den USA. Das Bundesamt für Sozialversicherungen (BSV) publizierte die Daten – es ging darum, Alarm zu schlagen, denn diese Anzahl von fatalen Fehlern ist hoch, sogar wenn man sie in Relation zu den rund 1,39 Millionen Behandlungen in den 372 Schweizer Spitälern setzt.[115] Die Publikation des BSV veranlasste den Bund zur Gründung einer »Task Force« mit Fachleuten aus der Schweiz und dem Ausland. Die Empfehlungen dieser Gruppe führten im November 2003 mit einer Anschubfinanzierung des Bundesamtes für Gesundheit zur Gründung der »Schweizerischen Stiftung für Patientensicherheit«. Bei der Gründung war die Koordination der Fehlerbekämpfung ein vordringliches Ziel.

Das USZ informiert an der Pressekonferenz am 27. April 2004 die Öffentlichkeit über den fatalen Verlauf der Transplantation. Für diese Pressekonferenz wird kein Geringerer als der Chef der Anästhesie am Universitätsspital Basel, Daniel Scheidegger, aufgeboten. Scheidegger ging davon aus, mit seiner Einladung als »Konkurrent aus Basel« werde eine Kulturänderung im Umgang mit Fehlern eingeleitet. Er ortet sogar Einigkeit beim Handlungsbedarf.[116] Rosmarie Voser sei wegen eines mündlichen Kommunikationsfehlers gestorben, wird an der Konferenz mitgeteilt. Der Kommunikationsfehler, der zur verhängnisvollen Blutgruppenunverträglichkeit geführt haben soll, erstaunte Scheidegger nicht. Er beschäftigte sich schon damals intensiv mit vermeidbaren Fehlern. Er zog das Fazit: »Bei 85% der Zwischenfälle, die im medizinischen Bereich vorkommen, sind Kommunikationsfehler schuld.«[117] Fehler, auch mit noch so tragischen Folgen, seien meist eine Kette mit vielen Gliedern. Es gehe nicht um die Suche nach einer schuldigen Person, sondern um die Analyse und Auseinandersetzung mit dem Fehler, die allein zielführend seien. Das gilt nicht nur für das USZ, sondern schweizweit für die gesamte Gesundheitsversorgung. Die Pressekonferenz zeigte den dringenden Handlungsbedarf und den notwendigen Kulturwandel im Umgang mit Fehlern in der Medizin eindrücklich auf.

Der verantwortliche Chefarzt Marko Turina versicherte in »10 vor 10« vom 13. Juni 2005, er habe nicht wissentlich ein Herz mit einer falschen Blutgruppe implantiert, sondern die Blutgruppe in der Nacht um 3.30

Uhr falsch verstanden. Die Resultate seien katastrophal. Er übernahm für das Kommunikationsproblem die volle Verantwortung.[118] Die Öffentlichkeit erfährt nicht mit Gewissheit, was wirklich vorgefallen ist.

Die misslungene Herztransplantation hat auch politische Folgen. Die Zürcher Gesundheitsdirektorin Verena Diener zieht die Konsequenzen und verfügt einen akuten, temporären Stopp des Herztransplantationsprogramms am USZ: »Die letzten Wochen brachten stückweise immer wieder neue Dimensionen in den Fall Voser. Die Umstände müssten geklärt werden. Die beteiligten Ärzte werden zu ihrer Entlastung vorläufig ihrer Dienste am Unispital enthoben.«[119] Diener will das Moratorium »zur Sicherheit der Patienten« andauern lassen, bis die Befragungen durch die Staatsanwaltschaft beendet sind. Sie werde es aufheben, wenn die zwei Voraussetzungen erfüllt seien: »Spital- und Klinikleitung müssten versichern, dass das Personal nach den Medienberichten um den Fall Voser wieder zur Ruhe gekommen sei, und – wenn es sich um eine experimentelle Behandlung gehandelt habe, müsse auch die Ethikkommission ihre Zustimmung geben.«[120]

Für das Personal ist das Strafverfahren eine sehr große Belastung. Ein anonymer Hinweis lässt den Verdacht aufkommen, es könnte sich um eine experimentelle Transplantation gehandelt haben. In den Medien wird ein Gutachten des Instituts für Rechtsmedizin zitiert, aus dem hervorgehe, dass es sich um eine wissentliche Verwechslung der Blutgruppe gehandelt habe. Die Staatsanwaltschaft untersuchte deshalb den Verdacht eines möglichen Vorsatzes, bei dem es nicht nur um fahrlässige, sondern auch um vorsätzliche Tötung geht.[121] Diener äußert sich dezidiert in der Tagesschau: »Wenn sich der Verdacht der wissentlichen Transplantation mit der falschen Blutgruppe bestätigen würde, wäre das absolut verwerflich.«[122]

Im harten Konkurrenzkampf um den Standort wäre die erfolgreiche Transplantation zum richtigen Zeitpunkt gekommen. Wäre sie erfolgreich gewesen, hätte sie das Transplantationszentrum des USZ gestärkt, so wurde sie zum Desaster, auch für den angesehenen Herzchirurgen Turina, der im August 2007 pensioniert wurde. Am Vorabend seiner Pensionierung meint er zur – auch für ihn – großen Belastung: »Ich entwickle andere Tätigkeiten, die mich sehr beschäftigen. Ich bin zuständig für Wissenstransfer in unterentwickelten Ländern in der Herz- und Gefäßchirurgie. Es ist mir nicht langweilig, aber es ist sicherlich ein schwerer Schlag.«[123]

2007 erlässt die Staatsanwaltschaft gegen Turina und zwei weitere Herzspezialisten Strafbefehle wegen fahrlässiger Tötung von Rosmarie Voser und auferlegt ihnen Geldstrafen. Weil keiner der Beteiligten Einsprache erhebt, werden die Strafbefehle rechtskräftig. Das Moratorium ist längst aufgehoben, das Urteil gefällt. Damit ist der Fall Rosmarie Voser offiziell abgeschlossen. Der Ruf des USZ ist angeschlagen, im Konkurrenzkampf um den Standort für die Herztransplantation ist es geschwächt.

Die Planung und Koordination von Herztransplantationen ist in der Interkantonalen Vereinbarung zur hoch spezialisierten Medizin (IVHSM) geregelt und obliegt dem 12-köpfigen Fachgremium, das das HSM-Beschlussorgan der Schweizer Gesundheitsdirektorenkonferenz (GDK) ist. Die Kantone der Schweiz haben sich verpflichtet, die Planung und Koordination dem HSM-Beschlussorgan zu übertragen, dazu gehören auch die Herztransplantationen. 2010 weist dieses Gremium die Herztransplantation vorläufig den drei bestehenden Zentren, den Universitätsspitälern Zürich, Bern und Lausanne zu, nicht dabei sind die Transplantationszentren Basel und Genf. Die insgesamt 35 transplantierten Herzen im Jahr 2012 verteilten sich auf das UniversitätsSpital Zürich (11), das CHUV Lausanne (14) und das Inselspital Bern (10). Weil mit der schweizweit tiefen Fallzahl die Qualität mit drei Zentren nicht gewährleistet werden kann, gilt die Zuteilung befristet bis 2013. Das HSM-Beschlussorgan betont, an der mittelfristigen Zielsetzung der Reduktion auf zwei Transplantationszentren zur Qualitätssicherung festzuhalten.

2013 beschloss die GDK, bei den drei Zentren zu bleiben. Ein Expertengremium der GDK hatte die Qualität der Arbeit in den Transplantationszentren in Zürich, Bern und Lausanne untersucht und kam zum Schluss, es werde in allen drei Universitätsspitälern vergleichbar gut gearbeitet. Der Entscheid galt mit Frist bis zum 31. Dezember 2016 und hatte die folgenden Auflagen: Einhaltung der Anforderungen an die Qualitätssicherung sowie der erforderlichen fachlichen und betrieblichen Voraussetzungen für die Transplantation der Organe. Erarbeitung eines umfassenden Versorgungskonzepts zur Behandlung von Patienten mit schwerer und schwerster Herzinsuffizienz. Die drei Spitäler und ihre Netzwerke verpflichten sich zudem, verstärkte Anstrengungen zu unternehmen, um die Zahl der Organspender zu erhöhen. Für die prä- und posttransplantäre Betreuung der Patient:innen wird die formelle Organisation von Betreuungsnetzwerken verlangt, und schließlich mussten die Zentren einen Vorschlag für eine sinnvolle Risikoadjustierung unterbreiten.[124]

Das Festhalten des Beschlussorgans an den drei Standorten stößt auf Widerstand. Das Inselspital Bern legt beim Bundesverwaltungsgericht Beschwerde dagegen ein und fordert die sofortige Konzentration auf zwei Zentren, zu denen das Inselspital gehören soll. Mit Urteil vom 2. April 2012 stützt das Bundesverwaltungsgericht den Beschluss der GDK und tritt nicht auf die Beschwerde ein. »Dem Inselspital fehlen ein besonders schutzwürdiges Interesse und damit die erforderliche Beschwerdelegitimation. Insbesondere hat das Bundesverwaltungsgericht in seinen Erwägungen festgehalten, dass ein Leistungserbringer nicht befugt ist, die Leistungsaufträge an einen anderen Leistungserbringer anzufechten.«[125]

Das USZ darf weiterhin Herzen transplantieren; die Erleichterung ist dort und beim Regierungsrat des Kantons Zürich »sehr, sehr« groß.[126] Diese positive Stimmung teilt der Gesundheitsökonom Willy Oggier nicht: »Aus gesundheitsökonomischer Sicht ist dieser Entscheid ein Armutszeugnis«, und: »Für die Patienten ist dies ein sehr schlechter Tag«, erklärt er. »Wenn die wenigen Herztransplantationen in der Schweiz auf drei Zentren aufgeteilt werden, dann fehle es den einzelnen Ärztinnen und Ärzten an Praxis. ›Es dauert länger, bis die Operateure genug Erfahrung mit neuen Methoden haben.‹«[127] Die Diskussion um die Reduktion der Zentren und die tiefen Fallzahlen zeigen die ungelöste Problematik der Qualität und der Sicherheit der Patient:innen deutlich auf.

Für die Qualität ist die Fallzahl einer Operation nicht der einzige, aber ein sehr wichtiger Faktor. Den Bedenken zur Qualität trägt das Beschlussorgan der GDK Rechnung, indem die problematisch tiefen Fallzahlen mit einer Umstrukturierung kompensiert werden sollen. Das USZ muss eine konzeptuelle Neuausrichtung der Behandlung von Herzkrankheiten vornehmen und die Herztransplantation und Behandlung von Herzinsuffizienz zusammenführen. Mit dieser Neuausrichtung wird die Transplantation nicht mehr isoliert, sondern in Zusammenhang mit der Behandlung der Herzinsuffizienz beurteilt und soll so zur geforderten Qualität beitragen. Aus fachlicher Sicht ist dieser Vorschlag nicht zielführend, denn die tiefen Fallzahlen bei den Transplantationen stehen im Zusammenhang mit zu wenig Operationsroutine und fehlender Routine bei den Nachkontrollen. Beides kann mit der Behandlung der Herzinsuffizienz nicht kompensiert werden. Es handelt sich seitens GDK wohl viel eher um einen politischen, weniger um einen fachlichen Entscheid.

Von der Aviatik lernen

André Plass initiierte 2012 die Zusammenarbeit zwischen dem USZ und dem SWISS Aviation Center. Unter anderem erstellte er diverse Checklisten für den Operationssaal, abgestimmt auf verschiedene herzchirurgische Eingriffe. Ein neu entworfener standardisierter Fragebogen wurde mit detaillierten Fragen für jede Operation und jede/n Patient:in kombiniert. Dazu führt ein Mitglied des OP-Teams vor Beginn des Eingriffs ein »Team-Time-out« durch, alle beteiligten Teammitglieder stellen sich vor, eines davon stellt dem hauptverantwortlichen Operateur in Anwesenheit des gesamten Teams die entsprechenden sicherheitsrelevanten Fragen. Die Antworten ermöglichen das frühzeitige Erkennen von Fehlerquellen vor jeder Operation. Der angepasste interdisziplinäre Fragebogen ist erfolgreich, weil alle beteiligten Fachdisziplinen von der Anästhesie über die Chirurgie bis zur Pflege bei seiner Entstehung miteinbezogen wurden. Zudem werden alle für den operativen Eingriff relevanten Bereiche systematisch abgedeckt, dazu gehört der Name des Patienten und dessen persönliche Angaben, seine Krankheitsangaben kombiniert mit dem geplanten Eingriff wie auch ein technischer Materialcheck. Plass, seit 2002 am USZ tätig, beschäftigte sich seit Jahren im privaten Bereich und in der Forschung sowie in der Klinik mit der Risikoanalytik und Fehlererkennung in der Medizin und publizierte dazu verschiedenen Artikel.[128]

Zur Sicherheit der Patient:innen ist ein Risikomanagement – wie es auch die GDK vorgegeben hatte – in der Herzchirurgie unabdingbar. Eine bestmögliche Vorbereitung mit einer exakten Operationsplanung kann präventiv gewisse Risiken minimieren. Plass hatte frühzeitig den Fokus, Bildgebungstechniken nicht nur zur Diagnostik, sondern spezifisch zur Planung und Erkennung möglicher Risikoaspekte einzusetzen. Als Konsequenz kann eine Operation effizienter und zielgerichteter durchgeführt werden; zudem können dadurch verschiedene Gefahren schon vorab umgangen werden. Die bildgebende Operationsplanung und die Checkliste werden in der klinischen Routine im USZ zunehmend und erfolgreich eingesetzt.[129]

Die Einsicht, im Risiko- und Sicherheitsmanagement von der Aviatik zu lernen, hat sich mittlerweile in der Medizin schweizweit durchgesetzt. Im Februar 2015 findet die erste gemeinsame Tagung des USZ mit dem Swiss Aviation Training zum Thema »Human Factors Challenges in Health Care and Aviation« statt.[130] Diskutiert werden die Gemeinsamkeiten und Risiken des Faktors Mensch in den beiden hoch spezialisierten Industrien. Immanuel Barshi von der NASA zeigt auf, wie wenig der Mensch in einem modernen Airbus A380 noch direkt entscheiden kann. »Im computergesteuerten Flugzeug trifft der Computer die Entscheidungen, der Mensch liefert per Kommunikationsmittel (›Joystick‹ und Tastatur) lediglich Inputs.«[131] Seine Ausführungen provozierten einen Teilnehmer: »Können die beiden so unterschiedlichen Branchen überhaupt etwas voneinander lernen?« Worauf Barshi antwortet: »Ich kann Ihnen nicht sagen, wie in 20 Jahren die Technologie aussehen wird, aber ich habe eine Ahnung davon, wer die Systeme sowohl in der Aviatik als auch in den Spitälern bedienen wird – Menschen. Und ja, Menschen können voneinander lernen.«[132] Hugo Sax, Leiter der Spitalhygiene des USZ und einer der Organisatoren, fasst das einheitliche Fazit der Tagung so zusammen: Das Thema »Human Factors« ist für die Sicherheit und Qualität in ganz unterschiedlichen Bereichen zentral.[133]

Die Herzchirurgie des USZ in den Schlagzeilen

Die Behandlung von Herzkrankheiten haben in den letzten Jahren entscheidende Entwicklungen erfahren, die medizinischen Fortschritte sind enorm. Oft muss eine Herzkrankheit nicht mehr offen chirurgisch, sondern kann kathetertechnisch oder gar konservativ behandelt werden. Untersuchungen und Eingriffe können außerdem statt stationär zunehmend ambulant durchgeführt werden. Diese Entwicklung hat den notwendigen Strukturprozess der geplanten Zusammenführung der Herzchirurgie und der Kardiologie im USZ vorangetrieben. Für das USZ bedeutete das eine harmonisch abgestimmte Fachrichtung, fokussiert auf die bestmögliche Betreuung von Patientinnen und Patienten mit einer Herzerkrankung und eine Anpassung an den medizinischen Fortschritt.

Ein weiterer wichtiger Schritt im Prozess erfolgte 2008 mit dem Zusammenschluss der Herzchirurgien des USZ, Kinderspitals und Stadtspitals Triemli zum Herzverbund. Der Herzchirurg Michele Genoni wird von der damaligen Gesundheitsdirektorin Verena Diener und der Bildungsdirektorin Regine Aeppli in einem abgekürzten Berufungsverfahren an die Spitze der Klinik gesetzt. Genoni, damals Chefarzt der Herzchirurgie am Stadtspital Triemli, hatte in erster Linie den Auftrag, die Situation in der Herzchirurgie des USZ zu beruhigen. Als Direktor der Klinik für Herz- und Gefäßchirurgie des USZ und zugleich Chefarzt der Klinik für Herzchirurgie am Stadtspital Triemli wird er zum Vorsteher des Herzverbunds. Genoni lanciert ein Konzept zur Qualitätskontrolle von herzchirurgischen Verfahren. Die Basis dafür soll eine gemeinsam angelegte Datenbank bilden, mit der er die Qualität durch das Erfassen von Fallzahlen, Operationstechniken, Sterblichkeit und Infektionen fördern und den Vergleich der Herzchirurgien miteinander ermöglichen will. Für die Qualität ist die enge Zusammenarbeit der Herzchirurgie und der Kardiologie als Herzteam notwendig. Zu den Teams sollen Ärzt:innen gehören, die auf Diagnostik spezialisiert sind, die Medikamente verschreiben, die mit Kathetern arbeiten und solche, die klassische Chirurgie betreiben. Laut medizinischer Fachmeinung kann nur ein solches Herzteam gemeinsam die individuell beste Therapie für die Patient:innen bestimmen. Genoni, der ab 2005 die Klinik für Herz- und Gefäßchirurgie des USZ leitete, erhielt jedoch weder die definitive Leitung noch den Lehrstuhl an der Universität von Marko Turina und dies, obwohl er die richtige Strategie aufgegleist hatte.

Nach einer kurzen Übergangszeit übernahm der deutsche Herzchirurg Volkmar Falk Anfang 2009 die Leitung der Klinik für Herz- und Gefäßchirurgie am USZ. Unterdessen lancierte André Plass ein Projekt für ein visionäres Herzzentrum, um die Zusammenführung der Herzchirurgie und der Kardiologie weiter voranzutreiben. Er brachte ein Team zusammen, dem er, der Klinikdirektor Falk, der Rechtsanwalt Peter Nobel, der Berner Bauunternehmer Bruno Marrazi und der Bündner Architekt Valerio Olgiati angehörten.[134] Plass hatte mit Olgiati einen Swiss Cardicac Center in Abu Dhabi geplant; aus diesem Projektentwurf entstand eine für den Standort Zürich angepasste Version.[135] Die Initianten unterbreiteten ihre Pläne eines Hochhauses für ein Herzzentrum der Spitalleitung und der Regierung. Im visionären Projekt waren die Architektur und die Logistik harmonisch auf die ganzheitliche Diagnostik und Behandlung von Herzerkrankungen abgestimmt, in dem wiederum die Herzchirurgie und die Kardiologie miteinander verschmolzen. Aufgrund diverser politischer Diskussionen kam das weit vorangeschrittene Projekt, die Auslagerung der Herz- und Gefäßmedizin in ein neues Gebäude nahe dem Prime Tower im Kreis 5, nicht zustande. Stattdessen erfolgte ein mehr hypothetisches Konstrukt eines HerzZentrums im Gebäude des USZ am bisherigen Standort.

Dieses Zentrum wird am 24. September 2013 eröffnet und von den beiden Professoren Volkmar Falk und Thomas Lüscher geleitet. Falk setzt große Hoffnungen in das neue Zentrum, in dem Kliniken und Teams verschiedener Fachrichtungen Hand in Hand zusammenarbeiten sollen. Dafür will er die Chirurgien der Zürcher Spitäler, USZ, Stadtspital Triemli und Kinderspital zusammenführen und den internen Zusammenschluss der Herzchirurgie mit der Kardiologie wie geplant umsetzen. Das gelingt ihm nicht, zu viele, meist individuelle Interessen machten dem Vorhaben einen Strich durch die Rechnung. Das HerzZentrum bestand nur auf dem Papier. Auch die Infrastruktur – außer einem Schild mit HerzZentrum Zürich – ließ keinen Ansatz eines echten Zentrums erkennen, die verschiedenen Kliniken waren an verschiedenen Standorten im Campus des USZ verteilt und arbeiteten komplett unabhängig voneinander.

Im September 2014 verlässt Volkmar Falk das USZ, um einem Ruf an die Berliner Charité zu folgen. Er begründet seinen Entscheid mit dem nicht Zustandekommen des HerzZentrums: »Die anderen Dimensionen in Berlin seien entscheidend gewesen [...] Gleichzeitig hält Falk fest, dass es ›vorstellbar gewesen wäre‹, dass er hier geblieben wäre, wenn in Zürich ein großes Herzzentrum zustande gekommen wäre. Das Geld habe für seine Entscheidung keine Rolle gespielt.«[136]

Die Nachfolge von Falk soll ein »Starchirurg« antreten. Das USZ macht sich auf die Suche und wird mit Francesco Maisano hausintern fündig. Der Italiener arbeitet bereits seit 2013 als Leitender Arzt in der Herzchirurgie am USZ; er übernimmt sein neues Amt im Oktober 2014. Er ist zu diesem Zeitpunkt vor allem durch die Anwendung kathetertechnischer Produkte bekannt.

Die Zusammenarbeit mit Thomas Lüscher und der Kardiologie funktionierte nur bei der Umsetzung gemeinsamer, spezifischer Interessen, jedoch nicht mit dem Ziel eines Gesamtkonzepts einer Herzmedizin im Rahmen des HerzZentrums. Organisatorisch lief die Klinik für Herzchirurgie unter Maisano zunehmend aus dem Ruder. Aus diesem Grund wurde entschieden, zu dessen administrativer Unterstützung den Chefarzt der Klinik für Herzchirurgie des Stadtspitals Triemli Genoni als stellvertretenden Klinikdirektor mit einem 40%-Pensum im Doppelmandat zu engagieren. In diesem Rahmen wird 2015 die »Allianz Herzchirurgie Zürich« gegründet, dessen Leiter wiederum Genoni wird. Maisano ist für die Forschung und internationale Ausstrahlung zuständig, Genoni für die Qualität. Gemeinsam sollen sie den Ruf der Herzchirurgie wiederherstellen.

Für die Qualitätssicherung ist die enge Zusammenarbeit der Herzchirurgie und der Kardiologie notwendig. Diese wird von allen Seiten gefordert, kommt aber nicht zustande. Thomas Lüscher, der bis 2017 die Kardiologie des USZ geleitet hatte, bestätigt die fehlende Zusammenarbeit und das Auseinanderdriften der Kardiologie und der Herzchirurgie nach seinem Austritt. »Es war ein Fehler, nicht viel früher auf ein gemeinsames Budget gepocht zu haben und ein Herzzentrum zu schaffen, das diesen Namen auch ökonomisch verdient. [...] Ärztinnen beider Disziplinen müssen eng zusammenarbeiten, so, wie Maisano und ich das damals am USZ eingeführt haben.«[137] Seinen Widerspruch von »weiter auseinanderdriften« und »enger Zusammenarbeit« löst Lüscher im Interview nicht auf, hingegen macht er das strukturelle Problem mit seiner Aussage deutlich: Die Kardiologie und die Herzchirurgie arbeiteten nie zusammen, wie sie das wie geplant und im Interesse der Sicherheit hätten tun müssen. Sein Verweis auf die angeblich »enge Zusammenarbeit mit Maisano« belegt er nicht substanziell und zeigt keinen strukturellen Lösungsansatz auf höchster Ebene auf. Ein Grund dafür mag im individuellen Eigeninteresse der betroffenen Personen liegen, die eine pseudointerdisziplinäre Zusammenarbeit lebten. Wie anders könnte es zu erklären sein, dass zwei oberste Chefs den Zusammenschluss nicht schaffen, obwohl es in ihrem ureigensten Interesse gelegen hätte.

Genoni arbeitet weiter am Qualitätsproblem und will künftig die Zahlen zu den Herzoperationen landesweit genauer und besser vergleichbar machen. Die Fachgesellschaften der invasiv und akutmedizinisch tätigen Spezialärzt:innen (FMCH) unter Präsident Genoni hatten ein Register lanciert, an dem sich alle 18 herzchirurgischen Kliniken der Schweiz beteiligen sollten. Im Register sollen von jeder/jedem Patient:in rund 300 Daten erfasst werden. Laut Genoni ist das Register eine große Herausforderung, muss er doch feststellen, »dass die Datenqualität noch ungenügend sei. [...] Um zu besseren Ergebnissen und Daten zu kommen, brauche es aber unabhängige Kontrolle (Audits) – allen Problemen zum Trotz.« – »Um die offenen Fragen zu klären und Lücken und Mängel anzugehen, beschloss die SGHC für 2017 ein System-Audit 2017. […] Die Qualität muss von der Branche sichergestellt werden, weil nur die Ärzte in der Lage sind, sie zu beurteilen.«[138] Dennoch baut Genoni auf das Register, weil es eine deutliche Qualitätsverbesserung in der Herzchirurgie verspricht. »›Sieht das System dann, dass ein Spital irgendwo ein Problem hat, wird es ihm die Gelbe Karte zeigen.‹ Genoni erhofft sich davon auch eine Bereinigung in seinem Fachgebiet: ›18 Herzkliniken sind zu viele. Die Daten werden helfen, Zentren mit ungenügender Qualität zu schließen.‹ Er ist zuversichtlich, dass die Zürcher nicht dazugehören.«[139]

Für die Jahre 2016 und 2017 veröffentlicht das Bundesamt für Gesundheit (BAG) Zahlen, die eine zu hohe Mortalität in der Herzchirurgie im USZ und im Stadtspital Triemli zeigen. Im März 2018 einigen sich Genoni und Maisano aufgrund der hohen Sterberate auf ein Audit[140] ihrer Klinik durch internationale Experten. Im »Tages-Anzeiger« erklären sie den Handlungsbedarf: »In einer ersten Besprechung hätten die Experten [Anm.: Auditoren] die fehlende Standardisierung als Hauptproblem genannt, so Genoni.«[141] Genoni beginnt mit der Umsetzung der von den Auditoren empfohlenen qualitätssichernden Maßnahmen. Die Leistung jedes einzelnen Herzchirurgen soll regelmäßig anhand von sechs Kriterien beurteilt werden, darunter die Mortalität, der Blutverbrauch und die Infektionsrate, und einzelne Oberärzt:innen dürfen nicht mehr allein operieren, sondern müssen nochmals trainiert werden. Unter seiner Ägide vermindert sich die Anzahl der Infektionen. Damit ist ihm ein wichtiger Erfolg gelungen, das Qualitätsproblem aber noch nicht gelöst. Auch erste Resultate, die in den Monaten Januar und Februar 2019 vorliegen, lassen die Hoffnung im USZ wachsen. Die Sterberate sei sowohl im USZ als auch im Triemli deutlich zurückgegangen. Nachhaltige Zweifel bleiben bestehen; intern heißt es, ob die Verbesserung nachhaltig sei, müsse sich erst noch zeigen, zumal offenbar die empfohlenen Maßnahmen nicht vollständig umgesetzt wurden.

Im Juli 2019 verlässt Genoni überraschend das USZ, das Qualitätsproblem bleibt. Gemäß USZ hat er die »Allianz Herzchirurgie Zürich« in den vergangenen Jahren mit großem persönlichen Einsatz sehr erfolgreich aufgebaut.[142] Genoni wolle sich vermehrt der Qualitätssicherung in der Medizin widmen, lautet die offizielle Begründung des USZ; Genoni äußerte sich dazu nicht. Sein Austritt kommt zu einem denkbar ungünstigen Zeitpunkt. Offiziell tritt Maisano dessen Nachfolge an und ist fortan auch für die Qualitätssicherung verantwortlich.

Francesco Maisano obliegt es seit seinem Antritt als Chefarzt, das USZ nach außen zu vertreten, in der schweizerischen Herzchirurgie neu zu positionieren und ihr die internationale Anerkennung zurückzubringen. Schon im September 2016 erregt er mit einem neuartigen kathetertechnischen Herzklappeneingriff großes öffentliches Aufsehen. Erstmals hatten er und sein engstes Team die Trikuspidalklappe mit dem Herzklappen-Device »Cardioband Tricuspid« behandelt. In einer Medienmitteilung titelt das USZ: »Weltpremiere: Herzteam des UniversitätsSpitals Zürich führt erstmals neuen Eingriff an einer Herzklappe durch«.[143] In Wahrheit misslang die Operation, Maisano verheimlichte den Misserfolg und stellte den Eingriff beschönigend dar.[144] Das hatte vorerst keine Konsequenzen, sondern erst, als die Verfehlungen Ende 2019 der Spitaldirektion gemeldet wurden.

Chefarzt Maisano wurde intern und extern wegen der Operations- und Behandlungsqualität wiederholt kritisiert. Deshalb veranlasste er Ende Oktober 2019 ein Audit. Dieses zeigte deutliche Qualitätsmängel, löste jedoch keine einschneidenden Konsequenzen aus. Erst als die Situation eskalierte, wurde er zuerst beurlaubt, dann freigestellt, ihm der Zugriff auf das interne System untersagt; Ende Juli 2020 wurde er seines Amtes enthoben. Die Spitaldirektion und der Spitalrat des USZ versuchten, die Situation an der Klinik für Herzchirurgie mit einem Befreiungsschlag zu beruhigen und trennten sich im September in »gegenseitigem Einvernehmen« von Maisano: »Mit Prof. Maisano verfügte das USZ über einen hervorragenden, international anerkannten Chirurgen und eine innovative Persönlichkeit.«[145]

Während die Direktion und der Spitalrat die gegen Maisano gerichtete Medienkampagne bedauerten,[146] hatten die Untersuchungen dessen schwerste Verfehlungen bereits bestätigt.

Die politische Verantwortung

Der Kantonsrat des Kantons Zürich – das Parlament – übt die gesetzlich festgelegte Oberaufsicht über das USZ aus; der Regierungsrat ist mit der Aufsicht betraut.[147] Der Spitalrat steht dem USZ vor und besteht aus sieben Mitgliedern, die vom Regierungsrat gewählt und vom Kantonsrat bestätigt werden. Die Universität Zürich und die kantonale Gesundheitsdirektion delegieren je ein Mitglied ohne Stimmrecht in den Spitalrat.

Das Bundesamt für Gesundheit (BAG) publiziert regelmäßig Zahlen zur Qualität in der Medizin, darunter auch zu den Qualitätsmängeln in der Herzchirurgie des USZ. Der damalige CVP-Kantonsrat Lorenz Schmid erkannte im März 2018 den politischen Handlungsbedarf und forderte mit einem Vorstoß zur Indikationsqualität von stationären Leistungen: Der Leistungsauftrag für kardio-chirurgischer Eingriffe soll nur noch an Spitäler erteilt werden, die die Mindestkriterien allgemein anerkannter Indikationsqualitäten erfüllen würden.[148] Der Regierungsrat lehnte die Forderung mit der Begründung ab, die Listenspitäler mit Leistungsaufträgen in der Herzchirurgie seien verpflichtet, das von der Schweizerischen Gesellschaft für Herz- und thorakale Gefäßchirurgie (SGHC) beschlossene Monitoring zur Qualitätssicherung in allen Leistungsgruppen der Herzchirurgie umzusetzen.[149] Die Mehrheit des Kantonsparlaments lehnte die Forderung von Schmid ebenfalls ab. Die Gesundheitsdirektion ordnete zur Verbesserung der Indikationsqualität sogenannte »Peer-Reviews/Audits« auf freiwilliger Basis unter ihrer Aufsicht an, ohne konkrete Vorgaben zur Umsetzung zu machen. Damit verschwanden die Maßnahmen zur Indikationsqualität und zur Durchführung der freiwilligen Peer-Reviews als Qualitätsverbesserungsinstrument aus dem politischen Blickfeld. Weiteren Handlungsbedarf stellte die Gesundheitsdirektion damals nicht fest.

Die juristische Perspektive

Für das von Francesco Maisano veranlasste Audit im Oktober 2019 gab Spitaldirektor Gregor Zünd das notwendige Einverständnis. Teil des Audits war die Überprüfung möglicher Interessenskonflikte und die finanzielle Beteiligung von Maisano bei den Herzklappenimplantaten. Einer der beiden Auditoren hatte gemeinsam mit ihm zu noch nicht zugelassenen Produkten publiziert und war Hauptprüfer (Principal Investigator) einer laufenden weltweiten Forschungsstudie zu einem der Produkte. Er hatte seinen Interessenskonflikt jedoch weder gegenüber der ärztlichen Direktion noch dem Co-Auditor offengelegt.[150]

Das Audit, das diverse Mängel aufzeigte, und die interne Meldung einer Mitarbeiterin zur Patient:innengefährdung erzielten jedoch keine Wirkung. Letztere verließ offenbar das USZ, weil ihre Meldung nicht adäquat bearbeitet wurde.[151] Weitere interne Meldungen eines Kaderarztes an oberster Stelle des USZ erfolgten am 6. und am 12. Dezember 2019 mit einem Dokument, das als Whistleblowing gekennzeichnet war. Das 42-seitige Dokument enthielt exemplarische Patient:innenfälle, um die vermuteten Verfehlungen zu untermauern.[152] Trotz erdrückender Hinweise, dass Patient:innen möglicherweise Opfer von Behandlungsfehlern geworden waren, erfolgten keine flankierenden Schutzmaßnahmen, wie zum Beispiel ein unabhängiges Kontrollorgan. Im Gegenteil, die Spitaldirektion beauftragte die Anwaltskanzlei walderwyss mit Abklärungen der im Whistleblowing-Dokument und im Audit vom 29. Oktober 2019 gemeldeten Sachverhalte.[153]

Zwei Anwälte der Kanzlei untersuchten die erhobenen Vorwürfe: Interessenskonflikte, mangelnde Qualifikation von Mitarbeitenden, Komplikationen beim Implantieren der Herzklappen, fehlende Aufklärung zu

Defekten, Implantatversagen und Befangenheit des Auditors. Entsprechend dem Auftrag der Spitaldirektion besprachen sie einzelne Untersuchungsresultate fortlaufend direkt mit dem spitaleigenen Steuerungsausschuss des USZ, dem Vertreter des Rechtsdienstes, der Stabsspitaldirektion und der ärztlichen Direktion angehörten. Für die Anwälte, medizinische Laien, stand die Patient:innengefährdung nicht im Fokus. Sie war auch kein expliziter Teil des Untersuchungsauftrags. Trotzdem zeigt der Bericht diese eindrücklich auf: Eine Patientin musste während der Operation reanimiert werden. Die Reanimation war im Patient:innendossier nicht dokumentiert, und die Operation hatte Maisano in einer Publikation als »without any adverse event« (ohne unerwünschtes Ereignis) publiziert. Den Dokumentationsfehler begründete er den Anwälten gegenüber, ein Herzinfarkt während einer solchen Operation sei »nicht unüblich«. Diese hielten dagegen, eine Reanimation gelte immer als Adverse Event.[154] Maisano räumte den Fehler schließlich ein.[155] Der Untersuchungsbericht benennt die Mängel und Verfehlungen wie Interessenskonflikte, Dokumentations- und Aufklärungsmängel sowie fragliches wissenschaftliches Fehlverhalten; er lässt Fragen notwendiger weiterer Untersuchungen wie bezüglich der Qualifikation von Mitarbeitenden offen und empfiehlt Maßnahmen wie ein internes Whistleblowing-System.[156] Sie liefern ihn dem Spitalrat und der Spitaldirektion am 21. April 2020 ab. Er wird im weiteren Verlauf auf der USZ-Homepage freigeschaltet und somit öffentlich zugänglich gemacht.

Die Kanzlei walderwyss erhielt vom USZ am 28. April 2020 den Zuschlag für die juristische Beratung des bei der Spitaldirektion angesiedelten Health Innovation Hub und des von dieser unterstützten Healthcare-Start-ups. Das USZ wie die Kanzlei walderwyss schlossen einen Interessenskonflikt trotzdem aus; laut Auskunftsperson des USZ war die Interessenskonfliktprüfung usanzgemäß durchgeführt worden.[157]

Die Geschehnisse in der Herzchirurgie werden öffentlich

Die Gefährdung der Patient:innen löste bei verschiedenen Mitarbeitenden Gewissenskonflikte aus: Sie mussten sich entscheiden, ebenfalls Meldung zu erstatten, zu schweigen oder das USZ zu verlassen. Die Zuspitzung der Patient:innengefährdung und die erfolglose Meldung des internen Whistleblowing-Dokuments, führte zur ersten Medienreaktion und veranlasste die Spitaldirektion, den Kantonsrat und die Gesundheitsdirektion zum Handeln. Die Autorin dieses Buches wies an einer Sitzung in der Gesundheitsdirektion die zuständige Regierungsrätin auf die mögliche Gefährdung der Patient:innen hin. Sie begründete ihren Hinweis mit laufenden Abklärungen von möglichen Behandlungsfehlern in der Herzchirurgie. Die Regierungsrätin sah keinen unmittelbaren Handlungsbedarf, da bereits interne Abklärungen in Auftrag gegeben worden seien.

Der Kantonsrat setzte zur Abklärung eine Subkommission USZ/UZH der Aufsichtskommission ein. Diese führte mit verschiedenen Personen, auch mit der Autorin als Vertreterin der Patientenstelle, eine Anhörung in der Sitzung vom 29. September 2020 durch. Der Verein Patientenstelle Zürich hatte bereits am 25. Juni 2020 eine Strafanzeige gegen Francesco Maisano und sein Team wegen einfacher Körperverletzung eingereicht. Für die Subkommission stand die Frage im Zentrum, weshalb die Strafanzeige eingereicht worden sei.[158] Die Autorin begründete diese gegenüber den Subkommissionsmitgliedern mit den Abklärungen von möglichen Behandlungsfehlern. Sie fand kein Gehör. Die Subkommission klärte diese – für ein Spital wichtigste Frage – nicht ab. Die von der Aufsichtskommission eingesetzte Subkommission schien ihre Rolle mehr als Eigner-Vertreterin des USZ denn als Aufsicht zu verstehen. Trotz schwerwiegender Hinweise auf die Gefährdung der Patient:innen verlegte sie sich darauf, es handle sich um einen Streit zwischen zwei Kaderärzten mit Opfer-Täter-Rollen. Das machte die Kommission nicht nur anlässlich der Anhörungen deutlich, sondern auch mit der unzulässigen, öffentlichen Namensnennung des Hinweisgebers André Plass in ihrem offiziellen Bericht über die Problemfelder am USZ vom 4. März 2021.[159]

Kritik zur Namensnennung durch die Subkommission äußert der Geschäftsführer von Transparency International Schweiz, Martin Hilti: »Es ist sehr heikel, wenn Arbeitgeber oder Aufsichtskommissionen den Namen des Whistleblowers nennen, denn die Vertraulichkeit muss einen sehr hohen Stellenwert genießen, ansonsten wird das ganze System des Whistleblowings gefährdet und infrage gestellt.«[160] Die Leiterin der Subkommission, Kantonsrätin Arianne Moser, begründete die Namensnennung mit der Gleichbehandlung aller involvierten Personen. Doch selbst wenn es sich um einen Machtkampf gehandelt hätte, hätte die Subkommission den Verdacht der Patient:innengefährdung zwingend abklären müssen. Hilti äußert sich dezidiert: »Hier scheinen Sachen vermischt zu werden. Der Kontext und das Motiv dürfen keine Rolle spielen beim Schutz des Whistleblowers. Wenn jemand aus nachvollziehbarem Verdacht eine Unregelmäßigkeit meldet – und das ist das alleinige Kriterium, das maßgebend sein muss –, muss die Person geschützt werden.«[161] Plass verneint den »nachträglich behaupteten Machtkampf« entschieden. Weil er durch die Bekanntgabe seines Namens durch die Subkommission zur öffentlichen Person wurde, hat er als gekündigter Whistleblower aus Selbstschutz am 26. März 2021 in der Sendung »10 vor 10« des Schweizer Fernsehens Stellung bezogen: »Ich habe nichts zu verbergen, ich stehe zu meinem Handeln. Aufgrund der Gesamtentwicklungen frage ich mich wirklich, warum ich mir das angetan habe und ob es nicht besser gewesen wäre, wegzuschauen.« Desillusioniert zieht er das Fazit: »Ich würde wohl nicht mehr auf mögliche Missstände am UniversitätsSpital Zürich hinweisen. Es ist mir nie um meine Person gegangen, sondern um die Sache.«[162]

Die Medien übernehmen die Deutungshoheit

Der »Tages-Anzeiger« berichtete im Mai 2020 zum ersten Mal über die mögliche Gefährdung von Patient:innen durch Chefarzt Maisano und sein Team. Damit löste er einen enormen Medienhype aus, der auch 2022 noch nicht abgeklungen war. Die Medien thematisierten bis anfangs Juni 2020 vorwiegend die mögliche Gefährdung der Patient:innen.[163] Dann wendet sich das Blatt, trotz der hängigen Strafanzeige wegen möglicher Patient:innengefährdung, dem walderwyss-Untersuchungsbericht, der das Gefährdungspotenzial unmissverständlich aufzeigt und dem Audit. Die meisten Medien berichten über den angeblichen Streit zweier Kaderärzte; in den Hintergrund gerät die Sicherheit der Patientinnen und Patienten.

Das Onlinemagazin »Republik« berichtet in einer Artikelserie am ausführlichsten über die Zwischenfälle im USZ. Es stellt die Geschehnisse als Machtkampf unter Herzspezialisten und Rivalität zwischen Herzchirurgie und Kardiologie dar, wobei es Maisano die Opfer- und Plass die Täterrolle zuweist. Die Recherche ist ganz auf dieses Narrativ zugeschnitten und nimmt mit einer Mail eines Journalisten an USZ-Mitarbeitende seinen Anfang. Er schreibt: »[...] ich bin Journalist bei der Republik und befasse mich mit dem Fall Maisano/USZ. Im Fokus meiner Recherche ist der sogenannte Whistleblower, der die Sache ins Rollen brachte. Es deutet sehr viel darauf hin, dass er aus Eigeninteresse gehandelt hat und sich damit vor einer Kündigung schützen wollte. Nun suche ich Angestellte des USZ, die mir erzählen, wie es war, mit ihm zu arbeiten. Ich würde dieses Gespräch als Hintergrund deklarieren: Niemand erfährt, dass Sie mit mir gesprochen haben [...]«[164]

Der Whistleblower war seit mehr als 18 Jahren als Herzchirurg am USZ tätig, verfügte über beste Zeugnisse und hatte – entgegen dem »Entlassungsgerücht« – keine Entlassung zu befürchten. Es ist denkbar, dass das Gerücht aus dem Umfeld von Maisano in Umlauf gebracht und von der Direktion des USZ zur Abwehr von unliebsamen Meldungen verwendet wurde. Der Journalist kontaktierte auch die Autorin. Sie wies ihn auf die laufende

Abklärung möglicher Sorgfaltspflichtverletzungen und die mögliche Gefährdung von Patient:innen durch Chefarzt Maisano und sein Team hin; davon und was andere Mitarbeiter:innen über ähnliche Vorkommnisse berichteten, floss nichts in die Berichterstattung ein.

Die Journalist:innen der »Republik« sind juristische und medizinische Laien, beurteilen aber dennoch die Gefährdung der Patient:innen. Trotz Kenntnis des Audits vom Oktober 2019 und des walderwyss-Untersuchungsberichts enthält ihre Berichterstattung entscheidende Unwahrheiten: »Und wie ein erster Angriff auf Klinikdirektor Maisano scheiterte. Er endete mit einem Audit, das keine gravierenden Mängel in Maisanos Verhalten als Arzt und Wissenschaftler zutage brachte.«[165] Ebenso werden die deutlichen Hinweise wie die Dokumentationsmängel oder Aufklärungspflichtverletzungen im Bericht negiert oder beschönigt. Der Untersuchungsbericht umfasst 69 Seiten und enthält zahlreiche Stellen, die die Berichterstattung der »Republik« widerlegen. Trotzdem interpretiert das Medium den Bericht als Freispruch für Maisano: Eine »Gefährdung des Patientenwohls« habe es nie gegeben.[166]

Die »Republik« verhält sich wie eine Anwältin Maisanos und veröffentlicht das Schreiben einer anonymen Gruppe, die am 16. April 2020 per Mail André Plass Patient:innengefährdung vorwirft. Die Anklage der Gruppe beliefert die Spitaldirektion mit ausführlich beschriebenen Vorwürfen: Patient:innen seien zu Schaden gekommen. Die Gruppe verlangt »eine Untersuchung gegen Herrn Plass wegen Gefährdung der Patientensicherheit und Mobbing am Arbeitsplatz«.[167] Ihre Mitglieder geben sich nie zu erkennen, trotzdem ordnet die

Spitalleitung die Untersuchung der Fallbeispiele an. Das Gutachten entlastet Plass vollumfänglich.[168] Die »Republik« publiziert die Anklage der anonymen Gruppe, obwohl sie das entlastende Resultat der Begutachtung von André Plass offenbar kannte.

Plass legt beim Presserat Beschwerde gegen diese Berichterstattung ein. Der Journalistenkodex verlangt: »Die ›Republik‹ hat mit der verzögerten Berichterstattung über entlastende Informationen zu den Artikeln ›Zürcher Herzkrise – Eine Trilogie‹ die Ziffer 5 (Berichtigungspflicht) der ›Erklärung der Pflichten und Rechte der Journalistinnen und Journalisten‹ verletzt.«[169] Das entlastende Gutachten zum Vorwurf, Plass habe Patient:innen gefährdet, publiziert die »Republik« gemäß Presseratsurteil zu spät.[170]

Leider kann der Schaden, den die »Republik« und die Nennung von Plass' Namen durch die Subkommission der Aufsichtskommission des Kantonsrats angerichtet hatte, nicht mehr gutgemacht werden. André Plass bezahlte mit dem Verlust seines Arbeitsplatzes und der Beschädigung seines Rufs einen hohen Preis. Die »Republik« zieht einen Schlussstrich und schreibt im September 2022, sie habe »minutiös recherchiert« und zitiert die Stellungnahme des USZ: »Er [Maisano] hatte sich einvernehmlich vom UniversitätsSpital Zürich getrennt, um den Turbulenzen ein Ende zu bereiten.«[171]

Ebenfalls im September 2022 stirbt ein weiterer von Francesco Maisano an einer Herzklappe operierter Patient nach langem Leiden.[172]

Über die Medien werden die Patient:innen und die Angehörigen mit den Geschehnissen in der Herzchirurgie des USZ konfrontiert. Die betroffenen Personen wollen wissen, ob sie Opfer eines Behandlungsfehlers geworden sind. Gravierend ist auch, dass weder die Meldungen der Patient:innenfälle von Plass noch weitere Patient:innenfälle bis zum Erscheinen dieses Buches unabhängig und fachkompetent untersucht wurden.

Der Spitalratspräsident versichert: Das Patientenwohl war immer gewährleistet

Da das Whistleblowing-Dokument bei der Spitaldirektion keine sofortigen Maßnahmen zum Patient:innenwohl auslöste, meldete André Plass die Vorwürfe Ende Februar 2020 dem Spitalratspräsidenten Martin Waser.

Die mögliche Gefährdung der Patient:innen in der Herzchirurgie waren zu diesem Zeitpunkt längst bekannt: Die regelmäßigen Publikationen zu den Zahlen des Bundesamtes für Gesundheit, die Forderung der Qualitätssicherung in der Herzchirurgie, die Resultate der Audits, der Untersuchungsbericht der Anwälte der Kanzlei walderwyss und die verschiedenen Meldungen von betroffenen Patient:innen legten Zeugnis davon ab. Während der Herzchirurg Michele Genoni über die Resultate des Audits und über die Maßnahmen offen informierte, erfährt die Öffentlichkeit nichts mehr über die folgenden Audits. Weder die Gesundheitsdirektorin noch der Spitalratspräsident, der Spitalrat oder die Spitaldirektion nehmen sich einer der wichtigsten Frage eines Spitals an: Wie sicher sind die Patient:innen in der Herzchirurgie?

Martin Waser versichert, das Patient:innenwohl sei nie gefährdet gewesen, und widerspricht den von den

Anwälten der Kanzlei walderwyss festgestellten Dokumentationsmängeln und der Forschung ohne schriftliche Einwilligung der Patientin. Ende Mai 2020 stellt Waser in einem Interview klar: »Als Spitalrat sind wir daran interessiert, rasch über Mängel und Fehler informiert zu werden. Und wir sind auch bereit, zu handeln und die Leute zu schützen, die solche Probleme kommunizieren.« Und weiter: »Wir sind daran, die Affäre aufzuarbeiten.« Zur Kündigung des Whistleblowers und zu den Missständen will er sich nicht äußern, wusste jedoch bereits von dessen Kündigung und machte zweideutige Aussagen: »Am USZ darf niemandem gekündigt werden, weil er Missstände aufdeckt. Aber umgekehrt: Dass jemand berechtigte Hinweise gibt, schützt ihn nicht vor der Kündigung aus anderen Gründen.«[173]

Mit dieser zweideutigen Äußerung ergreift Waser als Spitalratspräsident tendenziell Partei gegen den Whistleblower. Die Aussage weckt den Verdacht der Befangenheit des Spitalrats als erste Rekursinstanz, weshalb Plass mit seinem Rekurs gegen die Kündigung direkt an das Verwaltungsgericht gelangen musste. Die Gesundheitsdirektorin Natalie Rickli verpflichtete schließlich den Spitalrat aufsichtsrechtlich, die Umstände der Entlassung von Plass abklären zu lassen. Sie kritisiert den Spitalrat des USZ und den Präsidenten Martin Waser: Dieser »habe seine Verantwortung ungenügend wahrgenommen«.[174]

Selbstkritisch stellte Martin Waser zum Fall Maisano fest: »Wir können uns ganz klar im Bereich der Transparenz noch verbessern. Es muss weiterhin möglich sein, dass wir gemeinsam mit der Industrie medizinische Produkte entwickeln. Aber die finanziellen Interessen dürfen dies nicht überlagern. Wichtig ist, dass die Zusammenarbeit klar deklariert und für alle ersichtlich ist.«[175]

Francesco Maisano setzte sich bei der Behandlung der Patient:innen und bei der Forschung über die Gesetze, die Richtlinien der SAMW und die internen Weisungen des USZ über eine sehr lange Zeit hinweg; rot leuchtende Alarmglocken wurden nicht zur Kenntnis genommen. Spitalratspräsident Waser teilte an der Pressekonferenz (3.9.2020) mit, die Führungsfragen seien geklärt, jetzt könne der eminent wichtige Neustart erfolgen, und er hält abschließend fest: »Das Patientenwohl wird und wurde immer gewahrt.«[176]

Dass das Patient:innenwohl nicht gefährdet gewesen sei, wurde von verschiedenen Seiten immer wieder betont. Dies obwohl die Abklärungen der fraglichen Patient:innenbehandlungen nie erfolgten und verschiedene Untersuchungsergebnisse das Gegenteil zeigten. Ein Neustart wäre nur mit den Abklärungen der möglichen Behandlungsfehler der Vergangenheit zu schaffen, doch diese waren offenbar nicht geplant. Waser gab im November 2020 seinen vorzeitigen Rücktritt als Spitalratspräsident Juni 2021 bekannt.

Die Universität Zürich trennt sich von Francesco Maisano

Am 12. März 2021 teilt die Universität Zürich (UZH) nach einer eigenen Untersuchung die Trennung von Francesco Maisano mit.[177] Die Resultate der Administrativ- und Lauterkeitsuntersuchung ergaben dessen lückenhafte Deklaration von Nebenbeschäftigungen und Interessensbindungen. Die wissenschaftliche Lauterkeit prüften drei externe Experten aus der Schweiz, Österreich und Deutschland.[178] Laut ihrem Bericht sind der Verlauf der 15 von ihnen geprüften Fälle und die Ergebnisse der Behandlung in vier Publikationen unvollständig und besser dargestellt, als sie in den Patient:innenakten dokumentiert sind. Wesentliche Ereignisse wie die klinische Nachbehandlung oder ein Drahtbruch blieben in den Publikationen unerwähnt. Zudem wurden Komplikationen teilweise nicht korrekt begründet. Gestützt auf die Administrativuntersuchung mit Zusatzbericht und das Expertengutachten hält die Universitätsleitung fest, dass Prof. Maisano mehrfache Pflichtverletzungen als Arbeitnehmer hinsichtlich seiner Nebenbeschäftigungen und der Offenlegung von Interessensbindungen sowie mehrfaches wissenschaftliches Fehlverhalten durch die nicht vollständige Darstellung oder Weglassung von relevanten Daten vorzuwerfen ist. Die Universitätsleitung verpflichtet Maisano, die Herausgeber der betroffenen Fachzeitschriften über die Ergebnisse der Lauterkeitsuntersuchung zu informieren.

Da Francesco Maisano zudem nicht mehr als Direktor der Klinik für Herzchirurgie tätig ist und sein Anstellungsverhältnis am USZ auf Ende Februar 2021 beendet wurde, ist sein Anspruch auf den Lehrstuhl an der Universität Zürich hinfällig. »Prof. Maisano hält in einer Stellungnahme fest, dass er mit der Vorgehensweise, dem Inhalt und den Schlussfolgerungen dieser Berichte in keiner Weise einverstanden ist.«[179]

Francesco Maisano hätte an keiner anderen medizinischen Fakultät in der Schweiz Professor werden können, da er weder doktoriert noch habilitiert hat. Der akademische Titel, den Maisano zum Zeitpunkt seiner Berufung auf einen der wichtigsten Lehrstühle der Medizin in der Schweiz führen durfte, war anscheinend »med. pract.«[180] Die UZH erläutert zum Doktortitel, den Maisano führte, er habe wohl den italienischen »Dottore« oder den US-amerikanischen »Medical Doctor« dem Doktortitel gleichgesetzt.[181] Das USZ meint zur Anstellung an der medizinischen Fakultät: »Dies ist gerechtfertigt, wenn eine Kandidatin oder ein Kandidat akademisch bestens qualifiziert ist, das klinische Anforderungsprofil sehr gut erfüllt und die Verhältnisse vor Ort sehr gut kennt. Dies war bei Professor Maisano der Fall.«[182]

Der Neustart

Der beim Amtsbeginn 63-jährige Professor Paul Vogt tritt die Nachfolge von Francesco Maisano an. Die Probleme in der Herzchirurgie scheinen noch nicht ausgestanden. Wiederum erfährt die Öffentlichkeit aus den Medien von einem Patienten, der möglicherweise wegen eines Behandlungsfehlers bei einer Herzklappenoperation verstorben ist. Im Juli 2020 operiert Vogt den besagten Patienten. Nach einer Weile betraut er zwei seiner Oberärzte mit der Fortsetzung der Operation. Er soll sich derweil für eine andere Operation in eine Privatklinik begeben haben. Der Patient erleidet Komplikationen und stirbt wenige Stunden nach dem Eingriff. Wie die »Tagesschau« des Schweizer Fernsehens berichtet, hat die Staatsanwaltschaft aufgrund einer Strafanzeige und ersten Verdachtsabklärungen gegen Vogt im Januar 2022 eine Strafuntersuchung eröffnet. »Laut Staatsanwaltschaft seien die Oberärzte nicht beschuldigt. Die Strafanzeige richte sich nur gegen den Chefarzt. Für diesen gelte die Unschuldsvermutung.«[183]

Beantwortet werden müssen unter anderem die Fragen, ob der Chefarzt die Operation zum fraglichen Zeitpunkt seinen Oberärzten übergeben durfte, ob ein Behandlungsfehler oder Komplikationen zum Tod des Patienten geführt hatten, und schließlich, ob die Oberärzte die Fachkompetenz für die Weiterführung des Eingriffs hatten. Gemäß einer Empfehlung des im Jahr 2018 durchgeführten klinischen Audits sollten gewisse Oberärzte ohne vorherige Schulung nicht mehr allein operieren dürfen. Ob einer oder beide der im fraglichen Fall operierenden Oberärzte zu denjenigen gehörten, die nicht allein operieren durften und ob die empfohlene Maßnahme umgesetzt wurde, wird Teil der Abklärungen sein. Offenbar war einer von ihnen zuvor intern schwer kritisiert worden. Kaderangestellte aus Pflege und Medizin hätten die Spitalleitung und die Chefärzte per Mail auf angebliche Probleme im Zusammenhang mit früheren Eingriffen durch ihn hingewiesen, einmal nur wenige Tage vor der fraglichen Operation im Juli 2020. Das Urteil in diesem Verfahren kann erst in Monaten, wenn nicht Jahren erwartet werden.

Paul Vogt präsentiert anlässlich seiner bevorstehenden Pensionierung Zahlen zur Entwicklung in der Herzchirurgie. Er bestätigt, was laufend diskutiert wurde: Die Mortalität in den Jahren 2015 bis 2019, als Francesco Maisano Klinikdirektor war, sei dramatisch gewesen und über dem Durchschnitt. Seit damals habe sich die Qualität deutlich verbessert: »Bei den Transplantationen sank die Sterberate gemäß Präsentation von 20 auf 3,4 Prozent, beim Riss der Hauptschlagader von 25 auf 7 Prozent, bei Wundinfektionen von 7,3 auf 0,2 Prozent und bei den Infektionen der Herzklappen von 18 auf 3 Prozent.«[184] Prozentangaben ohne Referenzwert sind schwer zu interpretieren und die Angaben zu den Herztransplantationen des USZ stimmen nicht mit denen des BAG überein. Während das USZ für die Jahre 2017 bis 2020 17, 16, 11, 11[185] Herztransplantationen ausweist, nennt das BAG die Anzahl 15, 11, 13 und 6 Herztransplantationen für das Jahr 2020; im gleichen Jahr waren es gemäß BAG im Universitätsspital Lausanne (CHUV) 15 und im Inselspital Bern 11.[186]

Schließlich liege seit Oktober 2021 ein Audit vor, das besorgniserregende Resultate zeige: »Der Auditor stellt für den untersuchten Zeitraum [Anm.: Januar 2017–2019] beim fachärztlichen Personal der Intensivstationen eine ›sehr große Erfahrungs- und Wissenslücke‹ fest. Konkret hätten die Ärztinnen und Ärzte der Herz-Intensivstation meist keine Erfahrung in allgemeiner Intensivmedizin. Und die Intensivmediziner hätten wenig Kenntnis über spezifische Herzintensivmedizin. Für eine erfolgreiche Behandlung brauche es aber breites Wissen in beiden Bereichen, so das Fazit.«[187] Der Spitalratspräsident Andé Zemp hält zum Mangel an spezialisierten Herzintensivmedizinern fest: »Da müssen wir die Personalplanung ändern. Ich will aber betonen, dass die Intensivmedizin eine äußerst gute Arbeit macht. Das hat man in der Corona-Pandemie gut gesehen, als unsere Intensivspezialisten die Schwerstkranken aus der ganzen Schweiz behandelt haben.«[188]

Der Einsatz von intensivmedizinischem Personal bei Corona-Patienten war schweizweit an vielen Orten löblich. Er lässt jedoch keine Aussage zur Qualität in der Intensivmedizin der Herzchirurgie im USZ zu. Schließlich können so schwerwiegende Probleme wie auf der Intensivmedizin nicht – wie von Zemp angeregt – durch Personalplanung behoben werden.

Weder André Zemp noch Paul Vogt räumen die Zweifel an der Sicherheit und der Qualität in der Herzchirurgie des USZ ein. Zemp bestätigt, dass die Sterblichkeit an der Klinik für Herzchirurgie zur Zeit von Francesco Maisano über dem Durchschnitt lag, das sei jedoch vor seiner Zeit gewesen.[189] Er will zusammen mit Omer Dzemali Verbesserungen angehen.

Vorerst unabhängig von der Schuldfrage möglicher Behandlungsfehler, hätten sämtliche Patient:innenfälle abgeklärt werden müssen. Die Vergangenheit lässt sich nicht einfach vergessen, sondern deren Aufarbeitung ist für einen Neustart unabdingbar. Der Nachfolger von Martin Waser, Spitalratspräsident André Zemp, machte deutlich, dass das für ihn nicht galt.

Im September 2022 gibt das USZ Professor Omer Dzemali – mit Stellenantritt per 1. Dezember 2022 – als Nachfolger von Paul Vogt bekannt.[190] Dzemali war beinahe zehn Jahre als Leitender Arzt und Chefarzt-Stellvertreter in der Herzchirurgie am Stadtspital Zürich, seit 2018 war er Chefarzt und seit 2016 im Rahmen der Herzallianz auch am USZ tätig. Mit dem Zusammenschluss der Herzchirurgie des Stadtspitals Triemli und des USZ übernimmt er die ärztliche Direktion des USZ.

4

Der neue Umgang mit Fehlern und kritischen Ereignissen

Peter Birchi – Herzklappenoperation – Superinfektion

Peter Birchi[191] ist 62 Jahre alt, hat ein paar Kilo Übergewicht und einen hohen Blutdruck, fühlt sich aber gesund. Er arbeitet Vollzeit in einem Handwerksberuf. Auch an einem Tag im Mai 2019 ist er im Betrieb, wo er arbeitet, als ihm plötzlich übel und schwindlig wird. Der Arbeitgeber fährt ihn sofort zu einem Kardiologen. Dieser untersucht das Herz, macht ein EKG und diagnostiziert eine Herzerkrankung. Der Kardiologe zieht den Hausarzt nicht bei, sondern weist den Patienten umgehend ins UniversitätsSpital Zürich (USZ) ein. Peter Birchi möchte mit dem Taxi fahren, er fühlt sich gut genug. Der Spezialist lässt jedoch nicht locker und bestellt einen Krankenwagen. Nach dreitägigen Untersuchungen am USZ kann Peter Birchi wieder nach Hause. Wie er jetzt weiß, leidet er an einer undichten Herzklappe. Im Oktober wird er für die Herzoperation aufgeboten.

Am Abend vor der Operation wird er von einem Oberarzt im USZ aufgeklärt. Eine Herzklappenoperation sei ein Routineeingriff, versichert ihm dieser. Peter Birchi wird über die minimalinvasive Methode mit seitlichem Zugang zwischen den Rippen, die allerdings bei Bedarf auch zur zentralen Eröffnung des gesamten Brustkorbs führen könne, aufgeklärt. Das interessiert ihn wenig, die Methode ist für ihn nicht relevant. Peter Birchi hat eh eine »Horrorangst« vor der Operation, willigt aber in diese ein und wird am 14. Oktober 2019 operiert. Er rechnet mit einem einwöchigen Aufenthalt im

Akutspital und zwei Wochen Rehabilitation, wie er es vom Oberarzt gehört hat.

Peter Birchi wird von Chefarzt Maisano operiert. Dieser beginnt die Operation mit dem seitlichen Zugang zum Brustkorb und schließt im weiteren Verlauf den Patienten an eine Herz-Lungen-Maschine an. Die Herzklappe kann laut Operationsbericht nur erschwert sichtbar gemacht werden, ein Wassertest zeigt als Ursache für die Undichtigkeit eine ausgeprägte Spalte. Diese wird vernäht; ein weiterer Riss wird ebenfalls vernäht. Der Wassertest zeigt die Klappe jetzt dicht mit einer kompetenten Funktion. Zudem wird ein Ring um die Herzklappe eingenäht, wobei das erste Implantat zu groß ist, sodass auf ein anderes, kleineres Modell umgestellt werden muss. Die Operation wird beendet; das Herz schlägt, die Herz-Lungen-Maschine kann abgestellt werden. Kaum ist das erfolgt, zeigt sich jedoch eine Blutung. Weil diese nicht durch den seitlichen Zugang unter Kontrolle gebracht werden kann, muss der Operateur den Brustkorb komplett eröffnen, indem er das Brustbein aufsägt. Da die Situation unkontrollierbar und lebensgefährlich für den Patienten wird, muss er nochmals an die Herz-Lungen-Maschine angeschlossen werden. Jetzt kann die Blutung gestillt und die Wunde verschlossen werden. Peter Birchi wird wieder von der Herz-Lungen-Maschine genommen und sein Brustkorb wie der seitliche Zugang verschlossen. Schließlich wird der Patient auf die Intensivstation verlegt.

Die Operation hat viel länger gedauert als geplant und wurde letztendlich deutlich invasiver. Am Tag nach der Operation hat Peter Birchi schon wieder Herzbeschwerden; diese nehmen zu. Zwei Tage später scheint bei einer bildgebenden Kontrolluntersuchung die Operationsnaht an der rekonstruierten Herzklappe undicht. Er wird nochmals operiert und wieder auf die Intensivstation verlegt, wobei der Brustkorb nicht verschlossen werden konnte, weil das Herz zu stark angeschwollen war. Dort liegt er nun mit offenem Brustkorb, wird künstlich beatmet; es geht ihm immer schlechter.

Peter Birchi erleidet am 17. Oktober einen Herzinfarkt. Inzwischen befindet er sich in einem lebensbedrohlichen Zustand. Verschiedene Organe sind geschädigt und sein Kreislauf ist stark geschwächt. Weil seine Nieren nicht mehr funktionieren, muss er an die Dialyse angeschlossen werden, ein Teil seiner Muskeln zerfallen (Rhabdomyolyse). Er erhält in der Zeit vom 15. Oktober 2019 bis 8. Januar 2020 und vom 13. Januar bis 22. Januar 2020 insgesamt 25 Blutkonserven (Erythrozytenkonzentrate) und sechs Thrombozytenkonzentrate. Damit er überhaupt überlebt, müssen seine geschädigten Organe und sein geschwächter Kreislauf zusätzlich mit Medikamenten – mit vasoaktiven Substanzen wie Noradrenalin – behandelt als auch mit einem speziellen Herz-Kreislauf- und Lungen-Unterstützungsverfahren, dem Extracorporeal-membrane-oxygenation-System (ECMO), unterstützt werden.

Eine Superinfektion und Lebensgefahr

Am 23. Oktober 2019 wird Peter Birchi während einer der Folgeoperationen ein Abstrich in der Wunde der Brusthöhle entnommen. Dieser ergibt tatsächlich eine Infektion mit dem Schimmelpilz Aspergillus. Schon fünf Tage später muss der Arzt eine mykotische Superinfektion feststellen, die sehr schwer zu behandeln ist.

Damit nicht genug: Am 3. November erleidet er eine Lungenentzündung (Ventilations assozierte Pneumonie) wegen des multiresistenten Bakteriums Pseudomonas aeruginosa. Das Infektionsgeschehen bei Peter Birchi nimmt bedenkliche Ausmaße an. Um die Infektion zu behandeln, wird zuerst ein Antibiotikum eingesetzt, drei weitere kommen später dazu (Cresemba, Isavuconazo, Piperacillin, Tazobactam). Am 16. November zeigen sich in den Blutkulturen die Bakterien Enterococcus faecalis und Gram-positive Kokken. Bei dem bisher eigentlich gesunden Patienten ohne spezifische Risikofaktoren für Infekte ist bis Ende November der Superinfekt längst aus dem Ruder gelaufen.

Peter Birchi liegt mehr als zwei Monate nach der ersten Operation immer noch künstlich beatmet auf der Intensivstation. Er merkt von allem nichts, auch nicht, wie lebensbedrohlich krank er ist. Zwischenzeitlich ist sein Thorax verschlossen, aber der Infekt wütet weiter, die Wunde heilt nicht. Er wird interdisziplinär behandelt, in der Hoffnung auf eine Heilung. Die Intensivärztin stellt auf Wundtüchern einen grünen Eiterbelag fest. Zugezogen werden unter anderem die Infektiologen, die Nuklearmediziner und die plastischen Chirurgen. Gemeinsam beraten sie die weitere Behandlung.[192]

Noch immer ist Peter Birchi schwer krank. Er muss zahlreiche Untersuchungen über sich ergehen lassen und intensiv behandelt werden. Die Wundnekrosen werden unter Operationsbedingungen abgetragen. Er hängt nicht mehr an der Beatmungsmaschine, aber die lange Zeit der künstlichen Beatmung und Ernährung hat seinen Schluckreflex stark beeinträchtigt. Mit Unterstützung der Logopädin muss er diesen wieder erlernen. Dreimal wöchentlich muss er zudem in die Dialyse. Schließlich kann er wieder essen und allein im Zimmer umhergehen. Am 7. April 2020 verlässt Peter Birchi das USZ und tritt in eine Rehabilitationsklinik ein. Von dort muss er wegen des unkontrollierbaren Infekts notfallmäßig ins USZ zurückverlegt werden, wo er bis 13. Juli 2020 bleibt. Dann kann er in deutlich reduziertem Gesundheitszustand nach Hause entlassen werden.

Wieder zu Hause, aber nicht geheilt

Mit dem Spitalaustritt ist die Leidenszeit von Peter Birchi nicht zu Ende. Er muss weiterhin an die Dialyse, die immer noch über den Dialysekatheter (Kunststoffschlauch) in der Halsvene läuft. Dieser wird im März 2021 durch einen Shunt am Arm ersetzt, dafür benötigt er im August drei Operationen. Peter Birchi empfindet die Entfernung des Dialysekatheters als kleinen Lichtblick. Obwohl er nicht aufgibt, verschlechtert sich sein Allgemeinzustand zunehmend. Die Wundheilung erfolgt nicht, die Nierenwerte bleiben auf tiefem Niveau stabil, sodass er auf eine Spenderniere warten muss, die Infektion bricht immer wieder aus, er hat große Wundheilungsstörungen, zudem hat er Atemnot und leidet immer wieder unter diffusen Schmerzen. Im März 2022 hat er so starke Schmerzen in den Beinen, dass er kaum noch laufen kann. Die Ursache ist offenbar nur schwer zu diagnostizieren, jedenfalls muss ein Knie zum Flüssigkeitsentzug punktiert werden. Im Juli wird Peter Birchi erneut ins USZ eingeliefert und stirbt dort nach rund 70 Tagen Hospitalisation im September 2022 an den Folgen der Superinfektion.

Von Wiedergutmachung keine Rede

Peter Birchi kann über eine sehr lange Zeit nicht für sich einstehen. Zuerst wird er über zwei Monate künstlich beatmet und danach ist er zu krank, physisch und psychisch zu reduziert, um sich zu wehren. Erst Monate nach der Operation organisiert einer seiner Freunde, der dem Leiden nicht länger zuschauen kann, externe Unterstützung. Peter Birchi kann nicht verstehen, weshalb er einen so einschneidenden Gesundheitsschaden erlitten hat. Weder werden seine Fragen beantwortet, noch kümmern sich die verantwortlichen Personen im USZ um ihn.

Im Gegenteil: Peter Birchi muss für sein Recht kämpfen. Obwohl die Beweise für die möglichen Behandlungsfehler erdrückend sind, lehnt das USZ nach langer Wartezeit die Haftung mit mangelhafter Begründung ab. Schließlich wird die Beweisführung mittels Gutachten verlangt. Da Peter Birchi einen sehr schweren Krankheitsverlauf mit einer komplexen Behandlung hat, werden Expert:innen aus verschiedenen Fachgebieten den Sachverhalt begutachten müssen. Peter Birchi hätte bis zum Abschluss des Rechtsverfahrens mit Jahren rechnen müssen.

Seine Leidenszeit erfährt somit eine zusätzliche Dauerbelastung durch den Kampf für Schadensersatz und Genugtuung. Zudem hat er, bedingt durch den erlittenen Gesundheitsschaden, Mehrkosten, die er selber tragen muss. Das USZ stellt ihm für den ersten Aufenthalt die Kosten für Logis mit rund 3000 Franken in Rechnung. Weil er das Geld fast nicht aufbringen kann, bemüht er sich um Erlass der Kosten. Doch die verantwortlichen Personen im USZ haben kein Gehör und fordern den vollen Betrag ein.

Die Operation und die Behandlungsdauer im USZ werfen Fragen auf

Am 15.10.2019 unterzog sich Peter Birchi einer elektiven Mitralklappenersatzoperation. Der Chefarzt Francesco Maisano implantierte mit einem minimal invasiven Zugang einen Carpentier Edwards physio II Ring und führte einen Cleftverschluss P2-P1 durch. Weil das erste Ring-Implantat zu groß war, musste es durch ein kleineres ersetzt werden.[193] Ein schwerwiegendes Vorkommnis war eine Blutung, sodass der Operateur eine Sternotomie durchführen und eine Blutungsquelle im initialen seitlichen Zugangsweg der Brustwand versorgen musste. Neben der viel zu langen Operation durch Einnaht verschiedener Implantatgrößen und der weiteren Nachkorrekturen bei der Klappenrekonstruktion musste schließlich im weiteren Verlauf wegen einer Blutung durch eine Verletzung, die möglicherweise bei der ursprünglichen Operation zugefügt wurde, sogar das komplette Brustbein eröffnet werden. Peter Birchi hatte einen enormen Blutverlust, der von 25 Erythrozytenkonzentrate (Blutkonserven) aufgefangen werden musste. Da der Blutbedarf ein wichtiges Qualitätskriterium einer Herzoperation ist, wirft der Blutverlust erhebliche Zweifel an der Operationsqualität auf.[194]

Bei einer falsch eingesetzten Naht kann ein Herzkranzgefäß komprimiert werden. Peter Birchi erlitt trotz gesunder Herzkranzgefäße einen Herzinfarkt. Ob der Herzinfarkt eventuell durch die Klappenoperation mitverursacht wurde, ist eine der zu klärenden Fragen.

Peter Birchi hatte keine Infektrisiken, er machte dennoch eine Superinfektion durch, die offenbar nicht beherrscht werden konnte und die vor allem durch eine

Verkettung verschiedener Komplikationen – lange Operationszeit, deutlich erhöhte Invasivität – möglicherweise nicht nur ausgelöst, sondern auch verschlimmert wurde. Dass die Superinfektion entglitt, hat möglicherweise auch mit der Zusammenarbeit mit den Spitalhygieniker:innen zu tun. Diese wurden zwar konsiliarisch beigezogen, die Empfehlungen jedoch nicht umfänglich umgesetzt. Einmal wird – gemäß Verlaufsbericht – der Einsatz eines Antibiotikums zu früh gestoppt. Ein anderes Mal wird die mehrmals empfohlene Messung der Dichtewerte der prästernalen Flüssigkeit durch die Radiologen nicht durchgeführt.[195]

Die Spitalhygiene des USZ hat einen sehr guten Ruf und hat sich unter anderem mit der Entdeckung des Bakterium Mycobacterium chimaera, das nach Herzoperationen mit Implantaten vereinzelt festgestellt wurde, einen Namen gemacht.[196] Die Infektionen mit dem Bakterium Mycobacterium chimaera sind vermutlich auf den Betrieb eines Geräts (Hypothermiegerät) zurückzuführen, das bei Herzoperationen eingesetzt wird. Es ist das Verdienst der Spitalhygieniker:innen und Infektiolog:innen des USZ wie auch der Mikrobiolog:innen der Universität Zürich, dass die mögliche Ursache des Problems dank intensiven Abklärungen als erste Institution in der Schweiz identifiziert wurde. Dadurch wurde das Bundesamt für Gesundheit auf ein grundsätzliches Problem aufmerksam gemacht, dessen Umgang nun im Interesse der Patientensicherheit detailliert und schweizweit abgeklärt wird.

Dank der mühsamen und langwierigen Detektivarbeit von Hugo Sax und seinem Team ist das Infektionsrisiko mit dem Bakterium kaum mehr vorhanden.

»Wie ein Kommissar im Feierabendkrimi, der soeben einen Mörder überführt hat, resümiert der Infektiologe [Hugo Sax]: ›Das ist unser Job.‹«[197]

Es besteht kein direkter Zusammenhang, es soll jedoch die Fachkompetenz der Hygieneabteilung im USZ betont werden. Wie sich die Zusammenarbeit der Infektiolog:innen und der Herzchirurg:innen auf den Behandlungsverlauf von Peter Birchi ausgewirkt hat, ist eine weitere offene Frage.

Am 7. Februar 2020 wäre eine intensive Wundbehandlung notwendig gewesen. Peter Birchi war weder physisch noch psychisch in der Lage, einer weiteren Operation zuzustimmen. Da halfen auch intensive ärztliche Empfehlungen nichts. Der behandelnde Arzt zog offenbar nicht in Betracht, dass Peter Birchi nach seinem dramatischen Krankheitsverlauf keine Risiken – die schlimmer als das Gewesene hätten sein können – mehr fürchtete. Er hätte ihm mit Empathie eine sinnvolle Lösung anbieten müssen, wie es von den verantwortlichen Personen im USZ eines öffentlich-rechtlichen Spitals erwartet werden darf.

Fazit der Leidensgeschichte von Peter Birchi: Falsches Device, Massenblutung, größere Invasivität als geplant, Herzinfarkt, zahlreiche Operationen, unkontrollierter Infekt. Infektrisiko durch offensichtlich zweifelhafte Operationsqualität, Blutung, Nachoperationen, Korrekturen, schließlich ein nahezu provozierter Infekt, der außer Kontrolle geriet und bei einer regulären, sauberen Operation sehr wahrscheinlich nicht so aufgetreten, zumindest nie so entgleist wäre.

Peter Birchi traf den Chefarzt Maisano nie, obwohl dieser als Erstoperateur für ihn verantwortlich war.

Patientinnen und Patienten erfahren über die Medien von möglichen Behandlungsfehlern

Peter Birchi liegt nach der Herzklappenoperation monatelang im USZ. Sein Leben spielt sich zwischen Intensivstation, Operationssaal, Bettenstation und kurzem Aufenthalt in der Rehabilitation ab. Er ist in einem schlimmen Zustand; ein Freund kann seinem Leiden nicht länger zuschauen und wendet sich mit einem Hilferuf an die Autorin, die umgehend das Rechtsverfahren aufgleist.

Oft erfahren die betroffenen Personen über die Medien, ob sie allenfalls Opfer eines Behandlungsfehlers geworden sind. Die Berner Patientin Manuela E. leidet nach einer Bandscheibenoperation unter unerträglichen Schmerzen. Die Ursache kennt sie nicht, bis sie im Fernsehen einen Bericht über fehlerhafte Implantate sieht. Sie meldet sich bei der Journalistin Catherine Boss.[198] Boss informiert sie über das internationale Rechercheteam, das Materialfehler bei Implantaten aufdeckt, zu denen auch das Implantat gehört, das Manuela E. erhalten hat.[199]

Aufrüttelnde Schlagzeilen erschüttern immer wieder die Bevölkerung: »Maisano entlastet, weil sich ein Toter nicht beschwert hatte«,[200] »Ärzte machen immer wieder Kunstfehler – warum sie trotzdem kaum je verurteilt werden«,[201] »Niemand weiß genau, wie oft in Spitälern gepfuscht wird«[202] oder »Diese Spitäler operieren zu wenig und gefährden Patientinnen«.[203]

»Ärzte haben das Glück,
dass die Sonne ihre Erfolge beleuchtet und
die Erde ihre Fehler verdeckt.«

Nikokles, zypriotischer König, 4. Jhd. v. Chr.

Wenn sich die Heilung oder der erwartete Erfolg einer Behandlung nicht einstellt, ist die Ursache für die Patient:innen und Angehörigen kaum ersichtlich. Sie sind auf die Verlaufsdokumentation im Patient:innendossier und auf die Beurteilung der Fachpersonen angewiesen. Der Patient K. ließ sich auf Empfehlung des Chirurgen, dem ein Fehler passiert war, von der Autorin beraten. Manchmal reicht eine Entschuldigung, manchmal melden Spitalverantwortliche den Fall einer möglichen Sorgfaltspflichtverletzung ihrer Haftpflichtversicherung. Bei Letzterer muss die betroffene Person Schadensersatz und Genugtuung geltend machen, damit das Rechtsverfahren aufgenommen wird. Betroffene Personen sind in der konkreten Situation jedoch physisch und psychisch kaum in der Lage, den Sachverhalt einzuschätzen und Maßnahmen zu ergreifen.

Die zwei Anwälte der Kanzlei walderwyss zeigen im Untersuchungsbericht zu den Geschehnissen in der Herzchirurgie mit erschreckender Deutlichkeit, welchen Stellenwert der Status der Patientinnen und Patienten bei der Beurteilung ihrer Sicherheit hat: »Eine eigentliche Schädigung des USZ durch die Handlungen von Prof. Maisano ergab sich durch die festgestellten Unregelmäßigkeiten unseres Erachtens nicht. Insbesondere ist uns nicht bekannt, dass Patienten in Bezug auf die untersuchten Fälle gegenüber dem USZ Ansprüche geltend gemacht hätten, welche indirekt zu einer Schädigung des USZ führen könnten.«[204]

Der neue Umgang mit Fehlern und kritischen Ereignissen

Die Bezeichnung »Qualitätsmanagement« ist der Oberbegriff für alle auf die Qualität bezogenen Tätigkeiten; die Sicherheit der Patientinnen und Patienten wird darunter subsumiert. Die Entwicklung und Umsetzung von Qualität und Qualitätsmanagement sind individuell und institutionell, stationär und ambulant schweizweit sehr heterogen.

Der libanesisch-amerikanische Arzt und Begründer der Erforschung der Qualitätsentwicklung im Gesundheitswesen Avedis Donabedian stellte 1982 fest: »Unfortunately, we have used these words in so many different ways that we no longer clearly understand each other when we say them.« Donabedian dient international als Referenz; sein Qualitätsmodell findet bis heute Verwendung. Er führte den Qualitätsbegriff 1966 mit einer Veröffentlichung zur Qualitätsbeurteilung von ärztlicher Leistung als Erster in die Bereiche Medizin und Pflege ein. Dabei stellte er die notwendige Unterscheidung in Struktur-, Prozess- und Ergebnisqualität als zentrale Qualitätsdimensionen in der gesundheitlichen Versorgung dar.[205]

»Alle reden von Qualität und Qualitätsmanagement – aber meinen wir das Gleiche?« Diese Frage beantwortet ein Team von Mitgliedern der Gesellschaft für medizinische Informatik, Biometrie und Epidemiologie (GMDS) und der Gesellschaft für Qualitätsmanagement in der Gesundheitsversorgung (GQMG) mit dem Glossar »Begriffe und Konzepte des Qualitätsmanagements«.[206] Das Glossar hat zum Ziel, einen einheitlichen Sprachgebrauch für die Begriffe und Konzepte des Qualitätsmanagements im Gesundheitswesen zu schaffen. Beispielsweise lautet die international und branchenübergreifend akzeptierte Definition von Qualität: »Grad, in dem ein Satz inhärenter [Anm.: einem Objekt innewohnend] Merkmale [Anm.: schlecht, gut oder ausgezeichnet] eines Objektes Anforderungen erfüllt.«[207]

In Anlehnung an diese Definition beurteilt das vorliegende Buch die Qualität aus der Perspektive der Patientinnen und Patienten und fordert, diese vor vermeidbaren Fehlern, kritischen Ereignissen und Schädigungen in der Gesundheitsversorgung zu schützen. Das bedingt eine Sicherheitskultur, die auf Vertrauen, auf einem einheitlichen Sprachgebrauch im Zusammenhang mit Qualitätsanforderungen und deren Erfüllung durch das Fachpersonal basiert. Damit das Gesundheitspersonal qualitativ hochstehend arbeiten kann, sind eine vertrauensvolle Arbeitsatmosphäre und entsprechende Arbeitsbedingungen die Voraussetzung. Diese zu schaffen ist eine Führungsaufgabe; hierarchische Strukturen und autoritäre Vorgesetzte sind dabei leider besonders hinderlich. Wenn sich die Chefärztin der Feedbackkultur stellt und sich als fehlbar zeigt, wirkt sie als Vorbildfunktion und schafft Vertrauen. Daniel Scheidegger, Pionier der Sicherheitskultur, hat seine Vorträge jeweils mit der Schilderung eines Fehlers begonnen, der ihm oder seinem Team, für das er als Chefarzt die Verantwortung trug, unterlief.[208] Damit zeigte er seinen Mitarbeiter:innen, wie eine Sicherheitskultur vorbildlich gelebt werden kann. Sophie Hartmann postulierte dazu: »Sicheres Arbeiten gelingt nur dann optimal, wenn es Teil des Berufsethos ist und entsprechend gelebt wird.«[209] Wenn eine Fachperson das Berufsethos explizit als Verantwortung für die Patient:innen, die sie betreut, auslegt und sich nicht für die gesamte Behandlungskette verantwortlich fühlt, ist die Sicherheit nicht umfassend gewährleistet.

Das lässt sich mit der Medikation in der Langzeitpflege aufzeigen: Ältere Menschen leiden oft an mehreren chronischen Erkrankungen, und es werden ihnen häufig zahlreiche Medikamente verordnet. Das birgt Risiken: Mit jedem zusätzlichen Medikament steigt die Gefahr der Nebenwirkungen und gegenseitiger negativer Beeinflussung. Diese Risiken in Langzeitpflegeinstitutionen zu minimieren hat der ehemalige Zürcher Stadtarzt Albert Wettstein schon 2009 zum Ziel erklärt: »Wir haben eine Großpraxis, die alle städtischen Langzeitpflegeeinrichtungen betreut. Da haben wir das Medikamentensortiment massiv reduziert. Dadurch können wir viel Geld sparen, kennen die Medikamente besser und haben weniger unerwartete Nebenwirkungen. Eine Dissertation belegt, dass wir so Geld sparen und die Lebensqualität der Patienten steigt.«[210]

Eine Studie von Max Giger, Markus Anliker und Guido Barteff über Polymedikationen und Neuroleptika in Schweizer Pflegeheimen (Deutschschweiz und Tessin) in den Jahren 2019 und 2020 zeigt eindrückliche Resultate: »Es werden Daten von 92 404 klinischen Assessments aus 619 Schweizer Pflegeheimen präsentiert. Diese wurden in den Jahren 2019 und 2020 bei über 65-Jährigen erhoben. Zwei Drittel der Untersuchten wiesen gravierende Einschränkungen der Kognition auf, ein Viertel bedeutende Verhaltensauffälligkeiten sowie etwas mehr als die Hälfte Anzeichen einer emotionalen Instabilität oder Depression. 46 % der Untersuchten wurden mit neun und mehr verschiedenen Arzneimitteln behandelt, 37 % erhielten ein Neuroleptikum. Dieses wurde bei 85 % während mehr als 90 Tagen verabreicht. Es besteht eine positive Korrelation zwischen Anzahl eingenommener Arzneimittel, Alter, Einschränkung der Kognition und Sturzanfälligkeit. Da Neuroleptika zu 30 % mit unklarer Indikation verabreicht werden und die Sturzanfälligkeit unter Neuroleptika um 40 % erhöht ist, sollte deren Einsatz im Rahmen strukturierter interprofessioneller Prozesse reduziert werden.«[211]

Sie präsentieren die Resultate der Studie als Schlüsselbotschaften:

- »In Schweizer Pflegeheimen bekommen 46 % der über 65-jährigen Bewohnerinnen und Bewohner pro Woche neun oder mehr verschiedene Arzneimittel. Diese ausgeprägte Polymedikation verlangt nach einem regelmäßigen Hinterfragen der Indikationen sowie der Überprüfung von Interaktionen und unerwünschten Wirkungen.
- 37 % der Bewohnerinnen und Bewohner bekommen Neuroleptika, davon 85 % über mehr als drei Monate trotz erhöhter Sturzanfälligkeit um 40 % und allgemein bekannter potenziell lebensbedrohlicher Wirkungen. Dieser im Vergleich zum Aus-

land sehr hohe und seit Jahren steigende Einsatz von Neuroleptika verlangt dringend nach einer korrekten und zeitlich begrenzten Indikation sowie Erfolgskontrollen in einem interprofessionellen Team.

– Die mittels RAI erhobenen strukturierten Daten sind gut geeignet, um den Gesundheitszustand der fragilen alten Menschen in Heimen zu überwachen und ihre Versorgungsqualität zu garantieren.«[212]

Bea Heim, Co-Präsidentin der Vereinigung aktiver Seniorenorganisationen Schweiz (VASOS), fordert am Tag des Alters, am 1. Oktober 2022: »Statt immer wieder die Alterung der Gesellschaft als Ursache des Kostenanstiegs im Gesundheitswesen anzuprangern, wäre es doch nun wirklich mehr als an der Zeit, die Polymedikation in der Alterspflege zu hinterfragen.« – »Es bestehe dringender Verdacht, so die Studie [Anm. von Max Giger, Markus Anliker und Guido Barteff über Polymedikation im Alter], dass diese Medikamente nicht selten mit fraglicher Indikation verabreicht würden.«[213]

Die Studienautoren formulieren ihre Erwartungen dezidiert: »Die Resultate sollen im Kontext der Vorgaben der nationalen Heilmittelgesetzgebung diskutiert und mit internationalen Daten verglichen werden. Die Erkenntnisse sollen dazu beitragen, dass die verantwortlichen Ärztinnen und Ärzte die Arzneimittel, speziell Neuroleptika, in den Langzeitpflegeinstitutionen korrekt verordnen und die Medikation von fachlich begründeten, kritischen Prozessen begleitet und dokumentiert wird.«[214] Wenn eine Pflegefachperson das Berufsethos als Verantwortung für alle pflegebedürftigen Personen wahrnimmt, arbeitet sie im Prozess beispielsweise mit dem Ansprechen von Medikationsproblemen mit und nimmt ihre Mitpflicht aktiv wahr.

Eine nicht repräsentative Umfrage in Bildungsinstitutionen des Gesundheitswesen zeigt beide Haltungen: Während die einen Pflegefachpersonen ihre Mitwirkungspflicht bei der Medikation aktiv wahrnehmen, sind andere der Meinung, die Medikation sei allein Sache der verordnenden Ärztin oder des verordnenden Arztes. Diese Haltung erklärt die WHO in ihrem Aktionsplan auch mit der Ausbildung von Angehörigen der Gesundheitsberufe. In dieser wird der Bedeutung der Patientensicherheit traditionell wenig Beachtung geschenkt. »Es gibt kein Berufsethos, das besagt, dass die Verantwortung einer behandelnden Fachperson über die Betreuung einzelner Patientinnen und Patienten hinausgeht und [sie] dafür sorgen muss, dass deren Versorgung insgesamt sicher ist.«[215]

Gemäß des Schweizerischen Krankenversicherungsgesetzes (KVG) und der Verordnung (KVV) müssen die Fachpersonen aus medizinischen, therapeutischen und pflegerischen Berufen den Nachweis eines geeigneten Qualitätsmanagementsystems erbringen, und die stationären Einrichtungen sind zum Führen eines institutionalisierten Qualitätsmanagementsystems verpflichtet.[216]

Wie eine Tagung im Juli 2022 zeigte, haben wahrscheinlich erst wenige Spitäler ein QMS. Der Referent Norbert Rose, Leiter des Qualitätsmanagements im Kantonsspital St. Gallen, wies auf die gesetzliche Pflicht zur Führung eines QMS und auf dessen Nutzen hin: »Das Qualitätsmanagement besteht aus interdisziplinären und interprofessionellen Teams von Fachexperten, die die qualitativ hochstehende Leistungserbringung für

Patientinnen und Patienten im Kantonsspital St. Gallen unterstützen. Als hilfreiches Instrument zur kontinuierlichen Qualitätsverbesserung hat sich das Critical Incident Reporting System (CIRS) bewährt.«[217]

Das »virtuelle Spital Schweiz« von Max Stäubli

Pioniere einer neuen Sicherheitskultur in der Medizin waren die Ärzte Max Stäubli und Daniel Scheidegger. Max Stäubli, Professor für Innere Medizin, war bis 2007 Chefarzt des Spitals Zollikerberg. Als er in den Vorstand der Chefärztevereinigung der Inneren Medizin gewählt wird, lanciert er 1996 die »Komplikationenliste«: Er überzeugt Kolleg:innen, eine kasuistische Darstellung von gemeldeten Problemen der Patientensicherheit in einer Tabelle zu erfassen. Zwei Jahre später wird das Programm »Komplikationenliste« mit der Vision eines virtuellen Spitals Schweiz definitiv gestartet.[218]

Alle Schweizer Kliniken der Inneren Medizin können sich an diesem bahnbrechenden Programm beteiligen. Denn: Mit einer gemeinsamen Plattform können nicht nur im eigenen Spital eruierte Schwachstellen verbessert werden, sondern es kann anhand der Meldungen aus den teilnehmenden Spitälern eine wirksame Prävention betrieben werden, die sich auch bei Ereignissen bewährt, die sich im eigenen Spital bis dahin noch nie zugetragen haben. In anderen Worten: Mit dem virtuellen Spital soll aus einem Fehler, der in einem Zürcher Spital passiert, in einem Genfer Spital gelernt werden und umgekehrt.

Im Erfassungsblatt der »Komplikationenliste« füllen Mitarbeiter:innen einer Spitalabteilung auf anonymer Basis für jede/n Patient:in ein Rapportblatt mit allen durchgeführten Eingriffen aus. Registriert werden die dabei allenfalls auftretenden Komplikationen und komplikationsträchtigen Situationen. Diese Arbeit erfolgt durch die Assistenzärzt:innen; die Oberärzt:innen und/oder Chefärzt:innen üben bei jedem Fall die Kontrolle aus. Der Zeitaufwand für eine Meldung ist mit ca. drei Minuten gering. Das Erfassungsblatt wird spätestens mit dem Spitalaustrittsbericht fertiggestellt und die Informationen zu Komplikationen und Fehlern bei medizinischen Eingriffen bzw. zu kritischen Zwischenfällen in der zentralen Datenbank erfasst. Aufgrund dieser Informationen werden Vorschläge zur Verbesserung von Behandlungsmethoden und -prozessen gemacht.

Die zentrale Datenbank hat einen großen Mehrwert für die teilnehmenden Kliniken. Einerseits ergibt sich eine Statistik aller teilnehmenden Kliniken und andererseits eine spitalübergreifende Sammlung von lehrreichen Ereignissen. Die Erhebungen erlauben den beteiligten Kliniken nicht nur den Verlauf des Prozentsatzes der medizinischen Eingriffe mit Komplikationen in Erfahrung zu bringen, sondern auch den prozentualen Anteil zwischenfallsfreier Eingriffe. Die generierten Statistiken stehen den Spitälern in Form von einem zweimal pro Jahr erscheinenden Bulletin zu Lehr- und Lernzwecken zur Verfügung. Damit die Erkenntnisse in die tägliche Praxis einfließen, ist die regelmäßige Durchführung einer interdisziplinären Konferenz und von Workshops für die Patientensicherheit hilfreich und notwendig.

Die »Komplikationenliste« ist von Anfang an erfolgreich. 2006 beteiligen sich 29 Kliniken der Inneren Medizin an der Datenerfassung. Dazu Stäubli: »Wir haben in der Schweiz 170 internistische Kliniken. Nehmen Sie an, ein seltener Zwischenfall ereignet sich in jeder Klinik alle sechs Jahre. Da wird man in einzelnen Kliniken sagen, dieses Vorkommnis sei so selten, dass man daraus keine Folgerungen ziehen könne. In der Gesamtheit der Spitäler Schweiz kommt das gleiche Ereignis jedoch mehrmals jährlich vor. In einer einzigen ›virtuellen Klinik Schweiz‹ mit rund 10000 Betten und einer einzigen Leitung würde man diese Zwischenfälle als häufig wahrnehmen und entsprechende Gegenmaßnahmen einleiten. Um trotzdem aus derart seltenen Zwischenfällen lernen zu können, obwohl es in Wirklichkeit keine ›Klinik Schweiz‹ gibt, benötigen wir ein Meldesystem wie unsere ›Komplikationenliste‹.«[219]

»In den vergangenen 8 Jahren [Anm. seit Einführung der »Komplikationenliste«] wurden an 223000 Patienten mit 7800 Komplikationen/Fehlern bzw. komplikationsträchtigen Situationen z.B. die folgenden wichtigen Erkenntnisse gewonnen:

1. Vermeidbare unsichere Handlungen und Bedingungen sind Ursachen für größere medizinische Katastrophen.
2. Schnittstellen sind die neuralgischen Punkte für die Entstehung von Zwischenfällen. Beispiele: Hausarzt/Spital, Arztdienst/Pflegedienst: Verordnungen; Eingriffe durch Leute, die den Patienten nicht kennen, was Patientenverwechslungen zur Folge haben kann; Bettenstationen/Röntgenabteilung: Diagnostik mit Röntgenkontrastmitteln trotz ungenügender Nierenfunktion.

3. Blutungen: sie sind die gefährlichsten Zwischenfälle in der Inneren Medizin. 50 % der durch medizinische Eingriffe bedingten Todesfälle gehen auf das Konto medikamentöser und/oder instrumenteller Blutungskomplikationen. Beispiel: für die Gewebeentnahme bei inneren Organen braucht es klare Richtlinien zur Erfassung des damit verbundenen Blutungsrisikos. Blutgerinnungshemmende Medikamente sollten nicht in die Bauchwand gespritzt werden, sondern z.B. in den Oberschenkel, und die Injektion sollte langsam erfolgen.
4. Unklare und undeutlich geschriebene Verordnungen an das Pflegepersonal sind Quelle von Fehlern. Beispiel: Insulineinheiten: da bei der Abkürzung IE der Buchstabe I als Ziffer 1 gelesen werden kann, sollte nur E als Abkürzung verwendet werden.
5. Von Patienten im Spital zurückgelassene Medikamente müssen in die Apotheke zurückgeschoben werden und dürfen nicht für andere Patienten verwendet werden.
6. Allergiepass: Dieser ist beim Spitaleintritt auszufüllen und nicht erst beim Spitalaustritt, damit er bereits im Spital die Patientensicherheit erhöht.
7. Medikamente dürfen nicht in unangeschriebenen Behältern ans Patientenbett gebracht werden.«[220]

Daten aus der Abteilung Strahlenschutz des Bundesamtes für Gesundheit zeigen, wie gravierend die Probleme nach wie vor sind:[221] Für das Jahr 2020 gingen über 87 medizinische Strahlenereignisse aus Radioonkologie, Radiologie, Nuklearmedizin und OP-Bereichen ein. In 20 Fällen kam es zu Verwechslungen von Patient:innen, in weiteren 20 Fällen zu Verwechslungen im Bereich der Untersuchungsprotokolle. Die Meldungen 2020 kamen aus insgesamt 19 Kantonen. Die einzelnen Spitäler meldeten zwischen 1 bis 19 medizinische Strahlenereignisse. Der Median lag bei zwei, der Mittelwert bei drei Meldungen pro (meldendes) Spital. Die steigende Zahl gemeldeter medizinischer Strahlenereignisse kann mit der zunehmenden Kenntnis der gesetzlichen Vorgaben und einer verbesserten Meldedisziplin erklärt werden. Die Anzahl der Verwechslungen als Ursache medizinischer Strahlenereignisse ist weiterhin sehr hoch. Es ist noch schwer abzuschätzen, welchen Anteil an allen medizinischen Strahlenereignissen sie tatsächlich ausmachen.[222]

Nicht jede Komplikation ist ein Fehler

Aus gutem Grund sprach Max Stäubli nicht von Fehlern, sondern von Komplikationen. »Eine Komplikation kann auf einen Fehler zurückzuführen sein, muss aber nicht. Bei einer Komplikation ist einfach etwas geschehen, das besser nicht geschehen wäre. Für das medizinische Schicksal des Patienten ist es zum Zeitpunkt des unerwünschten Ereignisses egal, ob man von einer Komplikation oder einem Fehler spricht, weil es zunächst absolut entscheidend ist, die Folgen des Zwischenfalls für den betroffenen Menschen zu minimieren. Für die beteiligten Ärzte und Pflegenden steht die Schuldfrage nicht im Vordergrund, wenn man von Komplikationen statt von Fehlern spricht. Damit entfällt eine große Hemmschwelle zum Melden eines Vorfalls.«[223]

In der »Komplikationenliste« sollen nicht nur spektakuläre Ereignisse verzeichnet werden, sondern auch kleine Details. Stäubli veranschaulicht das an einer handschriftlichen Medikamentenverordnung, in der der Tausenderteilstrich zu lang war. Das kann dazu führen, dass die Zahl in der Eile als 51 000 statt 5000 gelesen wird, was zu einer zu hohen Dosierung mit schwerwiegenden Folgen führen kann. Oder: Dank der »Komplikationenliste« hat er in »seinem« Spital bemerkt, dass gewisse Stühle für Patient:innen gefährlich waren. Die Herstellerfirma hatte die Stühle nicht verleimt; setzte sich jemand zu lange oder stützte sich mit einer Halbseitenlähmung auf die Seitenlehne ab, konnte der Stuhl auseinanderfallen.

Damit eine Komplikationenliste ihren Zweck erfüllt, so Stäubli, muss sie Chefsache sein. »Die Patientensicherheitskonferenz in unserem Spital leite ich selbst. Würde ich das an einen Assistenzarzt delegieren, würden alle denken, der Chef hat eh kein Interesse daran«, erklärte er gegenüber der Zeitschrift »Soziale Medizin«. »Ich sehe mir die einzelnen Meldungen kritisch an und frage gegebenenfalls bei einem Kollegen nach, was im gemeldeten Fall genau abgelaufen ist. Auch das geht nur, wenn ein Chefarzt persönlich die Meldungen auswertet.«[224]

2008 gründet Stäubli den Verein Komplikationenliste (VKL), sein unermüdliches Engagement hatte ihn längst zum »Mister Komplikationenliste« in der Chefärztevereinigung der Schweizerischen Gesellschaft für Innere Medizin werden lassen. Über 20 Jahre engagieren sich er und seine Weggefährt:innen mit Herzblut für die Sicherheit der Patientinnen und Patienten – für das Lernen aus Fehlern. Doch obwohl die »Komplikationenliste« eine sehr große Errungenschaft ist und maßgeblich zu einer – auch heute angestrebten – Sicherheitskultur beiträgt, hat der Verein keine Zukunft. Am 6. Februar 2020 diskutiert die Mitgliederversammlung des VKL die Auflösung des Vereins. Bis zu diesem Zeitpunkt sind 41 Nummern des berühmten Bulletins, das zu Lern- und Lehrzwecken zur Verfügung steht, erschienen. Die Mitgliederversammlung beschließt die Einstellung aller Tätigkeiten und die Auflösung des Vereins. Die Gründe sind vielfältig, im Wesentlichen haben vier dazu geführt: Fehlender Chefredakteur, steigende Kosten, EDV/Datensicherheit und der Mitgliederschwund.[225] Letzteres trifft einen wunden Punkt: »Die heutige Spitallandschaft der Schweiz steht unter dem Primat der Ökonomie. Dabei wird allerorten nach qualitätssichernden Maßnahmen gerufen und es hat sich in diesem Bereich ja auch ein breiter Markt an qualitätssichernden Programmen etabliert. Wenn es aber darum geht, ein ›Lehrprogramm aus Fehlern‹, wie das Programm ›Komplikationenliste‹ zu unterstützen, fehlt oft die Bereitschaft, dafür Geld und Zeit zu investieren. Das führte zu Vereinsaustritten von mehreren Kliniken pro Jahr.«[226]

Mit dieser Erfahrung steht Stäubli nicht allein da. In den letzten Jahrzehnten wurden zwar spannende Projekte zur Sicherheit und Qualität entwickelt, und das Bewusstsein beim Gesundheitspersonal für die Themen ist gewachsen, aber es bleibt bei einer fragmentarischen Umsetzung. Der Qualität und Patientensicherheit wurde in der Gesundheitsversorgung keine Priorität eingeräumt. Mindestens nicht bis 2019. In diesem Jahr findet der erste internationale Tag der Patientensicherheit, lanciert von der WHO, statt, und der Bundesrat verleiht mit der Revision von Artikel 58 (KVG) der Qualität einen wichtigen Schub und mehr Verbindlichkeit. Stäubli hat dem Anliegen der WHO mit dem Projekt der »Komplikationenliste« von Anfang an vorgelebt.

Vorausschauend hielt Max Stäubli bereits bei der Implementierung der »Komplikationenliste« fest: »Der Umgang mit Komplikationen/Fehlern wird damit für die Ärzte zu einer täglichen Selbstverständlichkeit. Deren Erfassung und Bearbeitung verliert den Charakter des Außergewöhnlichen. [...] Damit kann die Qualität der Patientenbehandlung auf die Dauer stärker verbessert werden, als wenn man immer nur die im eigenen Betrieb wahrgenommenen Unzulänglichkeiten korrigiert.«[227]

Von der Blame- zur Just-Kultur in Zusammenarbeit mit der NASA

Im und nach dem 2. Weltkrieg versuchte die Luftwaffe der amerikanischen Armee mittels ausführlichen Rapportierens herauszufinden, welche Faktoren und Verhalten für erfolgreiche oder nicht erfolgreiche Aufträge entscheidend waren. Das kontinuierliche Monitoring von Critical Incidents (kritischen Zwischenfällen) wurde seither in der Luftfahrt konsequent unter dem Begriff Aviation Safety Reporting System weiterentwickelt.[228] Die Methodik diente in der zivilen Luftfahrt zur Aufdeckung von Sicherheitslücken. Das System bewährte sich und führte zur Entwicklung des anonymen Critical Incident Reporting System (CIRS) im Gesundheitswesen.[229]

Ebenfalls eine treibende Kraft zur Verwirklichung einer wirksamen Sicherheitskultur war Daniel Scheidegger. Nach seiner Habilitation durchlief er verschiedene leitende Positionen im Departement Anästhesie des Universitätsspitals Basel. Er war Präsident des Fachorgans »Hochspezialisierte Medizin« und Mitglied des Senats der Schweizerischen Akademie der Medizinischen Wissenschaften (SAMW). Die Fachleute in Basel widmeten sich als landesweite Pioniere seit über 10 Jahren dem Thema, Lösungen zur Minimierung vermeidbarer Fehler zu finden. 1992 stellte Scheidegger in Zusammenarbeit mit der NASA einen Simulator eines Operationssaales im Maßstab 1:1 auf. Zwei Jahre später kreierte seine Gruppe das erste Informatiksystem der Schweiz, an das Fehler und Unfälle gemeldet werden konnten: Das CIRS. Das Kantonsspital Basel führte CIRS als erstes Spital in der Schweiz ein, um die Patientensicherheit und die Qualität der Leistungen zu verbessern. Wie in anderen Ländern waren auch in der Schweiz Vertreter:innen der Anästhesie federführend bei der Entwicklung und Adaptierung solcher Systeme.

Politisch bekommt CIRS im November 2000 Rückenwind. Die SP-Gemeinderätin Renate Fässler reicht im Zürcher Stadtparlament ein Postulat ein: Sie bittet den Stadtrat zu prüfen, wie in den Stadtspitälern möglichst bald ein Meldesystem über Fehlleistungen und Fehleinschätzungen in den Abteilungen »Notfall, IPS, Operationsbereich, Pflege, Labor, Patienten und Verwaltung eingeführt« werden kann.[230] In der Begründung ihres Anliegens erwähnt sie CIRS: »Ärzte und das Pflegepersonal stehen u.a. wegen zu langer Arbeitszeiten, Personalmangel etc. unter einem gewaltigen Druck. Der Bericht ›Ärztepfusch: Dreifuss schlägt Alarm‹ im ›Tages-Anzeiger‹ vom 23.9.00 hat mich [Anm. Renate Fässler] sehr nachdenklich gestimmt; im Interesse der Patienten und dem Spitalpersonal muss etwas getan werden. Ein wichtiger Schritt zur Qualitätsverbesserung könnte die interne Offenlegung von Fehlentscheiden und eine Besprechung der Vorkommnisse sein. Sinnvoll wäre es, einen ›Briefkasten‹ für Meldungen über kritische Vorfälle, Fehlleistungen/Fehleinschätzungen etc., wie in den Kinderspitälern St. Gallen und Zürich, einzuführen. Aus Fehlern kann man lernen, besonders dann, wenn sie bekannt sind.«[231]

Die Problematik der mangelnden Sicherheit in Spitälern ist zu dieser Zeit bekannt. Dafür sorgten auch wiederkehrende Schlagzeilen zu Behandlungsfehlern in den Medien. Die Idee von Fässler wird im Gemeinderat intensiv diskutiert, und diese wird mit dem Vorwurf konfrontiert, ein anonymer »Briefkasten« stachle zum Denunzieren von Kolleg:innen an. Das Anliegen wird mehrheitlich abgelehnt, und am 15.9.2004 wird der politische Vorstoß als erledigt abgeschrieben.

CIRS konnten interessierte Kreise gratis beziehen, damit die Schwelle für die Einführung tief gehalten werden konnte.[232] Trotzdem wird CIRS noch nicht in der ganzen Schweiz angewandt; erst wenige Mediziner arbeiten damit, wie das Beispiel des Kantons Zürich zeigt.[233] »Rund 30 Spitäler haben es installiert, darunter das UniversitätsSpital Zürich. Doch installiert bedeutet noch nicht, dass es auch benutzt wird«, erklärt Scheidegger.[234] Er bedauert auch, dass der Kurs, in dem Mediziner lernen, unter Stressbedingungen im Team zu arbeiten, wenig besucht wird. Realisiert hat Scheidegger diese Weiterbildung in Zusammenarbeit mit der Swissair: »Für viele Mediziner, die Ausbildungsjahre hinter sich haben, in denen sie immer besser sein mussten als die anderen, ist es nicht einfach, ihre Schwächen in der Teamarbeit zu zeigen.« In diesem Kurs gehe es um ganz Praktisches, erzählt Scheidegger weiter. »Ich gebe Ihnen ein Beispiel aus der Fliegerei.« Dort müssen die angehenden Piloten ein Flugzeug innert vier Minuten leeren. Das lässt sich ohne Probleme machen. Dann werde die Übung wiederholt, diesmal erhalte der Schnellste eine Belohnung. Dabei habe er erlebt, dass auch nach 15 Minuten das Flugzeug noch nicht leer gewesen sei und die »Passagiere« gebrochene Arme gehabt hätten, so Scheidegger. »Das ist es, man muss sich vom Wettbewerbsgedanken befreien, wenn man im Team und unter Stress arbeitet.«[235]

Scheideggers Engagement erhielt auch im Ausland große Anerkennung. 2002 verlieh ihm die Ärztekammer Berlin zusammen mit der Krankenkasse AOK den Berliner Gesundheitspreis zum Thema »Fehlervermeidung und Sicherheitskultur – Qualitätsoffensive in Medizin und Pflege«.[236] Wie er bei der Preisübergabe in Berlin sagte, solle mit CIRS ein Kulturwandel bewirkt werden. »Wir wollten einen Wechsel von der Blame- zur Just-Kultur, bei der man sagt: Es ist okay, Fehler zu machen.«[237] Dieser Kulturwandel stößt auf Hindernisse, wie Scheidegger erklärt: »Es gibt Psychologen, die sagen, es sei befriedigender, wenn man jemanden hat, dem man die Schuld geben kann.«[238] Er schätze die Situation so ein, dass der erforderliche Kulturwandel noch nicht vollzogen, aber auf gutem Weg sei. Jedenfalls habe die Patientensicherheit noch nicht den Stellenwert, den sie haben sollte.

Die Ärztekammer Berlin gründete 2008 das Netzwerk Critical Incident Reporting System (CIRS). Was mit sieben Krankenhäusern startete, dehnte sich rasch auf 36 aus. Der Präsident Günther Jonitz sagte anlässlich einer Jubiläumsfeier im 2018: »Das ist ein Erfolg.«[239] Denn lange bevor eine gesetzliche Vorgabe für einrichtungsübergreifende Fehlerberichts- und Lernsysteme denkbar gewesen sei, hätten sich in Berlin erste »Überzeugungstäter« zusammengeschlossen. Sie wollten nicht nur hausinterne Berichtssysteme nutzen, sondern vor allem miteinander und voneinander lernen.

Fehler, kritische Ereignisse oder Beschwerden von Patient:innen müssen an der zuständigen Stelle adäquat bearbeitet werden. Wie mit einer Beschwerde erfolgreich umgegangen werden kann, zeigt die Gesellschaft für Qualitätsmanagement Deutschland (GQMG) mit ihrer Publikation »Beschwerden als Chance nutzen«.[240] Schweigen kann das Lernen aus Fehlern verhindern und tatenloses Zuschauen bei einem kritischen Ereignis die individuelle Schadensminderung verhindern. Das ist problematisch, wie eine Perspektive aus der Unfallversorgung zeigt.

Die Johanniter-Hilfe in Deutschland wird an der Unfallstelle regelmäßig durch filmende Gaffer behindert, deshalb hat sie zur Abhilfe ein Pilotprojekt lanciert: Auf ihren Rettungswagen haftet der QR-Code »Gaffen tötet«. Filmt ein Gaffer einen Unfall und behindert die Unfallhilfe, erhält er mit dem QR-Code einen Klick »Gaffen tötet« auf sein Smartphone.[241]

In der Medizin wäre mit der Botschaft »stopp tatenlos zuschauen« ein ähnlicher Lerneffekt möglich: Eine Patient:innengefährdung nicht zu melden potenziert

Gefahr. Wer vor Missständen, Fehlern und kritischen Ereignissen die Augen verschließt, riskiert die Sicherheit. Schweigen bedeutet, ein Fehler passiert mehrmals, bleibt systemimmanent und verhindert die Schadensminderung, wie folgendes Beispiel illustriert: Eine Patientin erleidet wegen einer Überdosis eines Blutgerinnungsmedikaments eine starke Blutung. Wenn der Fehler rechtzeitig erkannt wird, kann die Überdosis mit einem Gegenmittel erfolgreich behandelt werden. Zu spät erkannt, kann sie hingegen zu einem gravierenden Gesundheitsschaden oder sogar zum Tod führen.

Reden statt Schweigen ist besonders dann notwendig, wenn sich ein Behandlungserfolg nicht wie erhofft einstellt oder die Behandlung zum Tod führt. Betroffene Personen können das Geschehene besser verarbeiten, wenn sie den Verlauf verstanden haben und ihre Fragen beantwortet sind.

Ein herzkranker Mann wird gegen seinen Willen von den Angehörigen ins Spital eingewiesen. Er erleidet nach wenigen Tagen einen Herzinfarkt und verstirbt trotz Reanimation. Die Angehörigen sind schockiert. Sie machen sich wegen der Spitaleinweisung Vorwürfe und sind überzeugt, dass ein Behandlungsfehler zum Tod des Mannes geführt hat. Sie wollen wissen, was geschehen ist, und beauftragen eine Rechtsvertreterin mit der Abklärung. Das Patientendossier zeigt eine korrekte Behandlung; nachvollziehbar dargelegt wird der schicksalhafte tragische Verlauf den Angehörigen allerdings nicht.

Ihre Rechtsvertreterin organisiert für die Besprechung mit dem Behandlungsteam einen Runden Tisch, der im Spital stattfindet. Die Ehefrau und zwei Töchter des Patienten, der behandelnde Arzt, die Qualitätsbeauftragte des Spitals, die zum Todeszeitpunkt zuständige Pflegefachperson, die Pflegedienstleiterin und die Rechtsvertreterin nehmen daran teil.[242] Die Angehörigen sind sehr emotional, beschuldigen das Behandlungsteam und werfen der Pflegefachfrau vor, der Tod ihres Angehörigen habe sie nicht gekümmert. Sie habe nie mit ihnen über das Geschehene gesprochen. Zuerst versichert der Arzt die korrekte Durchführung der Behandlung. Die Pflegedienstleiterin nimmt die Pflegefachfrau sofort in Schutz und bestätigt, diese habe richtig gehandelt. Sie pflichtet dem Arzt bei, ein Behandlungsfehler sei nicht die Todesursache. Die Angehörigen meinen, vor einer Schutzmauer des Behandlungsteams zu stehen, und fühlen sich ohnmächtig. Als die Situation zu eskalieren droht, ergreift die Pflegefachfrau das Wort. Sie habe am Tag nach dem Tod, als sich die Angehörigen im Spital aufgehalten hätten, auf einer anderen Station gearbeitet. Hin und her gerissen, hätte sie gerne mit ihnen gesprochen, sich aber nicht getraut. Sie habe ihnen nicht noch mehr Schmerz zufügen wollen. Sie bereue, nicht auf ihr Gefühl gehört zu haben.

Mit dieser mutigen und empathischen Haltung hat die Pflegefachfrau den Angehörigen verständlich machen können, dass ihr Angehöriger todkrank gewesen und die Spitaleinweisung unumgänglich war. Anderenfalls wäre es zu einer Notfalleinweisung gekommen, was eine weit größere Belastung für ihn und die Angehörigen bedeutet hätte. Mit ihrem besonnenen Verhalten hat sie die Angehörigen entlastet und ihnen mit der Klärung der offenen Fragen die Verarbeitung des tragischen Krankheitsverlaufs ermöglicht. Auch die Rechtsvertreterin zeigte sich beeindruckt und bestätigt, wie entscheidend Offenheit und Transparenz eines Behandlungsteams sind.

Das Qualitätssicherungsinstrument CIRS

CIRS kann erfolgreich eingesetzt werden, wenn folgende Voraussetzungen gegeben sind: Freiwilligkeit, Sanktionsfreiheit, Vertraulichkeit, Anonymität, Unabhängigkeit, Analyse durch Expert:innen, Feedback an alle Teilnehmenden, Systemorientierung, klare Strukturen, periodische Evaluation und Weiterentwicklung.

Der Mensch ist aus verschiedenen Gründen für Fehler oder kritische Ereignisse verantwortlich: aus Unvorsicht, aus Nichtwissen, aus nicht Einhalten von gültigen Standards, aus Mutwilligkeit, Experimentierfreude, finanziellem und/oder wissenschaftlichem Eigeninteresse, Zeitdruck usw. Ein wichtiger Grund ist, dass er in ein System eingebunden ist, das er mit seinem Handeln nur begrenzt beeinflussen kann. CIRS macht die Ursachen kritischer Ereignisse und Fehler transparent, was sich hemmend auf die Meldefreudigkeit auswirken kann. Wenn sich die Mitarbeitenden durch Meldungen aktiv an der Qualitätsverbesserung beteiligen und ihre Verbesserungsvorschläge transparent umgesetzt werden oder wenn sie auch von besonders positiven Ereignissen berichten können, erhöht das die Motivation.

Die Garantie der Anonymität ist seit der Anfangsphase ein wichtiger Baustein von CIRS. Wenn die Anonymität der Meldungen gewährleistet ist, ist es trotzdem wichtig, die Möglichkeit zu schaffen, offen und vertrauensvoll über kritische Ereignisse und Fehler zu sprechen. In bestimmten Situationen kann die Anonymität beispielsweise für Teams in kleineren Spitälern nicht gewährleistet werden, weil der Rückschluss auf die meldende Person oft nicht zu vermeiden ist. Dazu ist der transparente verbindliche Umgang mit CIRS schriftlich festzuhalten.

Die Mitarbeitenden können zur Teilnahme an CIRS motiviert werden, indem ihnen der Nutzen aufgezeigt wird: Warum soll ein Fehler oder ein kritisches Ereignis gemeldet werden? Was soll gemeldet werden? Wer kümmert sich um die Meldung? Lösen sie Folgen aus? Sind sie vor dem juristischen Zugriff geschützt?

Warum soll gemeldet werden?

Die Mitarbeitenden müssen CIRS als Instrument erleben, das ihnen das Erkennen von Risiken erleichtert, ihnen vermittelt, wie sie diese reduzieren können, und sie davor schützt, ein »Second Victim« (zweites Opfer) zu werden. Wenn es in der Gesundheitsversorgung zu unbeabsichtigten oder vermeidbaren Fehlern mit teilweise gravierenden Folgen für die Patient:innnen kommt, werden häufig deren Angehörige und die Behandelnden selbst geschädigt. Jede Fachperson kann ein »Second-Victim-Phänomen« erleiden.

Eine Notfallärztin erzählt: »Eine 19-jährige Patientin wurde gegen 19.00 Uhr mit dem Rettungsdienst in Begleitung ihrer Mutter, selbst Hausärztin, zum wiederholten Mal wegen einer schweren, diabetischen Entgleisung auf die Notfallstation eingeliefert. Sie fühlte sich nach reichlichem Alkoholkonsum schlecht, musste erbrechen und atmete schwer. Wir stellten eine schwere azidotische Entgleisung fest und begannen die entsprechende Behandlung. Zur Absicherung telefonierte ich mit der Dienstärztin der Intensivstation, die bereit war, die Patientin aufzunehmen. Da wir bereits häufiger solche Situationen in unserem kleinen Spital bewältigt hatten, hatte ich keine Bedenken, die Patientin adäquat behandeln zu können. Ich ging davon aus, dass die junge Frau wie immer ihre Insulinpumpe trug, selbst Insulin applizierte, und verordnete die nötigen Medikamente sowie die entsprechenden Blutkontrollen. Die Patientin erholte sich scheinbar während der Nacht, begann jedoch gegen Morgen schwer zu erbrechen. Auf der Visite um 7.30 Uhr erschrak ich über ihren schlechten Zustand, sie litt unter starken Kopfschmerzen und unstillbarem Erbrechen.

Die nächste Blutgasanalyse zeigte zwar Werte, die gar nicht so schlecht, aber von der Normalisierung weit entfernt waren. Nach erneuter Rücksprache mit der Kollegin der Intensivstation verlegten wir die Patientin unverzüglich dorthin. Auf der Intensivstation erkannten sie, dass sich die Patientin kein Insulin gespritzt hatte. Sie erhielt sofort Insulin, ihr Gesundheitszustand besserte sich jedoch nicht. Ein Hirnödem als Auslöser des Erbrechens wurde postuliert und die Patientin auf die Intensivstation eines Universitätsspitals verlegt. Dort wurde sie erfolgreich behandelt, die Diagnose des Hirnödems wurde verworfen und die Patientin konnte in unser kleines peripheres Spital zurückverlegt werden; es ging ihr, nach allem, was sie mitgemacht hatte, gut.

Mir ging es miserabel, ich hatte mich nicht vergewissert, ob die Patientin eine Insulinpumpe trug, und hatte möglicherweise mit der Verordnung der Dosis von Medikamenten, die die Hirnzellen hätten schädigen können, zur Verschlechterung beigetragen. Die Mutter der Patientin fand die Sache nicht so schwerwiegend, was mich etwas beruhigte, dennoch ließ mir die Sache keine Ruhe. Weshalb hatte ich den Stolperstein nicht erkannt?

Endlich kam mein Chef aus den Ferien zurück. In einer der ersten Begegnungen erzählte ich ihm von meiner Fehlbehandlung und deren Ausgang. Er hörte aufmerksam zu, lächelte und fragte, warum ich ein Kind einer Hausärztin nicht einfach verlegt habe. Mehr konnte er der Situation nicht abgewinnen. Seltsamerweise fühlte ich mich nach diesem Gespräch enorm erleichtert. Das Karussell in meinem Kopf hörte auf zu drehen. Aber eine Lehre ist mir geblieben: lieber einmal mehr verlegen, wenn der Weg nicht sonnenklar ist. Dies hat mir mittlerweile schon harte Nächte erspart, die jeweils zwischen zwei Tagdiensten zu bewältigen sind.«[243]

Eine Pflegefachfrau erzählt: »Ich hatte Nachtdienst auf der Wöchnerinnenabteilung. Die Patientin hatte am Tag ihr Kind auf die Welt gebracht. Es war die siebte Dienstnacht, total übermüdet kontrollierte ich den Uterus nachts um 3.00 Uhr nur mangelhaft; ihre leichte Blutung bemerkte ich nicht. Erst am Morgen stellten meine Kolleginnen die Blutung fest, reagierten umgehend und retteten die Patientin vor der Gefahr zu verbluten. Passiert ist es vor vielen Jahren. Die damals ausgestandene panikartige Angst brannte sich unlöschbar in mein Gedächtnis ein.«[244]

Die Folgen können für die betroffenen Fachpersonen sehr unterschiedlich sein. In jedem Fall sollten sie unbedingt eine ihrer individuellen Situation angepasste Unterstützung erhalten, die ihnen weiterhilft;

die Verantwortung für die Zweitopfer tragen die Führungspersonen. Das deutsche Aktionsbündnis Patientensicherheit geht noch weiter und engagiert sich für die Anerkennung der sekundären Traumatisierung des (Pflege-)Personals als Berufskrankheit.[245]

Es gilt die Maxime: Patientensicherheit dient in gleichem Maß dem eigenen Schutz wie dem des Gesundheitspersonals; Patientensicherheit ist Mitarbeitersicherheit!

Wie das folgende Beispiel zeigt, können Meldungen sofortige präventive Maßnahmen zur Sicherheit auslösen.

Medikationsfehler gehören zu den häufigsten, die im Alltag passieren: Fachpersonen werden beim Richten von Medikamenten oft unterbrochen, was zu einer hohen Fehleranfälligkeit führt. Damit die Fachperson die Medikamente in Ruhe richten kann, sind verschiedene Maßnahmen möglich. Eine wirksame ist das Tragen einer Leuchtweste mit dem Aufdruck »Bitte nicht stören«.[246]

In Spitälern kommt es immer wieder zu Verwechslungen; auch auf der Notfallstation. Das kann Etiketten, Patientenarmbänder, Blutproben, Urinuntersuchungen oder Medikamente betreffen. Für dieses Problem hat das Notfallteam im Spital Langnau i.E. eine Lösung gefunden. Es hat die Prozessabläufe durchleuchtet und einen neuen Weg beschritten: An jedem Patientenbett gibt es jetzt ein transparentes Fach. Dort werden alle Blut- und Urinproben aufbewahrt, die »auf Vorrat« gewonnen werden. Dazu kommt es, weil die Blutentnahme meistens zu Beginn der Behandlung auf der Notfallstation durchgeführt wird und weil das Pflegepersonal bemüht ist, den/die Patient:in nicht mehr als nötig zu stechen. Ähnlich verhält es sich mit den Urinproben, da Wasserlösen auf Befehl ohnehin nicht funktioniert. Die Urinprobe und Blutentnahmen werden ins transparente Fach zurückgestellt und wenn nötig mit dem Auftragsblatt ins Labor geschickt, sobald die Ärztin oder der Arzt eine bessere Kenntnis des Gesundheitsproblems hat.

Spätestens zum Zeitpunkt, wenn der/die Patient:in die Koje der Notfallstation bereits verlassen hat, weil sie entlassen oder auf die Bettenstation verlegt wurde, werden die Blut- oder Urinkulturen entdeckt. Seit der Einrichtung der transparenten Fächer gibt es – ohne zusätzlichen Belastungen für die Patient:innen und das Personal – keine Probenverwechslungen mehr.[247]

Was soll gemeldet werden?

Gemeldet werden können grundsätzlich sämtliche als außergewöhnlich oder kritisch wahrgenommenen Ereignisse oder Fehler aus allen Bereichen. Die Meldungen können anhand einer vorgegebenen Liste erfolgen: Wer berichtet (Berufsgruppe), wo (Ort des Geschehens) und wann ist es geschehen (Datum)? Die internen Regeln zur Führung von CIRS müssen verbindlich festgehalten und allen Mitarbeitenden mitgeteilt werden. Damit die Mitarbeitenden unbesorgt etwas melden können, muss der Umgang mit vermeidbaren unerwünschten Ereignissen – d.h. Fehlern mit Schadensfolge und allenfalls von haftungsrechtlicher Relevanz – verpflichtend geregelt und transparent sein.

Damit CIRS funktioniert, muss die Bearbeitung der Meldungen transparent sein; anderenfalls bietet das System einen Boden für Machtmissbrauch und Denunzierung. Es muss zudem sichergestellt sein, dass die Sorge unbegründet ist, die Meldung könnte von den Vorgesetzten als schlechte Qualifikation der eigenen Arbeit bewertet werden. Meldungen, die zwecks Machtmissbrauch und Denunzierung gemacht werden, müssen konsequent ignoriert werden, und die Zusicherung der Unabhängigkeit von Vorgesetzten muss gegeben sein.

CIRS hat sich aus Erfahrungen heraus weiterentwickelt; statt an einer Organisation kann es an Themen festgemacht werden. Das heißt, es orientiert sich nicht an der Einteilung in Chirurgie, Innere Medizin, Geburtshilfe und Gynäkologie oder Spezialdienste, sondern an Themen wie Arzneimittel, Stürze, Verwechslungen, die sich in jedem Bereich ereignen können. Dieses Verfahren nach WHO-Kriterien ermöglicht eine den Fachbereichen übergeordnete Analyse von Meldungen, woraus strategische Handlungsfelder abgeleitet und systembasiert für die Institution umgesetzt werden können.

Wer kümmert sich um die Meldungen?

Die Bearbeitung der CIRS-Meldungen erfolgt in der Abteilung Qualitätsmanagement. Die Qualitäts- und Patientensicherheitsbeauftragten und -fachkräfte müssen vom obersten Gremium einer Institution legitimiert sein und über die Kompetenzen für die umfassende Verarbeitung der Meldungen verfügen. Etwa die nachweisbare Integration von Patientensicherheit in die Strategiebildung und die Ernennung eines persönlich verantwortlichen Chief Patient Safety Officer (CPSO) als Geschäftsleitungsmitglied. Die Verantwortung für unerwünschte Ereignisse muss gemeinsam von Expert:innen, Teams vor Ort und dem Leitungsgremium getragen werden. Je nach Größe des Einzugsgebiets kann es sich um eine qualifizierte Fachperson eines Meldekreises, eines interprofessionellen Teams in einem Qualitätszirkel, eine Qualitätsbeauftragte oder einen qualifizierten Risikomanager handeln.

Die verantwortliche Person ist für das Sichten, Analysieren und Bearbeiten der eingegangenen Meldungen zuständig, teilt die Meldung gemäß einem Klassifikationssystem der Kategorien der WHO oder dem NCC-MERP-Index[248] ein und leitet sie an die zuständige Stelle weiter. Zudem initiiert, delegiert und überwacht sie die diversen Maßnahmen. Die Verbesserungsmaßnahmen müssen zunächst vor Ort auf der Abteilung oder Klinik und anschließend übergeordnet umgesetzt werden. Sie müssen zeitnah erfolgen, um weitere Ereignisse der gleichen Art verhindern zu können. Bei gravierenden Meldungen und akutem Handlungsbedarf soll gegebenenfalls in Rücksprache mit dezentralen Stellen das Gespräch mit der Abteilungsleitung gesucht werden, um den konkreten Vorfall zu analysieren und möglicherweise schnell zu reagieren.

In größeren Institutionen empfiehlt es sich, für jede Abteilung oder jedes Spital ein dezentrales interdisziplinäres Team einzusetzen. Bei einer solchen Struktur muss für die Berichte eine übergeordnete zentrale Stelle vorhanden sein, damit die Koordination von spitalübergreifenden bzw. abteilungsspezifischen Maßnahmen vorgenommen werden kann und das Lernpotenzial der gesamten Institution zur Verfügung steht.

Wenn CIRS anonym geführt wird, sind Rückfragen zu den meldenden Personen nicht möglich, deshalb können sie in Fallbesprechungen oder Kommentaren zu »Fall der Woche«, »Fall des Monats« o.ä. eingebracht werden.

In jedem Fall sollte die Person, die den Bericht abgegeben hat, die Möglichkeit haben, anonym zu bleiben.

Interdisziplinäre Auswertungsteams sollten möglichst nicht von Führungskräften besetzt werden, um die Unabhängigkeit insbesondere hinsichtlich möglicher Sanktionen zu gewährleisten. Das deutsche Aktionsbündnis Patientensicherheit empfiehlt dringend, zwischen einer Institution und beteiligten Personen eine schriftliche Vereinbarung bezüglich der Freiwilligkeit, Anonymität und Sanktionsfreiheit im CIRS zu treffen.[249]

Eine andere Möglichkeit wäre, der meldenden Person statt Anonymität absolute Vertraulichkeit und Wahrnehmung der Fürsorgepflicht durch den/die Arbeitgeber:in zu versprechen, die analog zum Anwalts- und Arztgeheimnis angewandt würde. Die Vorgesetzten würden, wenn nötig, die Identität der meldenden Person kennen, diese vertraulich behandeln, sie mit adäquaten Maßnahmen vor negativen Folgen schützen und wären verantwortlich für die Umsetzung des Lernprozesses im ganzen Team.

Wenn keine andere Vereinbarung getroffen ist, sollte die Anonymität über die Abteilung oder Institution hinaus auch gegenüber dem Qualitätsmanagement gewahrt bleiben. Das gilt auch für die Leitungsebene, die keine Identifikationsanstrengungen unternehmen darf, damit sie das Vertrauensverhältnis und das Berichtssystem nicht behindert.

Lösen Meldungen Verbesserungsmaßnahmen aus?

Die Meldung eines kritischen Ereignisses im CIRS ist in der Regel niederschwellig und muss konsequent Verbesserungsmaßnahmen auslösen. Die Bearbeitung der Meldungen zur Eruierung von Verbesserungsmaßnahmen kann anhand der 5-Why-Methode[250] erfolgen:

Beispiel: Fehlende Gewichtskontrolle

1. *Was ist geschehen?*
   Eine kurze detaillierte Beschreibung des Ablaufs des Ereignisses soll aufzeigen, was passiert ist.
   Bericht: Patientin wurde in der Ambulanz untersucht und die Chemotherapie vorbestellt. Dabei wurde das Gewicht des ersten Chemotherapiezyklus zugrunde gelegt. Das aktuelle Gewicht der Patientin betrug jedoch 10 kg weniger (55 statt 65 kg). Dokumentation eines falschen Gewichts, Übernahme der Daten in den Therapieplan (Methotrexat), Berechnung mit 10 kg zu viel Körpergewicht.

2. *Was war das Ergebnis?*
   Die Folgen des Ereignisses bzw. weiteren Verlaufs erlauben die Einschätzung des Ereignisses.
   Bericht: Der Therapieplan für das Medikament Methotrexat wurde falsch berechnet, was eine Überdosierung zur Folge hatte.

3. *Warum ist es geschehen?*
   Der Bericht sollte die Sicht der Berichtenden zu den vermuteten Gründen darstellen.
   Bericht: Die Patientin wurde in der Ambulanz untersucht und das Gewicht von 65 kg des ersten Chemotherapiezyklus anstatt 55 kg eingetragen.

4. *Warum kam es zur falschen Berechnung?*
Der Bericht sollte konkret festhalten, was passiert ist.
Bericht: Die Daten der Patientin wurden von der Ambulanz übernommen, ohne sie zu überprüfen.

5. *Wie könnte es zukünftig verhindert werden?*
Hier soll der Berichtenden die Möglichkeit gegeben werden, selbst Verbesserungsvorschläge zur Vermeidung eines solchen Ereignisses anzugeben.
Bericht zur Verbesserungsmaßnahme: Eine neue Anordnung schreibt vor, dass vor jeder neuen Verordnung von Chemotherapeutika das Gewicht aktualisiert werden muss. Eine Standardarbeitsanweisung zur Verordnung von Zytostatika wird erstellt.

Bei der 5-Why-Methode muss so lange gefragt werden, bis die wahre Ursache geklärt ist. Sie bietet eine einfache und wirksame Ursachenanalyse bei geregelten Prozessen und technischen Systemen – für Abläufe, die sich durch einen linear-kausalen Ursache-Wirkungs-Mechanismus auszeichnen.

Die Furcht vor straf- oder haftpflichtrechtlichen Folgen

Neben der Anonymität gehört die Freiwilligkeit zu den Herausforderungen eines erfolgreich geführten CIRS: Die Checkliste als Qualitätsinstrument in der Chirurgie ist akzeptiert, trotzdem wird sie in den Operationssälen nicht schweizweit flächendeckend eingesetzt. Die Stiftung für Patientensicherheit hat 2016 eine Erhebung bei 1400 Chirurg:innen, Anästhesist:innen und Operationspersonal zur Checkliste im Operationssaal durchgeführt. Das Resultat zeigte einen deutlichen Handlungsbedarf bei der Compliance. Die Akzeptanz der Checkliste sollte mit Ergänzung der Schriftenreihe 5: »Checklistendesign und Durchführungsrichtlinien« gefördert werden.[251] Auch mit einem Projekt der WHO »Progress! Sichere Chirurgie« sollte die Chirurgie sicherer werden: Aspekte zur Patientin / zum Patienten, zum Eingriff und zum Material sollten kontrolliert werden. Mit dieser Checkliste werden die bestehenden Risiken festgestellt, kontrolliert, ob alle verwendeten Instrumente und Materialien nach der Operation wieder vorhanden und ob die Informationen über die Nachbetreuung übergeben worden sind.

Eine Sprecherin der Stiftung Patientensicherheit sagte im Schweizer Radio: »[...] in der Schweiz [sterben] zwei von 100 Patienten nach einer Operation – ein Wert im europäischen Mittel. Bei 14 von 100 000 Operationen werden Fremdkörper im Patienten vergessen. 40 Prozent dieser ›unerwünschten Ereignisse‹ in Operationssälen gelten als vermeidbar.« Das Ziel sei eine flächendeckende Anwendung der Liste in der Schweiz, hielt die Sprecherin fest: Jeder Patient, jede Patientin »soll erwarten können, dass sie verwendet wird – und richtig verwendet wird«.[252] Trotz ausgewiesenem Nutzen und mangelnder Compliance vertritt die Stiftung die Ansicht, die Checkliste sollte freiwillig bleiben – was nicht nachvollziehbar ist.[253]

Ein Bundesgerichtsentscheid zu einem Fall in einem Spital im Tessin löste unter Ärzt:innen und Pflegenden eine enorme Unsicherheit vor dem externen juristischen Zugriff auf das anonyme Meldesystem CIRS aus. Zum Sachverhalt: Der hospitalisierte Patient A.

stürzte sich am 8. Mai 2013 vom Balkon seines Spitalzimmers; er verstarb am 26. Februar 2015.[254] Das Pflegepersonal hatte den Gesundheitszustand des Patienten mit dem Fragebogen »Qualypoint« erfasst und diesen im CIRS hinterlegt. Die Staatsanwaltschaft konnte im Rahmen des Strafverfahrens, das gegen Unbekannt[255] eingeleitet worden war, dem Patientendossier nicht entnehmen, ob das Personal den Patienten genügend vor Selbstgefährdung geschützt hatte. Sie fand jedoch einen Hinweis auf den Fragebogen, weshalb die Staatsanwaltschaft dessen Herausgabe verlangte. Wie sie betonte, handelte es sich bei dem Begehren nicht um eine Vorverurteilung des Personals, sondern: »Das Dokument sollte dazu dienen, zu verstehen, wie das Arzt- und Pflegepersonal den Vorfall eingeschätzt hatte.«[256] Die Aussage unterstreicht der Jurist und Arzt Antoine Roggo damit, dass eine Untersuchung durch die Staatsanwaltschaft erfahrungsgemäß viel häufiger der Entlastung der Ärztin / des Arztes als deren Belastung dient.[257]

Die verantwortlichen Personen im Spital verweigerten die Herausgabe des »Qualypoint«, obwohl die Ärzt:innen seit dem 22. August 2014 von der Schweigepflicht entbunden waren, mit der Begründung, der Fragebogen sei von der Editionspflicht[258] ausgenommen. Diesem Argument widersprach der Staatsanwalt mit dem Hinweis, der Fragebogen gelte nicht mehr »als diejenigen, welche sich in vertraulichen ärztlichen oder anwaltlichen Dokumenten finden«. Er hatte deshalb am 28. Juni 2016 einen Durchsuchungs- und Beschlagnahmungsbefehl erlassen und erwirkte so den juristischen Zugriff auf den Fragebogen im CIRS. Das angestrengte Siegelungsverfahren durch das Spital führte zu einem Hin und Her und endete schließlich mit der Beschwerde zum Gegenstand »Strafverfahren, Durchsuchungs- und Beschlagnahmungsbefehl« vor Bundesgericht. Dieses wies die Beschwerde gegen den Entscheid vom 20. Juni 2016 der Beschwerdekammer in Strafsachen des Berufungsgerichts des Kantons Tessin am 8. Dezember 2016 ab.[259] Das Zwangsmaßnahmengericht veranlasste daraufhin, »dass das CIRS praktisch gleich zu behandeln sei wie eine Krankenakte«, erläuterte Adriana Degiorgi, Mitglied der Direktion des Kantonsspitals Tessin. Sie hält fest: »Bei einem systematischen Eingriff in diesen Schutzbereich ist ein Rückgang der CIRS-Meldungen unvermeidlich.«[260]

Der Patient A. erlitt einen Sturz mit Todesfolge, weshalb er als außergewöhnlicher Todesfall (agT) behandelt und von den verantwortlichen Personen des Spitals – gemäß gesetzlicher Regelung – den Behörden gemeldet wurde. Eine agT-Meldung ist kein Eingeständnis einer allfälligen unterlaufenen Sorgfaltspflichtverletzung, sondern ein behördlicher Auftrag, die Todesursache festzustellen und zu untersuchen, ob Fremdeinwirkung vorliegt. Zur Klärung des Sachverhalts benötigte die Staatanwaltschaft das vollständige Patientendossier, das sie jedoch nicht erhielt. Wie das Pflegepersonal den Gesundheitszustand von Patient A. zum fraglichen Zeitpunkt eingeschätzt hatte, hätte im Patientendossier dokumentiert sein müssen; dabei ist unerheblich, ob mit oder ohne »Qualypoint«. Laut dem Leiturteil des Bundesgerichts vom 19. August 2015 bezieht sich der Zweck der ärztlichen Dokumentationspflicht auf das medizinisch Notwendige und Übliche und dient vorrangig der Behandlungssicherheit.[261] Sie muss die Sicherheit des Patienten über die ganze Behandlungskette namentlich auch bei der Behandlung durch mehrere Personen oder bei einem Arztwechsel gewährleisten. »Das Nichtdokumentieren oder eine lückenhafte Dokumentation kann beispielsweise für einen Patienten ein gravierendes Hindernis auf dem Weg zur Rechtsfindung darstellen. Dies kann sogar zu einer fiktiven Umkehr der Beweislast führen, indem antizipiert wird, dass das was nicht dokumentiert auch nicht durchgeführt wurde.«[262] Die Klärung eines Sachverhalts dient grundsätzlich sowohl den Patient:innen als auch dem Gesundheitspersonal.

Wie das Personal den Gesundheitszustand von Patient A. eingeschätzt hatte, weshalb »Qualypoint« nicht im Patientendossier hinterlegt war und weshalb die Staatsanwaltschaft dem Patientendossier die relevanten Informationen nicht entnehmen konnte, wurde offenbar in der Fachwelt kaum diskutiert, oder die Informationen sind nicht zugänglich. Hingegen löste das Urteil eine heftige Diskussion zum juristischen Zugriff auf das CIRS aus. Die einen argumentierten, das Urteil würde aus Angst vor Klagen zu einem Rückgang der Meldungen führen: Wer eine Meldung im CIRS mache, stehe mit einem Bein im Gefängnis. Die anderen vertraten die Ansicht, die Justiz habe nur im engen Rahmen eines Strafverfahrens, wenn die Dokumentation einer Behandlung unvollständig sei, Interesse an einer allfälligen CIRS-Meldung zum entsprechenden Fall. Das gilt auch für die Beweisführung im Zivilrecht, weshalb keine Situation denkbar scheint, in der die Justiz, eine Rechtsvertreterin oder ein Rechtsvertreter unberechtigten Zugriff auf das CIRS nehmen dürfte, könnte oder wollte. Dafür spricht auch, dass bis heute kein Fall bekannt ist, bei dem eine Fachperson wegen einer CIRS-Meldung angeklagt oder bestraft wurde.

Die Stiftung für Patientensicherheit diskutierte das Urteil zum Tessiner Fall an Veranstaltungen und veröffentlichte im September 2018 acht Empfehlungen für das Betreiben eines Berichts- und Lernsystems. Diese Empfehlungen beziehen sich auf die Definition der Meldung, die Anonymität, den Umgang mit der Identität bei freiwilliger Nennung der Personenangaben, den Umgang mit Meldungen, der Abgrenzung zu medizinischen Dokumenten und den Schutz der betroffenen Fachperson. Besonders erwähnenswert ist die Empfehlung Nr. 8: »Muss eine Gesundheitseinrichtung der Editionspflicht durch eine Justizbehörde nachkommen, sollte nach sorgfältiger Abwägung eine Siegelung verlangt werden.«[263] Diese Empfehlung ist in zweierlei Hinsicht problematisch: Entweder ist das Patient:innendossier vollständig, oder die Forderung der fehlenden Unterlagen ist gerechtfertigt. Zudem kann das Beharren auf der Anonymität den Verdacht der Vertuschung eines möglichen Behandlungsfehlers bei den Patient:innen wecken und birgt die ungute Botschaft, der einseitige Schutz des Personals sei wichtiger als ihre Sicherheit. Schließlich wird in diesem Zusammenhang auch nicht beachtet, dass die Klärung eines problematischen Sachverhalts für die Patient:innen und für das Personal zur Verarbeitung des Geschehenen notwendig ist.

Die CVP/Die-Mitte-Nationalrätin Ruth Humbel nahm die Furcht vor dem juristischen Zugriff auf und reichte am 13. Dezember 2018 einen Vorstoß mit der Forderung, »Lernsysteme in Spitälern zur Vermeidung von

Fehlern müssen geschützt werden«, ein.[264] Der Bundesrat erklärte in seiner Antwort vom 29. Mai 2019, die Stiftung für Patientensicherheit, das Bundesamt für Gesundheit (BAG) und die Konferenz der schweizerischen Gesundheitsdirektorinnen und -direktoren (GDK) würden die Möglichkeit einer Gesetzesgrundlage zum Vertraulichkeitsschutz prüfen. Rechtliche Sanktionen in besonders schweren Fällen müssten trotzdem möglich sein: »Dabei ist insbesondere zu berücksichtigen, dass ein solcher Schutzmechanismus in einem Spannungsfeld zum staatlichen Strafverfolgungsanspruch und zu Opferinteressen stehen kann.«[265] Das BAG gab bei Professor Thomas Gächter und Professorin Kerstin Noëlle Vokinger von der Universität Zürich ein Gutachten zu Rechtsfragen rund um den Schutz von Berichts- und Lernsystemen in Spitälern vor gerichtlichem Zugriff in Auftrag. Deren Gutachten vom 26. Mai 2020 attestiert: In Einzelfällen bestehe ein gewisses Risiko, dass eine Meldung im Lern- oder Meldesystem in einem rechtlichen Verfahren als Beweismittel gegen die Fachpersonen verwendet werden könnte.[266] Nach ihnen müsste ein Meldesystem die Anonymität der Eingaben gewährleisten, und sie erwähnen Gesetzesgrundlagen aus anderen Ländern. In den USA gelte seit 2005 der »Patient Safety Act«, der es nur unter bestimmten Umständen erlaube, Informationen aus einem CIRS- oder anderen Qualitätsprogrammen in einem Rechtsverfahren weiterzugeben. Im Bundesstaat Westaustralien könne gemäß dem »Health Services (Quality Improvement) Act« die Weitergabe von Informationen, die ausschließlich zum Zweck der Qualitätssicherung erhoben wurden, in einem Rechtsverfahren verweigert werden. In Dänemark sei ein Meldesystem für Zwischenfälle sowohl im ambulanten als auch im stationären Bereich vorgeschrieben; auch Patient:innen und ihre Angehörigen könnten dort unerwünschte Ereignisse eingeben. Ausdrücklich geregelt sei der Schutz der meldenden Person. Diese dürfe nur aufgrund ihrer Meldung keinen disziplinarischen, aufsichts- oder strafrechtlichen Sanktionen ausgesetzt sein.[267]

Keines der erwähnten Länder geht weiter, als es die Gesetzgebung den Einrichtungen in der Schweiz ebenfalls ermöglichen würde.

Die Kantone haben Kompetenzen

Das Bundesrecht sieht gegenwärtig keine allgemeine Pflicht zur Einrichtung eines Meldeverfahrens auf Bundesebene vor. »Eine Pflicht zur Einrichtung eines Meldeverfahrens gilt aber seit Anfang 2022 für ambulante und stationäre Leistungserbringer im Rahmen der Grundversorgung. [...] Sie sind verpflichtet, ein geeignetes internes Berichts- und Lernsystem (*Critical Incident Reporting System; CIRS*) einzurichten und sich, wo ein solches besteht, einem gesamtschweizerisch einheitlichen Netzwerk zur Meldung von unerwünschten Ereignissen anzuschließen. Für den Spitalbereich ist das CIRRNET als Beispiel für ein solches ausbaufähiges Netzwerk zu nennen. Im Rahmen von Qualitätsverträgen zwischen den Verbänden der Leistungserbringer und den Verbänden der Versicherer [...] können die Anforderungen an das Meldesystem konkretisiert werden.«[268]

Das föderalistische System der Schweiz ermöglicht den Kantonen, unter Beachtung der Bundesgesetze eigene Gesundheitsgesetze einzuführen; zudem können innovative Projekte lanciert und bei Erfolg von anderen Kantonen übernommen werden. Eine Pflicht zur Meldung an eine spitalexterne Stelle oder Behörde und einen Schutzmechanismus für die meldende Person sehen diese kantonalen Regelungen in der Regel allerdings nicht vor. Während CIRS auf freiwilliger Basis geführt wird, kennen etwa die Kantone Wallis und Zürich eine rechtliche Verpflichtung der Spitäler, ein CIRS zu führen. Der Kanton Zürich beispielsweise verpflichtet die Listenspitäler im Rahmen der Leistungsaufträge zur Umsetzung eines systematischen Qualitäts- und Risikomanagements (QRM), das auf der Führungsebene verankert ist und im Spital umgesetzt wird. Gemäß diesen Anforderungen überprüft die Gesundheitsdirektion die Einhaltung der Leistungsaufträge, bei Bedarf auch vor Ort.[269] Wie die Aufsicht erfolgt, kann den Unterlagen nicht entnommen werden.

Einen anderen Weg ging der Kanton Wallis, indem er mit der zuständigen beratenden kantonalen Kommission für Patientensicherheit und Versorgungsqualität (KPSPQ) bereits 2014 die Meldepflicht von Fehlern und kritischen Ereignissen gesetzlich regelte. Das Gesetz verpflichtet die Spitäler zu einem Meldesystem sowie einem System zur Handhabung von leichten bis schweren Zwischenfällen und erteilte dem »Zwischenfall« die Legaldefinition.[270] Die KPSPQ hat 2016 in den neun Walliser Spitälern der Akutsomatik, Psychiatrie und Rehabilitation die Handhabung von Zwischenfällen für das Jahr 2015 mit einer Befragung erhoben und diese 2021 wiederholt. Die Befragungen zeigen: Die gesetzlichen Anforderungen bezüglich des Meldesystems für Zwischenfälle sind in allen Spitälern erfüllt, die Bemühungen um Versorgungsqualität und Patientensicherheit haben eine erfreuliche Dynamik angenommen, aber es bestehe noch Verbesserungspotenzial. Für dieses gibt die Kommission Empfehlungen ab: »Die KPSPQ empfiehlt den Krankenhäusern, Sekundäropfer (*Second Victims*) systematisch ausfindig zu machen und ihnen gemäß den Empfehlungen der Stiftung Patientensicherheit Schweiz nach einem schweren Zwischenfall Unterstützung anzubieten.« Auf die Frage, welche Lösungen entwickelt wurden, gaben die Krankenhäuser verschiedene Antworten. Exemplarisch ist diese: »Eine Pflegefachfrau trägt eine Leuchtweste, wenn sie die Medikamente vorbereitet, damit ihre Kollegen klar sehen, dass sie nicht zu stören ist.«[271]

Der Tätigkeitsbericht der Geschäftsjahre 2019/2020 berichtet über den ersten erfolgreichen Workshop der KPSVQ zum Thema »Respektvoller und konstruktiver Umgang mit Zwischenfällen im Gesundheitswesen«. Die KPSVQ stellt fest, »dass die Walliser Institutionen durch diesen Workshop stärker für den Umgang mit Zwischenfällen sensibilisiert werden konnten, und sie ist sehr erfreut über die Qualität des Austausches«.[272]

Die gesetzliche Regelung im Kanton Wallis setzt auf Vertrauen im Umgang mit Fehlern und kritischen Ereignissen. Das Meldeportal hat die Bezeichnung: »Zwischenfälle und Abweichungen«, wird nicht anonym geführt und steht allen Mitarbeitenden des Spitals zur Verfügung. Dazu folgendes Beispiel: Eine Pflegefachfrau hat eine risikohafte Beschriftung zweier Spritzen festgestellt, als sie diese auf einem Tablett liegend in einem Patientenzimmer sah. Sie meldete diese Beobachtung über ein persönliches Login. Die Pflegeexpertin analysierte die Meldung und bestätigte die Verwechslungsgefahr. Sie veranlasste die Weiterleitung der Meldung an die Apotheke, damit diese beim Hersteller eine Beschriftungsänderung erwirken konnte, was wiederum problemlos erfolgte.[273]

Das Qualitätsmanagement triagiert jede Meldung und leitet sie an die zuständige Person zur Analyse weiter. Damit die Zuordnung/Triage innert kürzester Zeit erfolgen kann, ist es unabkömmlich, die meldende Person zu kennen. So kann das Qualitätsmanagement oder die analysierende Person bei Unklarheiten den/die meldende/n Mitarbeiter:in direkt kontaktieren. Aus Sicht des/der Qualitätsmanager:in ist der Vorteil der offenen Meldung offensichtlich, weil auf diese Weise alle gemeldeten Zwischenfälle behandelt werden können. Wenn eine Meldung mit Namen und Angaben gemacht werde, könne beim wiederholten Mal der Ursache auf den Grund gegangen werden. Hingegen lasse sich beispielsweise bei einem falsch verabreichten Medikament die Ursache außerhalb des Kontextes, in dem es verabreicht wurde, nicht finden, lautet dessen Begründung.[274]

Ob das Meldesystem anonym oder offen geführt wird, muss jede Institution für sich entscheiden. Der Kanton Wallis hat sich für eine gesetzliche Regelung ausgesprochen. Hier besteht für Mitarbeitende einer Krankenanstalt eine Meldepflicht, wobei die disziplinarische Immunität der meldenden Person eines einfachen Zwischenfalls und der darin verwickelten Mitarbeitenden garantiert ist. Als einfacher Zwischenfall gelten dabei Vorfälle, bei denen niemand zu Schaden gekommen ist. Hingegen bleibt bei schweren Zwischenfällen die disziplinarische Verantwortlichkeit der meldenden Person bis zur Klärung der Sachlage bestehen. Auch kann die KPSVQ die Herausgabe der Daten des CIRS unter Wahrung des Datenschutzes und der Vertraulichkeit verlangen.[275]

Die KPSVQ diskutierte die Empfehlungen der Stiftung zum Führen eines CIRS im Kontext des Tessiner Gerichtsfalls ebenfalls und drückte ihre Vorbehalte aus: »Das größte Risiko besteht darin, dass Zwischenfälle mit geschädigten Patientinnen oder Patienten ausschließlich durch die Rechtsabteilungen der Institutionen bearbeitet werden und dass aus diesen Zwischenfällen nicht mehr die Lehren in Sachen Versorgungsqualität und -sicherheit gezogen und die entsprechenden Korrektur- oder Präventionsmaßnahmen nicht mehr (oder weniger gut) umgesetzt werden.«[276]

Als strategisches Organ regelt die Walliser Kommission den Umgang mit Fehlern und kritischen Ereignissen seit Jahren sehr differenziert. Sie kann die Anwendungsbereiche von CIRS von stationären und ambulanten Institutionen verlangen und sie verwaltet eine Datenbank zur Verhütung von Zwischenfällen, zur Ausbildung von Gesundheitsfachpersonen und sie kann Personen ermächtigen, Daten aus der Datenbank für die Wissenschaft zu verwenden. Wie die positiven Berichte der Umfragen zeigen, ist der Kanton Wallis mit der Gesetzgebung zum Umgang mit Meldungen gut aufgestellt und bei den Institutionen akzeptiert. Die Kommission zeigt eindrücklich auf, wie der konstruktive Umgang mit kritischen Ereignissen und Fehlern in einem gesetzlichen Rahmen geregelt werden kann, was auch für andere Kantone prüfenswert wäre.

Das »Melde- und Lernsystem für Sicherheitsvorfälle« der WHO

Der Begriff »Sicherheitskultur« wird erstmalig im Bericht der Internationalen Atombehörde zum Reaktorunfall in Tschernobyl erwähnt. Sicherheitskultur umfasst als Teilaspekt der Organisationskultur sämtliche Bereiche, Werte, Normen und Überzeugungen und das gemeinsame Wissen einer Gruppe bzw. einer Organisation.[277]

Die Sicherheitskultur im heutigen Verständnis beschreibt den gewandelten Umgang mit Fehlern. Sie entwickelte sich aus einer oberflächlichen, reaktiven Kultur der Schuldzuweisung (Culture of Blame/No Blame-Culture) zum Verständnis einer aktiven Sicherheitskultur (Safety Culture) mit vorurteilsfreiem Umgang mit Fehlern ohne Abstrafung (non-punitiver Ansatz), um schließlich bei der »Redlichkeitskultur« oder auf Englisch »Just Culture« (gerechte Kultur) anzukommen. Diese beschreibt eine Kultur des Vertrauens, im Rahmen derer Mitarbeiter:innen einer Organisation sicherheitsrelevantes Fehlverhalten melden können. Die WHO definiert sie wie folgt: »Ein Umfeld, das ein Gleichgewicht zwischen der Notwendigkeit, aus Fehlern zu lernen, und der Notwendigkeit, disziplinarische Maßnahmen zu ergreifen, anstrebt.«[278] Das setzt die Festlegung, die klare Abgrenzung und die Unterscheidung zwischen medizinischen Fehlern und medizinischer Fahrlässigkeit voraus. Die Just Culture berücksichtigt die Komplexität von Situationen und Ereignissen und erkennt, dass die meisten Fehler das Ergebnis schwacher Systeme sind. Es gibt aber auch eine geringe Anzahl von Situationen, in denen Einzelpersonen zur Verantwortung gezogen werden sollten, zum Beispiel bei rücksichtslosem Verhalten oder vorsätzlichem Fehlverhalten.

Die Meldungen werden in einer Atmosphäre des Vertrauens, in der Schuldzuweisungen keine Rolle spielen, analysiert und Verbesserungen veranlasst. Die Analysen sind unparteiisch, multidisziplinär und finden unter Einbezug aller relevanten klinischen Fachgebiete und nicht medizinischer Disziplinen statt. Sie werden mit Richtlinien, Pflegeprozessen und Verfahren in der klinischen Behandlung umgesetzt. Dabei liegt der Schlüssel zu einer wirkungsvollen Sicherheitskultur bei qualifizierten und engagierten Führungskräften, die sämtliche Mitarbeitenden einbinden, Transparenz leben und einen angstfreien Umgang pflegen.

Ute Buschmann Truffer, Fachärztin Neurochirurgie: »Eine gute, vertrauensbasierte Kultur, die psychologische Sicherheit bietet, ist das tragende Fundament für eine erfolgreiche Unternehmensführung und fördert insbesondere auch die Patientensicherheit. Ein entsprechendes Umfeld ermöglicht die Etablierung einer echten Just Culture, die durch den angstfreien und transparenten Umgang mit unbeabsichtigten Fehlern zur stetigen Verbesserung der Rahmenbedingungen und zu mehr Sicherheit für alle führt. Dabei sind Verwaltungsrät:innen und Geschäftsleitung in der Pflicht, den Qualitäts- und Patientensicherheitsthemen systematisch und verbindliche Beachtung zu schenken.«[279]

Die Sicherheitskultur gilt für sämtliche Gesundheitssysteme, denn unerwünschte Ereignisse und Fehler treten weltweit in allen Ländern auf, ebenso wie der Faktor Mensch überall eine wichtige Rolle spielt. Der

Bericht »Patient Safety Incident Reporting and Learning Systems: Technical Report and Guidance« der WHO aus dem Jahr 2020 zu einem Fehlermeldesystem erwähnt die bekannten Herausforderungen: Die Freiwilligkeit der Meldungen, deren Qualität, der Umgang mit der Anonymität, die fehlende Verbindlichkeit bei der Umsetzung der Maßnahmen und die Abgrenzung zu strafrechtlich relevanten Behandlungsfehlern. Er zeigt auf, wie wichtig die Stärkung der Systeme der Gesundheitsversorgung ist und wie ein ideales Meldesystemen für Fehler und kritische Ereignisse funktionieren soll. Wie nötig eine solche Vorlage ist, zeigt der Bericht ebenfalls und stellt eine Bewertungstabelle zur Beurteilung der Qualität der Meldesysteme zur Verfügung.[280]

Die »Just Culture« in der Aviatik und in der Medizin

Die Medizin gehört wie die zivile Luftfahrt und die Kernenergie in den Hochrisikobereich. Sophie Hartmann wirft in ihrer Dissertation die Frage auf, wie es passieren kann, »dass Piloten trotz eines völlig funktionsfähigen Flugzeugs ohne Fahrwerk landen und Ärzte das falsche Knie operieren? […] Welches Regelwerk sorgt in beiden Bereichen zur Erhöhung der Arbeitssicherheit? Wie effektiv wirkt es und mit welchen Methoden kann in der Luftfahrt und in der Medizin Sicherheit ausgebaut werden.«[281] Trotz Unterschieden der jeweiligen Sicherheitssysteme dient die Aviatik der Medizin in der Schweiz und international als Vorbild.

Im Luftverkehr legt die International Civil Aviation Organization (ICAO) die Grundlagen der Sicherheitsrisikostrategie auf internationaler Ebene fest. Im Gesundheitswesen werden sie durch die WHO normiert. Die Gemeinsamkeiten von ICAO und WHO sind für die Entwicklung der beiden Institutionen von großem Interesse. Gemäß Hartmann könnte die WHO die Verbesserung des Gesundheitswesens weltweit nahezu auf die gleiche Weise verwirklichen, wie das die ICAO mit ihren Standards im internationalen Luftverkehr tut.[282] Die Statuten würden der WHO eine bedeutendere Rolle in der Umsetzung der Patientensicherheit in der Schweiz ermöglichen, als sie tatsächlich hat.[283]

Gemäß Just Culture werden operative Mitarbeitende oder andere Personen nicht für Handlungen oder Entscheidungen, die ihrer Erfahrung und Ausbildung entsprechen, bestraft, jedoch Grobfahrlässigkeit, vorsätzliche Verstöße und destruktives Handeln werden nicht toleriert. Ein Kurzvideo der SWISS auf der Plattform von Just Culture zeigt anschaulich, »dass ein Vorfall nicht mehr auf eine einzige Handlung oder Person zurückzuführen ist. Wir stellen fest, dass es zu Systemversagen kommen kann, auch wenn alle alles richtig machen«.[284] Vielmehr werden die Schwachstellen im gesamten System gesucht, die kumulativ zum Unfall oder Fast-Unfall geführt haben. Seit Jahrzehnten setzen sich Fachverbände und der Gesetzgeber intensiv mit der Frage auseinander, wie die etablierte Just Culture der Aviatik im schweizerischen Gesundheitswesen übernommen werden könnte.

Bezeichnend sind in diesem Zusammenhang verschiedene stark beachtete Strafverfahren in der Schweiz, die fast alle bis ans Bundesgericht durchgezogen wurden und den Luftverkehr betreffen. Sie sind für die Sicherheitskultur im Gesundheitswesen von hoher Bedeutung, weil die Urteile in Zusammenhang mit der Just Culture stehen.

Zu einer Beinahekollision auf den Startbahnen des Flughafens Zürich am 15. März 2011 kam es, weil ein Fluglotse zwei Maschinen auf sich kreuzenden Startbahnen praktisch gleichzeitig die Startfreigabe erteilt hatte. Die eine Besatzung der Maschine erkannte die Gefahr und brach den Start ab. Das Bundesgericht sprach den Fluglotsen mit dem Urteil vom 29. Oktober 2019[285] vom Vorwurf der fahrlässigen Störung des öffentlichen Verkehrs frei. Es sei nur eine sehr abstrakte Gefährdung eingetreten, die für eine Verurteilung nicht ausreiche. Dies, obwohl es höchstwahrscheinlich zu einer Kollision mit vielen Todesopfern gekommen wäre, wenn die Flugzeugbesatzung den Start nicht abgebrochen hätte.

Ein weiteres Beispiel: Ein Fluglotse hatte wegen einer Verwechslung von zwei Maschinen am 12. April 2013 eine falsche Anweisung gegeben, worauf sich diese in der Luft gefährlich nahe kamen. Das Bundesgericht ging in diesem Fall von einer strafbaren Sorgfaltspflichtverletzung des Fluglotsen aus, obwohl eine der am Vorfall beteiligten Flugzeugbesatzungen zur kritischen Situation beigetragen hatte. Es verurteilte den Fluglotsen wegen Störung des öffentlichen Verkehrs.[286] In diesem Fall sprach das Bezirksgericht Bülach den betroffenen Fluglotsen in erster Instanz frei, das Zürcher Obergericht gelangte in zweiter Instanz hingegen zu einem Schuldspruch, worauf sich das Bundesgericht wiederum für einen Freispruch entschied.

In beiden Gerichtsverfahren ging es um eine kritische Situation, bei der niemand zu Schaden kam. Es handelt sich um typische Ereignisse, die in ein Meldesystem eingegeben werden sollten. Die beiden Urteile wurden in der Fachwelt international beachtet und intensiv diskutiert, sie lösten auch in der Schweiz eine heftige Reaktion und Unsicherheit aus, inwieweit kritische Vorfälle ohne Furcht vor Sanktionen gemeldet werden können. Die erstmalige Verurteilung des Fluglotsen durch das Bundesgericht vom 27. Juni 2019[287] wegen fahrlässiger Störung des öffentlichen Verkehrs sorgte nicht nur innerhalb der Schweizer Luftfahrt, sondern auch international für Aufsehen.[288] Dies vor allem deshalb, weil der Verurteilte seinen Fehler von sich aus gemeldet hatte und ein Verstoß gegen die Just Culture in der Aviatik wahrgenommen wurde. Die Flugsicherung »Skyguide« sowie die Gewerkschaft der Fluglotsen wiesen schon während der Prozessdauer mit Nachdruck darauf hin, dass im Falle von Schuldsprüchen ihre Sicherheitskultur infrage gestellt wäre. Der Zusammenschluss der Vereinigung der Schweizer Luftfahrtbranche veröffentliche dazu auf ihrer Website den Kommentar: »Die beiden Urteile scheinen nur schwer miteinander vereinbar und stehen im Widerspruch zu europäischen Rechtsnormen, die eine Strafverfolgung bei Vorfällen ohne Vorsatz oder grober Fahrlässigkeit explizit nicht vorsehen [...]. In beiden Fällen wurde vom Gericht der Schlussbericht der Sicherheitsuntersuchungsstelle (SUST) beigezogen, obwohl die Ergebnisse einer Sicherheitsuntersuchung nicht zur Klärung von Schuld- und Haftungsfragen dienen sollten. SUST-Untersuchungen sollen Erkenntnisse erzielen, mit denen künftige Unfälle und Gefahrensituationen vermieden werden können und die einer Verbesserung der Sicherheit dienen.« Für sie bedingt »eine nachhaltige Just Culture« die unabdingbare Trennung einer Sicherheitsuntersuchung und einer Strafuntersuchung.[289]

Ein weiterer Fall mit Bedeutung für die Just Culture entschied das Militärgericht in Aarau am 22. Dezember 2022. Ein Pilot der Patrouille Suisse, der Kunstflugstaffel der Schweizer Luftwaffe, streifte während eines Trainings im 2016 das Flugzeug eines Kollegen. Er musste sich mit dem Schleudersitz retten, der Kollege konnte mit seiner beschädigten Maschine unverletzt landen. Der Pilot wurde zu einer Geldstrafe verurteilt.[290] Die Anklage lautete auf fahrlässigen Missbrauch und Verschleuderung von Material, fahrlässige Störung des öffentlichen Verkehrs und mehrfache fahrlässige Nichtbefolgung von Dienstvorschriften. »Das Urteil ist aus der Zeit gefallen und schadet der Sache«, kommentiert Martin Wyler, langjährigen Manager und Airline Captain, das Urteil.[291] Solche Schuldsprüche, so Wyler, hinterlassen einen schalen Nachgeschmack. »Display-Fliegerei ist per se eine gefährliche Angelegenheit. Eine aber, die der Staat aus nachvollziehbaren Gründen nicht nur toleriert, sondern unterstützt.«[292] Der Pilot ging ein legitimiertes Risiko ein, als es sich verwirklichte, wurde er ohne Berücksichtigung des systemimmanenten Risikos verurteilt. Für die Luftfahrt und letztlich für alle anderen Hochrisiko-Organisationen wie die Medizin ist der Umstand von Bedeutung, dass das Gericht bei diesem Vorfall ein schuldhaftes Verhalten geltend macht. Wie die erwähnten Fluglotsen hatte der Pilot weder grobfahrlässig noch vorsätzlich gehandelt. Damit offenbart das Urteil, dass die Schweizer Gerichte Mühe bekunden, die Bedeutung des menschlichen Handelns in hochkomplexen Systemen adäquat zu beurteilen, damit den systemischen Einfluss auf den Menschen außer Acht lassen und sich auf die Suche nach einem Schuldigen machen.

Der Sicherheitskultur steht das juristische Denken im Weg

Der Sicherheitskultur steht das juristische Denken zum Teil im Weg. Im Recht wird grundsätzlich immer nach einer verantwortlichen Person gesucht, die allenfalls Schadensersatz leisten muss oder bestraft wird. Wer mit solchen Sanktionen rechnen muss, ist kaum geneigt, einen Fehler zuzugeben. Diese Problematik veranlasste SVP-Nationalrat Gregor Rutz, mit einem parlamentarischen Vorstoß vom 16. September 2019 folgende Gesetzesänderung zu fordern. »Erlangt der Staat lediglich aufgrund einer Meldung im Rahmen eines vom Gesetzgeber verankerten Meldeverfahrens zur Verbesserung der Sicherheit Kenntnis von einem Ereignis, sieht das Gericht von einer Bestrafung ab, wenn beim Ereignis keine Menschen verletzt oder getötet werden oder kein erheblicher Sachschaden entsteht und der Täter weder grobfahrlässig noch absichtlich handelt.«[293] In der Begründung seines Vorstoßes wies Rutz darauf hin, dass seine Forderung bereits der geltenden Rechtslage in der Schweiz entspreche, weil eine direkt anwendbare EU-Verordnung das vorsehe. Die Forderung wurde in den Rechtskommissionen des Bundesparlaments diskutiert. Schließlich entschied sich diese für das etwas unverbindlichere Instrument eines Kommissionspostulats, dem der Ständerat am 23. September 2020 zustimmte.[294]

In welchem Spannungsfeld die Sanktionsfreiheit steckt, formulierte SP-Ständerat Daniel Jositsch in der parlamentarischen Debatte: Einerseits ist diese Form der Fehlerkultur positiv, andererseits gilt die Einhaltung der Rechtsgleichheit, ebenso müssen die Interessen potenzieller Opfer gewürdigt werden. Mit diesem Statement verdeutlichte er, wie wichtig es ist, eine tragfähige Lösung zu finden, bei der die Patient:innen und das Personal einbezogen werden. Für das Gesundheitswesen kann der Ständerat das Spannungsfeld nicht lösen. Der Bundesrat wird deshalb beauftragt zu prüfen, wie in der Aviatik, im Gesundheitsbereich oder in anderen hoch sicherheitsrelevanten Bereichen die Just Culture als generelles Prinzip eingeführt werden kann.[295] In der Aviatik und in der Medizin müssen bestimmte Risiken in Kauf genommen werden. Diese Risiken sind legitimiert, weshalb sich die Fragen stellen: Sind die Operationsbedingungen so angelegt und die Fachkompetenz für den Eingriff adäquat, dass die Risiken auf das größtmögliche Minimum reduziert werden können.

Zur Evaluierung des parlamentarischen Auftrags gab das Bundesamt für Justiz eine Forschungsstudie zur Just Culture bei der Foundation for Aviation Competence (FFAC) in St. Gallen in Auftrag.[296] Deren Bericht vom Januar 2022 zeigt, wie unterschiedlich die nationalstaatlichen Bestimmungen im Bereich der Just Culture in den verschiedenen Ländern implementiert sind. In der Schweiz ist deren Verankerung in den Rechtstexten der Zivilluftfahrt am weitesten vorangeschritten.

Der Bundesrat hat im Dezember 2022 den Schlussbericht zur Prüfung der rechtlichen Verankerung des Umgangs mit Fehlern vorgelegt.[297] Darin hält auch er fest, beim Umgang mit Fehlern handle es sich um eine Kultur des Vertrauens, in deren Rahmen Mitarbeitende eines Unternehmens sicherheitsrelevantes Fehlverhalten melden könnten, ohne deshalb negative Konsequenzen wie eine Strafverfolgung oder Kündigung befürchten zu müssen. Wer seine Sorgfaltspflicht vorsätzlich oder in schwerwiegender Weise verletzt, könne und müsse aber weiterhin juristisch zur Verantwortung gezogen werden. Eine Absage erteilt der Bundesrat der Idee, ein bereichsübergreifendes Prinzip ins Rechtssystem einzuführen. Er hält fest, dass nur bei gesetzgeberischem Handlungsbedarf die Anpassungen erfolgen sollen. Dieser bestand und hätte im Rahmen des Strafrechts geregelt werden können. Diese Möglichkeit zieht der Bundesrat jedoch nicht in Betracht. Was in der Zivilluftfahrt gilt, soll nach Meinung des Bundesrats im Gesundheitswesen nicht unbedingt gelten. Insgesamt sieht er die Schaffung eines Vertrauensklimas für die Sicherheitskultur als eine Aufgabe der Institutionen und verweist auf die Vorgaben beim Umgang mit den Meldesystemen. Für die Umsetzung der Just Culture im Gesundheitswesen gilt gemäß Bundesrat: Das Meldewesen muss von Administrativ- und Strafverfolgungsbehörden getrennt und der Schutz vor Strafverfolgung oder anderen Sanktionen muss gewährleistet sein. Wie der Schlussbericht zeigt, sind sich alle Stakeholder in allen Ländern und auf allen Ebenen einig.[298]

5

Wie weiter bei Komplikationen und Behandlungsfehlern?

David Rieser[299] – Infektion an der Herzklappe

David Rieser ist 61 Jahr alt. Bei dem ansonsten gesunden Hobbymusiker wird die Schädigung an einer seiner Herzklappen festgestellt, die wahrscheinlich durch eine vorhergehende Infektion verursacht wurde. Es wird die Notwendigkeit einer Herzklappenoperation in Betracht gezogen. Nach der ersten Diagnosestellung und einem stationären Aufenthalt im Kantonsspital St. Gallen wird er mit dem Krankentransport ins USZ überwiesen. Dort erfolgen verschiedene weiterführende Untersuchungen, die die Erstdiagnose bestätigen. Am Abend vor der Operation wird er von einem Chirurgen und einem Anästhesisten aufgeklärt. Ob die Klappe ersetzt werden müsse oder ob sie repariert werden könne, könnten sie erst während der Operation entscheiden. Wenn ein Ersatz nötig würde, erhalte er eine biologische Klappe. Die Operationsmethode sei minimal invasiv, der Brustkorb müsse nicht komplett eröffnet werden. Eine Herzklappenoperation sei seit Jahren ein Routineeingriff und führe nur sehr selten zu Komplikationen. Sie äußern sich nicht weiter zu allfälligen Risiken, so hat es jedenfalls David Rieser im Aufklärungsgespräch gehört.

Am 13. September 2018 wird David Rieser am Vormittag in den Operationssaal gefahren. Mit einer 7 cm langen Mini-Thorakotomie, ein seitlicher Brustkorb-Zugang zwischen den Rippen, eröffnet Chefarzt Maisano den Brustkorb und repariert die Klappe. Nachdem David Rieser von der Herz-Lungen-Maschine genommen wird, zeigt sich eine Restinsuffizienz am Herzen, weshalb er erneut an die Maschine angeschlossen werden muss; das ist für den menschlichen Organismus sehr belastend. Die undichte Mitralklappe wird nochmals repariert und die Operation zu Ende geführt.

Plötzlich lässt sich David Rieser schlecht beatmen, der Blutdruck fällt ab, sein Herz steht still. Er muss mechanisch reanimiert werden, gleichzeitig wird eine offene Implantation eines veno-arteriellen extrakorporalen Membranoxygenator (ECMO), ein Lungen- und Herz-Kreislauf unterstützendes System, femoral links mit medikamentöser Unterstützung eingesetzt. Zugleich entdeckt das OP-Team eine starke Blutung aus dem Operationsbereich, die in einen Schock (Volumenmangelschock) gleitet. Die Ärzte ziehen als Auslöser für die lebensbedrohliche Situation ein Asthma bronchiale oder aber einen allergischen Schock, bedingt durch Medikamente, in Betracht. Dem Patienten wird eine Schleuse eingelegt und die Blutungen gestillt. Nach fast sechs Stunden im OP wird David Rieser – ohne dass die Ärzte die Blutungsursache finden konnten – künstlich beatmet auf die Intensivstation verlegt.

Wegen einer starken Nachblutung muss David Rieser nochmals operiert werden. Weil die kleine Öffnung am Thorax nicht ausreicht, um die offensichtlich starke Blutung unter Kontrolle zu bringen, muss der Brustkorb mit der Säge über dem Brustbein notfallmäßig eröffnet werden. Offenbar handelte es sich um eine Blutung an der hinteren Thoraxwand. Für den Patienten bedeutet das eine massive Erhöhung der Invasivität.

Durch die schwere Blutung mit extremer Flüssigkeitszufuhr über Infusionen und den kompletten Zusammenbruch des Herzkreislaufs entwickeln sich bei

David Rieser im Bauchraum und in den Extremitäten Kompartmentsyndrome (Anstieg des Gewebedrucks durch übermäßige Flüssigkeitseinlagerung in durch festes Bindegewebe begrenzten oder umschlossenen anatomischen Räumen), die im jeweiligen Gewebe einen starken Druck ausüben und zu bleibenden schweren Gesundheitsschäden führen können. Die Kompartmentsyndrome müssen sofort mit einer sogenannten Logenspaltung und Ausräumung der Flüssigkeit zur Druckentlastung behandelt werden. Zusätzlich funktionieren die Nieren nicht mehr ausreichend. In den folgenden 24 Stunden wird David Rieser mehrere Male von zahlreichen Ärztinnen und Ärzten aus verschiedenen Fachbereichen operiert: Nebst der Herzchirurgie sind es Spezialisten der plastischen Chirurgie, der Hand-, Gefäß- und Viszeralchirurgie sowie der Gastroenterologie und Pneumologie.[300]

Die Angehörigen sind unentbehrlich

Der Zustand von David Rieser ist kritisch, er benötigt mit 20 Blutkonserven eine Massentransfusion. Weil der Transport in den Operationssaal für ihn zu belastend wäre, wird er auf der Intensivstation operiert. Am 14. September, einen Tag nach der Herzklappen-Operation, ist die Blutung so weit unter Kontrolle, dass die Ärzte von einer gewissen Stabilisation ausgehen. Stabil ist der Zustand von David Rieser für die Angehörigen allerdings bei Weitem nicht, sie bangen über Tage um sein Leben. Täglich wird die Ehefrau von den Ärzt:innen informiert und der lebensbedrohliche, kritische Zustand bestätigt. Diese Gespräche sind zwar wichtig und notwendig, gestalten sich aber – auch aufgrund der teils mangelhaften Deutschkenntnisse der Ärzt:innen – eher schwierig.

David Rieser wird immer noch künstlich beatmet, die Blutungsursache ist nicht gefunden, seine Organe erholen sich nur langsam, eine neue Infektion mit dem Pilz Aspergillus (Schimmelpilz) belastet seinen geschwächten Körper zusätzlich sehr stark, und schließlich droht ihm wegen der schlechten Durchblutung sogar eine Amputation der Fingerkuppen. Endlich kann am 25. September 2018 das lungenunterstützende Gerät ECMO nach 13 Tagen entfernt werden, und am 28. September wird er aus dem künstlichen Koma geholt.

Insgesamt liegt David Rieser 40 Tage auf der Intensivstation, davon 16 Tage künstlich beatmet. In dieser Zeit schwebt er lange zwischen Leben und Tod. Erst am 26. September erfahren die Angehörigen etwas Zuversicht. Davon bekommt David Rieser jedoch kaum etwas mit, er nimmt erst um den 7. Oktober erstmals wahr, wie es in etwa um ihn steht. Umso intensiver erleben seine Angehörigen, insbesondere seine Frau, die belastende Zeit. Sie muss stellvertretend die Erteilung der Einwilligung in einzelne Behandlungsschritte geben, sie muss für ihn sprechen, das Bindeglied zwischen ihrem Mann und den Kindern sein und diesem so gut wie möglich beistehen. Um die drohende Amputation der Fingerkuppen abzuwenden, massiert sie ihm stundenlang Beine, Arme, Hände und Finger.[301] Trotz allen Schwierigkeiten geht es nun langsam, aber stetig besser, sodass er die Intensivstation und einige Zeit danach das USZ verlassen kann.

Zurück ins Leben

David Rieser kann noch nicht in die Rehabilitation verlegt werden, dazu ist er viel zu schwach. So wird er am 22. Oktober 2018 auf die Normalstation der Pneumonologie im Kantonsspital St. Gallen (KSSG) überwiesen. Im Austrittsbericht der Pflege vom 2. November heißt es: »[…] seine körperliche Mobilität ist sehr eingeschränkt, Physio ist involviert. Mobilisation durch 1PP am Bettrand, Nachtstuhl etc. Ist noch nicht gelaufen. Macht nur 2–3 Schritte am Bettrand, sehr ängstlich.«[302] Der Austrittsbericht attestiert David Rieser einen stabilen Gesundheitszustand, auch wenn sich sein Herz und seine Lunge noch erholen müssen. Auch seine Diagnoseliste spricht eine deutliche Sprache: Zum Zeitpunkt der Überweisung ins Kantonsspital St. Gallen sind in seinem Dossier 11 verschiedene Diagnosen aufgelistet. Zudem leidet er an Symptomen, die auf eine Infektion hindeuten, aber nicht weiter abgeklärt und behandelt werden. Die Zeit auf der Normalstation dauert genau zwei Tage, danach muss er wegen einer Sepsis wieder auf die Intensivstation des KSSG verlegt werden. Schwer zu schaffen macht ihm der »Spitalkeim«, den er im Laufe seiner langen Behandlungszeit »aufgelesen« hat.[303]

Schließlich kann er, allerdings erst im Rollstuhl mobil, am 17. Dezember 2018 in die Rehabilitationsklinik verlegt werden. Der Keim belastet seinen Gesundheitszustand auch dort schwer. Nach rund zwei Monaten in der Rehabilitation wird er am 15. Februar 2020 entlassen. Sein Weg zurück ins Leben ist unglaublich lang, beschwerlich und fordert alles von ihm. Insgesamt beschreibt David Rieser die Zeit, als wäre er im Gefängnis gewesen.[304]

Sein Fazit: »Die Komplikationen der Herzoperation waren für mich und meine Familie eine Katastrophe aus heiterem Himmel. Zwar bewältigte ich schließlich alle medizinischen Krisen; der Weg zurück in die Normalität war jedoch äußerst hart und langwierig.«

Die Mitralklappenoperation dauerte 5,76 Stunden

David Rieser litt an einer Infektion an der Herzklappe. Die Indikation für die Operation war gegeben. Chefarzt Maisano führte bei David Rieser eine Rekonstruktion der Mitralklappe mit einer »Carpentier Physio II« der Größe 36 durch.

Der Patient konnte problemlos an die Herz-Lungen-Maschine angeschlossen werden. Nach dem Abklemmen der Aorta erhielt er eine antegrade Kardioplegie:[305] Weil das Herz nicht komplett entlastet war und sich weiterhin elektrische Aktivität zeigte, musste er erneut antegrade Kardioplegie erhalten. Jetzt stand das Herz still. Maisano führte eine Resektion des hinteren, mittleren Bereichs des Klappensegels durch und implantierte eine biologische Herzklappe. Es handelte sich um einen Routineherzoperation ohne spezifischen Schwierigkeitsgrad.

Im Wassertest zeigte sich aber im Bereich des P1-P2-Segments des Klappensegels eine diskrete Leckage, die offensichtlich toleriert wurde. Nach dem Abgang von der Herz-Lungen-Maschine zeigte sich jedoch eine Restinsuffizienz im Bereich des P2-Segments des Klappensegels, das doch nicht toleriert werden konnte.[306] David Rieser musste nochmals an die Herz-Lungen-Maschine angeschlossen werden, und nach erneuter Kardioplegiegabe[306] wurde das Herz wieder ruhiggestellt. Nach Eröffnung des Herzens erfolgte die Darstellung der Mitralklappe, die ein relevantes Leck bestätigte. Francesco Maisano nähte den Defekt und refixierte den Ring. Jetzt war die Klappe dicht. Das Herz schlug wieder, es erfolgte der Abgang von der Herz-Lungen-Maschine. Plötzlich ließ sich David Rieser schlecht beatmen, der Blutdruck fiel ab, er musste mechanisch reanimiert werden und erhielt gleichzeitig die offene Implantation eines ECMO.

Die Ärzte vermuteten eine anaphylaktische Reaktion, differenzialdiagnostisch einen schweren Status asthmaticus oder einen Pneumothorax. Dieser Schock war jedoch nicht ihr vordringlichstes Problem, sondern die starke Blutung, die wiederum in einen hämorrhagischen Schock (Volumenmangelschock) glitt.[307] Weil die kleine Öffnung am Thorax nicht reichte, musste er eröffnet werden. Ursächlich war am ehesten von einer anaphylaktischen Reaktion auf Protamin oder Physiogel und begleitendem system-inflammatorischem Antwortsyndrom (SIRIS) auszugehen. Die Lunge kollabierte, die Blutung hielt an. Schließlich erfolgte die Blutstillung aller offenen Stellen, der Verschluss der Inzisionsstellen und der Subkutanverschluss der Minithorakotomie. Der Brustkorb wurde zentral offen gelassen und die ECMO verblieb ebenfalls am Patienten.

David Rieser lag künstlich beatmet und instabil auf der Intensivstation. Als Ursache für die Blutung wurde eine »diffuse Gerinnungsstörung« in Betracht gezogen, wobei auch weitere aktive Blutungsquellen an der Thoraxwand entdeckt wurden, wie im Verlaufsbericht vom 14. September 2018 erwähnt wurde. Er war bereits bei der Übernahme vom Operationssaal stark hypoton und ausgeprägt volumenbedürftig. Laufendender HB-Abfall, sodass er ständig mit Blutprodukten substituiert und die Gerinnung korrigiert werden musste. Eine Stunde nach Ankunft hatte der Patient ein kaltes Bein. Dieses wurde mit einer Beinreperfusionskanüle am Bett behandelt. In der Folge musste ein Hämatothorax behandelt werden. Zurück auf der Intensivstation, war David Rieser weiterhin instabil und volumenbedürftig. Die persistierende Blutung aus den Thoraxdrainagen wäre auch durch Massentransfusion und Gerinnungskorrektur nicht zu kontrollieren gewesen.

Nie mehr ein solches Trauma erleben

David Rieser erfährt erst Monate nach seiner Herzklappenoperation aus den Medienberichten über das Geschehen in der Herzchirurgie des USZ und dass möglicherweise ein Behandlungsfehler zum traumatischen Behandlungsverlauf der Operation und dessen Nachbehandlung geführt hat. Ungeklärt bleibt zudem: Was hat zu dieser lebensbedrohlichen Blutung geführt? War es tatsächlich eine anaphylaktische Reaktion auf ein Medikament oder war die Ursache eine chirurgisch bedingte Massenblutung, die wiederum eine Kettenreaktion auslöste? Auch ein Medikationsfehler bei der Gabe von Protamin wäre möglich. Gravierend ist aber die Tatsache, dass David Rieser mit dem Operateur und damaligen Chefarzt Maisano weder vor noch nach der Operation jemals persönlich sprach, geschweige denn, dass dieser für den von ihm operierten Patienten zu sprechen war.

David Rieser will Antworten, insbesondere, damit die Blutungsursache gefunden wird und sich das Trauma bei einer allfälligen medizinischen Behandlung nicht wiederholt. 2022 und bis zum Erscheinen dieses Buches im Frühling 2023 ist sein Rechtsverfahren – möglicher Behandlungsfehler – immer noch hängig.

Vergleichszahlung ist kein Trost

Wenn sich nach einer medizinischen Behandlung die Hoffnungen und die Erwartungen einer Patientin oder eines Patienten nicht erfüllen, tauchen rasch Zweifel auf, ob ein Behandlungsfehler ursächlich dafür ist. In solchen Situationen kann die offene Kommunikation der Fachpersonen über das Geschehen entscheidend sein. Manchmal ist eine Aussprache mit der Fachperson klärend, manchmal führt eine Besprechung am Runden Tisch zur Verarbeitung des Geschehenen oder eine Entschuldigung des Arztes oder der Ärztin reicht aus. Manchmal sind vertiefte Abklärungen anhand des Dossiers Voraussetzung, um dem/der Patient:in den Behandlungsverlauf glaubhaft darzulegen; ein anderes Mal muss ein Zivilrechtsverfahren und in selten Fällen ein Strafrechtsverfahren angestrengt werden.

Erleidet ein/e Patient:in wegen eines Behandlungsfehlers einen gravierenden, bleibenden Gesundheitsschaden, hat sie/er Anspruch auf Schadensersatz und Genugtuung. Sie/er muss den Behandlungsfehler und die ursächlich zusammenhängende Gesundheitsschädigung jedoch beweisen. Diesen Anspruch durchzusetzen ist für Laien sehr anspruchsvoll; der Weg ist lang und hürdenreich.

Laien können kaum erkennen, ob ein Behandlungsfehler, eine Komplikation oder ein schicksalhafter Verlauf die Ursache für den Gesundheitsschaden ist. Im zunehmend komplexer werdenden medizinischen Umfeld fehlt ihnen das Wissen, und sie werden zu oft mit den dramatischen Behandlungsverläufen allein gelassen. Ohne professionelle medizinische und juristische Begleitung sind die Erfolgsaussichten auf Schadensersatz und Genugtuung gering. Zudem sind die Kosten ohne Rechtsschutzversicherung sehr hoch, und es besteht das Risiko, den Prozess zu verlieren.

Bevor ein Rechtsverfahren veranlasst oder eine Strafanzeige eingereicht wird, empfiehlt sich ein Beratungsgespräch mit einer Fachperson. Selbst wenn die Spitalleitung den Fall ihrer Haftpflichtversicherung meldet, bedeutet das keine Anerkennung der Haftpflicht oder Aussicht auf eine Genugtuung. Zur Enttäuschung der betroffenen Person wird die Haftpflichtversicherung erst aktiv, wenn sie bei dieser Schadensersatz geltend macht, was keine Erfolgsaussicht verspricht. Dragana Weyermann, Beraterin und Sachbearbeiterin der Patientenstelle Basel, kann die Emotionen nachvollziehen: »›Viele Betroffene meinen, dass es gut kommt mit Schadensersatz und Genugtuung, sobald der Fall bei der Haftpflichtversicherung des Spitals oder Arztes angemeldet ist.‹ Ihre Erfahrung zeige aber, dass das Gegenteil der Fall ist. ›Da bekommt man von der Versicherung erst mal ein ablehnendes Schreiben.‹« Sie betont, »wie wichtig fachjuristische Begleitung im Kampf um Schadensersatz ist.«[308] Es braucht viel Geduld, es kann zu einem langwierigen Hin und Her von Gutachten und Gegengutachten kommen, bis es zu einer allfälligen gütlichen Einigung mit dem Versicherer kommt. Der Gang vor Gericht muss gut abgewogen werden, denn es drohen jahrelange kostspielige Verfahren mit offenem Ausgang.[309]

Schadensersatz und Genugtuung kann entweder über ein zivilrechtliches Verfahren mit einer außergerichtlichen Einigung oder durch ein Strafverfahren eingefordert werden. Ein Rechtsverfahren kann nur der/die betroffene Patient:in oder dessen/deren Rechtsvertreter:in veranlassen; eine Fachperson kann ohne Mandat jedoch nicht aktiv werden. Selbst bei einem begründeten Verdacht nicht; mögliche Behandlungsfehler kommen auf einer Spitalabteilung oder bei einer Ärztin/einem Arzt gehäuft vor. Jenny Duroux [→ Fallgeschichte, S. 19] war für ein Rechtsverfahren gesundheitlich nicht in der Lage und ihre Angehörigen haben erst viele Monate nach ihrer Herzoperation über die Medien erfahren, dass sie möglicherweise wegen eines Behandlungsfehlers gestorben ist.

Die Abklärung der Ursache für einen gravierenden Behandlungsverlauf kann auch für die Verarbeitung entscheidend sein. Für die Abklärung ist das vollständige Patient:innendossier notwendig. Obwohl der/die Patient:in ein Anrecht darauf hat, ist das Dossier nicht immer problemlos erhältlich. Es kann unvollständig oder fehlerhaft sein, etwa weil das Anästhesieprotokoll oder der Verlaufsbericht der Pflege auf der Intensivstation fehlt, es kann auch Blanko-Stellen oder manipulierte Einträge enthalten.

Das Aktenstudium ermöglicht, den Verlauf der Behandlung nachzuvollziehen und ihn der betroffenen Person schlüssig zu erklären. Ein Beispiel: Eine junge Frau, Mutter eines kleinen Kindes, war sehr schwer krank in Spitalbehandlung. Sie erlitt eine Sepsis und starb; ihr Tod kam – trotz der Schwere der Krankheit – für ihren Ehemann unerwartet. Die Fachpersonen hatten die Behandlung und den Krankheitsverlauf mit seiner kranken Frau und ihm regelmäßig besprochen. Trotzdem war er von einem Behandlungsfehler als Todesursache überzeugt. Der Witwer konnte den Tod seiner Ehefrau erst verarbeiten und trauern, als ihm die Fachpersonen anhand des Dossiers den Krankheitsverlauf erläuterten und die erfolgten Untersuchungen und Behandlungen schriftlich belegten.

Erhärtet sich der Verdacht eines Behandlungsfehlers, werden die Abklärungen im Zivilrechtsverfahren als Beweismittel verwendet. Der/die Rechtsvertreter:in macht mit der medizinischen Begründung den Schadensersatz- und Genugtuungsanspruch bei der Haftpflichtversicherung des Spitals oder der Ärztin/des Arztes geltend. Diese lehnt den Anspruch in der Regel ab, es sei denn, die Sachlage ist eindeutig. Etwa im Fall einer Frau, die sich operieren lassen musste. Danach litt sie drei Jahre unter Bauchbeschwerden und Schmerzen. Sie ließ diverse Untersuchungen über sich ergehen, doch die Ursache wurde nicht gefunden. Im Gegenteil, sie wurde nicht ernst genommen, ihr Leiden sei psychosomatisch. Erst bei der Sicherheitskontrolle für einen Flug in die Türkei im Flughafen Kloten schlug der Metalldetektor Alarm: Eine 28 Zentimeter lange Metallplatte, die die Organe beim Zunähen schützt, war das Corpus Delicti. Der Spatel reichte vom Becken bis zur Leber. Der Security-Mitarbeiter wies die Frau darauf hin, dass Metall in ihrem Bauch sein könnte. Die daraufhin veranlassten Untersuchungen bestätigten den Fremdkörper. Er wurde erfolgreich entfernt, die Frau war geheilt.

Der Chefarzt des Spitals konnte sich den fatalen Fehler nicht erklären. Die Frau erhielt natürlich ohne weitere Abklärungen eine Schadensersatz- und Genugtuungszahlung.[310]

Die Schadensersatz- und Genugtuungssumme wird in der Regel mit einem Vergleich mit der Haftpflichtversicherung aufgrund der Schadensberechnung abgeschlossen. Diese handelt im Auftrag ihres/ihrer Versicherungsnehmer:in. Mit anderen Worten: Das Spital entscheidet letztlich, ob eine Zahlung erfolgt und über die Höhe der Summe. Die Haltungen sind unterschiedlich: Während sich die einen für eine rasche Zahlung einsetzen, blockieren andere oder verzögern die Verhandlungen. Eine weitere Option ist der sogenannte Risikoauskauf: Die Parteien einigen sich auf einen Betrag, weil das Prozessrisiko von der Patientin und der Haftpflichtversicherung gleich hoch eingeschätzt wird.

Bei einem schweren, bleibenden Gesundheitsschaden sind Gutachten jedoch unerlässlich. Die Kosten sind deutlich niedriger, wenn die FMH-Gutachterstelle beauftragt wird. Der Begutachtungsantrag ist jedoch sehr aufwendig. Er muss den Vorgaben der FMH-Gutachterstelle exakt entsprechen, er kann von Laien kaum selbst verfasst werden, die Gutachterstelle kann den Antrag ablehnen und sie sucht den/die Gutachter:in aus. Bis das Gutachten vorliegt, kann es Jahre dauern und die Erfolgsaussichten sind nicht berauschend: Im 2017 veranlassten die FMH-Jurist:innen 57 medizinische Gutachten, nur in 18 Dossiers fanden die Expert:innen einen Behandlungsfehler bestätigt und in nur gerade 10 von 18 Fällen bejahten die Gutachter:innen einen Zusammenhang zwischen dem Fehler und dem beklagten Gesundheitsschaden. Ob diese zehn betroffenen Patient:innen tatsächlich Schadensersatz erhielten, ist unbekannt.[311]

Ginge es nach der Patientenanwältin Bettina Umhang, würde der/die Gutachter:in gemeinsam mit der FMH-Gutachterstelle ausgewählt; die Dauer der Gutachten könnte abgekürzt werden, wenn alle Beteiligten daran mitwirken würden herauszufinden, ob eine Komplikation oder ein Behandlungsfehler die Ursache ist.[312]

Die Alternative zu einem FMH-Gutachten ist ein gemeinsamer Gutachterauftrag mit der Haftpflichtversicherung. Der Auftrag wird erst erteilt, wenn beide Seiten die möglichen Gutachter auf ihre Befangenheit hin überprüft haben. Freie Gutachten sind teuer, und die Suche nach geeigneten Fachpersonen ist wie bei der FMH-Gutachterstelle oft schwierig. Bei Peter Birchi [→ Fallgeschichte, S. 117] ist die Begutachtung eine riesengroße Herausforderung. Sein gravierender Krankheitsverlauf und die verschiedenen Komplikationen verlangen Gutachten von unterschiedlichen medizinischen Fachbereichen, in erster Linie von einem Infektiologen und einem Herzchirurgen. Vor allem in der letzteren Fachdisziplin ist die Suche anspruchsvoll. Denn die Herzchirurgie der Schweiz ist eine kleine Welt, alle kennen sich. Somit drängt sich der Einbezug eines Gutachters aus Deutschland oder Österreich auf. Doch Peter Birchi war sehr schwer krank, er hat den Abschluss des Rechtsverfahrens nicht mehr erlebt.

Sowohl in einem Zivilrechtsverfahren als auch bei einem Strafverfahren ist die Klärung der Befangenheit eines Gutachters sehr wichtig. Aufgrund einer Strafanzeige gegen Unbekannt erteilte in einem solchen Fall ein Staatsanwalt den Auftrag, die Behandlung einer Herzerkrankung zu begutachten. Der Gutachter verneinte einen Behandlungsfehler: »Er kenne sämtliche Herzchirurgen in der Schweiz, auch den Operateur persönlich. Bei diesem handle es sich um einen sehr erfahrenen und international bekannten ›Senior Operateur‹.«[313] Diese Formulierung weckt Zweifel an der Unabhängigkeit des Gutachters, der offensichtlich die Unfehlbarkeit des Operateurs annimmt. Eine derartige subjektive Bewertung der zu begutachtenden Person ist unzulässig. Trotz dieses formellen Fehlers anerkannte der Staatsanwalt das Gutachten. Dagegen anzugehen ist grundsätzlich schwierig. Auch der in diesem Fall betroffene Patient hatte keine Chance, die Staatsanwaltschaft eröffnete keine Strafuntersuchung.

Beweisgrad der überwiegenden Wahrscheinlichkeit

Nach Lehre und Rechtsprechung gilt in bestimmten Fällen eine Beweiserleichterung, die nach einzelnen Lehrmeinungen bis zur Umkehr der Beweislast gehen kann. Gemäß ständiger Rechtsprechung des Bundesgerichts gilt für den Beweis der natürlichen Kausalität zwischen Behandlungsfehler und Schaden, dass sich das Gericht mit der überwiegenden Wahrscheinlichkeit begnügen kann.[314] Mit anderen Worten: Nach dem Beweismaß der überwiegenden Wahrscheinlichkeit gilt ein Beweis als erbracht, wenn für die Richtigkeit der Sachbehauptung bei objektiver Betrachtung derart gewichtige Gründe sprechen, dass andere denkbare Möglichkeiten vernünftigerweise nicht maßgeblich in Betracht fallen.

Die Rechtslage ist bei nosokomialen Infektionen (NI, auch Spitalinfektionen genannt) besonders schwierig, auch weil die FMH-Gutachterstelle im Zusammenhang mit Spitalinfektionen keine Gutachten erstellt.[315] Der folgende Auszug zeigt das Urteil vom 29. Juli 1994 im Fall einer Patientin, die einen Gesundheitsschaden aufgrund mangelnder Hygiene erlitten hat: »Frau F. suchte am 6. Juni 1986 ihren Hausarzt Dr. med. W. wegen Schmerzen in der rechten Schulter auf. Dieser injizierte ihr periartikulär und drei Tage später intraartikulär eine Mischung von Xyloneural und Monocortin. Da die Beschwerden nicht zurückgingen, injizierte er am 1. Juli 1986 erneut intraartikulär ein Cortisonpräparat. [...] Bei diesem Eingriff stellte sich heraus, dass der Oberarmkopf und die Gelenkpfanne des rechten Schultergelenkes zufolge einer Infektion weitgehend zerstört waren.«[316] Aufgrund der festgestellten Sterilitätslücke nimmt das Gericht im Sinne einer tatsächlichen Vermutung an, es handle sich um einen Sterilisationsfehler, der zur fatalen Infektion geführt hat; weitere Gründe dafür waren nicht vorhanden. »Um die natürliche Vermutung zu erschüttern, hätte der Beklagte dartun müssen, dass er alle Vorkehren getroffen hatte, die nach den Regeln der ärztlichen Kunst bei der Vornahme peri- und intraartikulärer Injektionen von Cortison-Präparaten geboten sind, und dass selbst bei Anwendung dieser Sorgfalt eine Infektion solcher Art nicht vermieden werden konnte.«[317] Der Hausarzt konnte die Einhaltung der Hygienemaßnahmen nicht belegen. Am 20. Februar 1991 reichte Frau F. beim Appellationshof des Kantons Bern Klage gegen Dr. W. ein. Mit Urteil vom 11. Oktober 1993 wird der Beklagte verpflichtet, der Klägerin CHF 510 260 zu bezahlen. Der Beklagte focht dieses Urteil mit Berufung an, die vom Bundesgericht abgewiesen wird, soweit es auf sie eintritt.[318]

Um die Beweislast bei Spitalinfektionen zu erleichtern, verlangten in den vergangenen Jahren verschiedene Nationalrät:innen zwecks Senkung der Infektionsraten die Umkehr der Beweislast.[319] In der Antwort auf die Motion von SP-Nationalrätin Edith Graf-Litscher verweist der Bundesrat auf die höchstrichterlichen Entscheide,[320] die den Patient:innen eine gewisse Beweiserleichterung im Zusammenhang mit Infektionen nach einer Injektion zugestanden haben. Der Bundesrat anerkannte das Problem der Spitalinfektionen, sah aber in der Umkehr der Beweislast keine zielführende Lösung.[321]

Keine Beweispflicht tragen die betroffenen Patientinnen und Patienten, wenn es um eine Verletzung der Aufklärungspflicht geht. In bestimmten Fällen muss die Ärztin oder der Arzt die Einhaltung der rechtsgenügenden Aufklärungspflicht beweisen.[322]

Angesichts des komplexen und rasanten medizinischen Fortschritts sind je nach Sachlage Schadensersatzforderungen einfacher über eine Verletzung der Aufklärungspflicht als durch den Beweis eines Behandlungsfehlers geltend zu machen. Zur Aufklärung gehört rudimentär zusammengefasst: Diagnostik und Therapie, Alternativen, relevante Risiken, Komplikationsdichte, Konsequenzen (Verständnis wecken) und Dokumentation der informierten Zustimmung (Informed Consent).[323] Wenn sich Komplikationen verwirklichen oder die Erwartungen an eine Behandlung nicht erfüllt werden, eröffnet der Ausweichtatbestand der Aufklärungspflichtverletzung des/der Patient:in das Argument, er/sie hätte den Eingriff nicht machen lassen, wenn er/sie über die Risiken aufgeklärt worden wäre. Dieses Argument muss die Ärztin oder der Arzt widerlegen, indem sie/er die rechtsgenügende Aufklärung nachweist.

Die Aufklärungspflicht gilt im Zivilrecht wie im Strafrecht gleichermaßen. Zur Eröffnung eines Strafverfahrens kann bei der Staatsanwaltschaft eine Strafanzeige gegen Unbekannt eingereicht werden. Nach Vorabklärungen kann diese eine Untersuchung eröffnen oder eine Nichtanhandnahmeverfügung erlassen. Gegen Letztere kann Einspruch erhoben werden, die Erfolgsaussichten sind jedoch eher gering. Tatsächlich stehen für die Schweiz zwar keine Zahlen zur Verfügung, aber es kann erfahrungsgemäß davon ausgegangen werden, dass nur in etwa 5 % der angenommenen Behandlungsfehler eine Strafanzeige erfolgt. Wie hoch der Anteil derjenigen ist, bei denen eine Untersuchung durchgeführt wird, ist ebenfalls nicht bekannt. Grundsätzlich ist zu begrüßen, dass Ärzt:innen, denen ein gravierender Fehler passiert, nicht kriminalisiert werden. Doch die Situation ist für die Patient:innen unbefriedigend; erfahrungsgemäß fallen Gerichtsgutachten tendenziell zu deren Ungunsten aus.

Zivilrechtliche Verfahren sowie die Teilnahme an einem Strafverfahren mit einer sogenannten Privatklage sind ohne Rechtsschutzversicherung kaum zu bezahlen, zumal oft Vorschüsse geleistet werden müssen. Bei einer außergerichtlichen Einigung zwischen der Haftpflichtversicherung und einer/m Geschädigten erfolgen die Schadensersatz- und Genugtuungszahlungen mit einem Vergleich ohne Anerkennung einer Haftung. Die

Einigung ist meistens mit einer Schweigevereinbarung über die ausgehandelte Summe verbunden.

Um Schadensersatz- und Genugtuungsansprüche einfacher durchsetzen zu können, wurden auf politischer Ebene immer wieder eine Beweislastumkehr, eine erleichterte Beweisführung, Zahlungen ohne Beweisführung sowie die Kulanzzahlung oder die sogenannte Non-Fault-Entschädigung gefordert; bisher allerdings erfolglos.[324]

Non-Fault-Entschädigung / Schuldunabhängiger Entschädigungsfonds

Einen erleichterten Zugang zu einer Entschädigung diskutierten verschiedene Gesundheitsfachpersonen schon in den 1990er-Jahren und engagierten sich für einen sogenannten Non-Fault-Entschädigungsfonds. Die Entschädigung aus dem Fonds würde beim Nachweis des Zusammenhangs zwischen einer Behandlung und dem Gesundheitsschaden ausgerichtet. In der Gruppe, die sich für den Fonds einsetzte, waren einflussreiche Organisationen wie die Verbindung der Schweizer Ärztinnen und Ärzte (FMH), die Stiftung für Konsumentenschutz (SKS), die Schweizerische Arbeitsgemeinschaft für Patienteninteressen (SAPI) sowie Krankenversicherer. Die Fondsidee präzisierte SP-Nationalrat Jost Gross im Jahr 2000. Er forderte den Bundesrat auf, »eine gesetzliche Grundlage für den Ausgleich von Patientenschäden zu schaffen, die weder dem Arzt oder dem Spitalträger als haftpflichtig zugerechnet noch über die Leistungspflicht einer Sozialversicherung abgegolten werden können; dies insbesondere bei Gesundheitsschäden aus Spitalinfektionen«.[325]

Die Realisierung des Fonds schien vorerst in Reichweite. Doch bei der Konkretisierung erwies sich die Finanzierung als unüberwindbare Hürde. Die Geldgeber:innen zur Äufnung des Fonds fehlten schlichtweg. Ein weiterer Grund für das Scheitern des Fonds könnte sein, dass Ärzt:innen sowie Gesundheitsinstitutionen relativ selten Schadensersatz leisten müssen. Auch die Rahmenbedingungen für eine Schadenszahlung war unklar: Wann und wie viel sollte ein/e Patient:in in welchem Schadensfall erhalten?

Eine große Diskussion lösten die allfälligen Auswirkungen des Fonds auf den Umgang mit Fehlern aus. Die einen meinten, die Bereitschaft der Ärzteschaft, sich mit Komplikationen auseinanderzusetzen, werde gefördert. Andere hingegen waren der Ansicht, der Fonds könnte die Auseinandersetzung mit Fehlern oder Qualitätsmängeln behindern, weil die beteiligten Fachpersonen keine Rechenschaft für ihr Handeln ablegen müssten.

In Schweden und Finnland existieren schuldunabhängige Fonds in Form von Versicherungsmodellen, und in Österreich wird der Fonds unter anderem von Beiträgen der Patient:innen gespiesen.[326] Dem verschuldensunabhängigen Fonds wird grundsätzlich attestiert, dass er sich positiv auf das Arzt-Patienten-Verhältnis auswirken und die rechtlichen Auseinandersetzungen reduzieren würde. Insgesamt würden sich solche Fonds in den Ländern, in denen sie betrieben würden, großer Beliebtheit bei der Bevölkerung und beim Personal erfreuen.[327] Dem pflichtet Gross mit Bezug auf die skandinavischen Staaten bei: »Sie haben sich bestens bewährt, ohne dass es zu einer Explosion der Ansprüche gekommen wäre. Vielmehr tragen sie dazu bei, das

Verhältnis zwischen Ärztinnen und Ärzten sowie den Patientinnen und Patienten zu entschärfen und zu entkriminalisieren.«[328]

In der Schweiz wurde das Modell des schuldunabhängigen Fonds nicht mehr weiterverfolgt. Der hauptsächliche Hinderungsgrund scheint die Finanzierung zu sein, an der schon die Arbeitsgruppe scheiterte. Geblieben ist das Bestreben, den Patient:innen berechtigte Schadensersatzzahlungen beispielsweise über eine Kulanzzahlung einfacher zu ermöglichen.

Eine Kulanzzahlung ist immer möglich

Bei einem Schadensfall werden die Zahlungen über die Haftpflichtversicherung eines Spitals oder einer Fachperson ausgerichtet. Je nach Situation bezahlt eine Fachperson ohne Haftpflichtversicherung oder mit einem hohen Selbstbehalt den Schadensersatz und die Genugtuung selbst.

Aufgrund der hohen Versicherungsprämien sind einzelne Spitäler neue Wege gegangen und schließen nur noch Versicherungen für Hochrisikofälle ab. Für die Schweizer Spitäler sind Zahlen zu den Prämien der Haftpflichtversicherung, der Kosten für Rechtsverfahren und für Schadenszahlungen kaum zu erhalten. Auf Anfrage der Redaktion »Kassensturz« des Schweizer Fernsehens lehnten die Universitätsspitäler Basel, Zürich und Bern eine Auskunft ab. Eine Ausnahme machte das Universitätsspital Lausanne (CHUV) 2016, indem es in einer »Kassensturz«-Sendung die Zahlen offenlegte. Demnach bezahlte das CHUV bis vor acht Jahren CHF 1,5 Mio. Haftpflichtprämien pro Jahr, bei einem Selbstbehalt von CHF 100 000 pro Schadensfall. Statt einer Haftpflichtversicherung finanziert es nun einen internen Fonds über Rückstellungen. Tritt ein Schadensfall ein, kann er aus dem Fonds gedeckt werden. Auch für teure Fälle sei man gewappnet, sagt Finanzdirektor Philipp Müller: »Wir haben in dieser Zeit 12 Millionen Franken eingespart und konnten gegenüber unseren Patienten unsere Verantwortung besser wahrnehmen.« Wenn keine Prämien und keine Rechtsverfahren bezahlt werden müssen, könne man sich Kulanz eher leisten.[329]

Der damalige SP-Nationalrat Jean-François Steiert strebte 2016 mit einem Vorstoß im Rahmen der Beweispflicht auf politischer Ebene eine gesetzlich verankerte Kulanzlösung an. Er forderte: »Wenn die Schuldfrage nicht klar ist, sollen Patienten durch einen Fonds entschädigt werden.«[330]

Keiner der vorgeschlagenen Fonds oder Lösungsansätze für die Kosten der Haftpflichtversicherungen hat den Durchbruch auf nationaler Ebene geschafft oder wurde als schweizweit einheitliche Option geprüft. Welche Spitäler Haftpflichtversicherungen abgeschlossen haben, wie hoch die schweizweiten Schadenszahlungen für Opfer von Behandlungsfehlern oder wie hoch die Kosten für Rechtsverfahren und für Prämien der Haftpflichtversicherungen sind, ist nicht bekannt oder nicht zugänglich.

Viel Leid und enorme Kosten

Bereits im wegweisenden Bericht »To Err Is Human« aus dem Jahr 1999 werden die Kosten für Behandlungsfehler thematisiert. Petra Grawe erwähnt in ihrer Arbeit folgende zwei Studien.[331]

Die erste randomisierte Studie wurde 1984 in New York durchgeführt und 1991 im IMO-Report publiziert. Zwei unabhängige Untersucher identifizierten 1133 von 30195 hospitalisierten Patient:innen, die einen Gesundheitsschaden erlitten hatten. Sie untersuchten deren Entstehung, die Auswirkung auf die Patient:innen und verglichen die Ergebnisse:

- »19 % Medikationsfehler
- 14 % Wundinfektionen
- 13 % technische Fehler
- 17 % unerwünschte Ereignisse während der Operation
- 37 % außerhalb des Operationssaals
- 77 % unerwünschte Ereignisse bei nichtinvasiven therapeutischen Maßnahmen
- 75 % Diagnosestellung
- 70 % Ereignisse in der Notaufnahme
- 58 % Fehler im Management, von denen fast die Hälfte auf Fahrlässigkeit zurückzuführen waren«[332]

Die Autoren rechneten diese Ergebnisse auf die annähernd 34 Millionen Krankenhausaufnahmen 1997 in den USA hoch und publizierten die Resultate im bekannten IOM-Report. »Über die Hälfte dieser Zwischenfälle waren demnach auf medizinische Fehler zurückzuführen, welche verhindert hätten werden können.«[333]

Die zweite Studie, die 2000 publiziert wurde und 15000 Patient:innen umfasste, zeigte, dass ältere Menschen aufgrund der Komplexität ihrer Erkrankungen eine höhere Inzidenz haben, vermeidbare unerwünschte Ereignisse im Zusammenhang mit einer medizinischen Behandlung zu erfahren.[334]

Im IOM-Bericht werden die Kosten, die durch vermeidbare Fehler entstanden sind (einschließlich finanzieller Verluste durch verschiedenste Einflüsse wie menschliche Unfähigkeit durch Fehlqualifikation und unnötige Investitionen des Gesundheitswesens), auf etwa 17 und 29 Millionen Dollar pro Jahr geschätzt.[335] Der IOM-Bericht erregte großes Aufsehen, konnte aber keine umfassende nachhaltige Wirkung entfalten.[336]

Am Ministergipfel in Bonn 2017 wurde die aufsehenerregende Studie »The Economics of Patient Safety« der Organisation für wirtschaftliche Zusammenarbeit und Entwicklung (OECD) vorgestellt. Laut den Autoren entfallen 15 % der Ausgaben und Aktivitäten in Kliniken auf die Folgen von Verstößen gegen die Patientensicherheit; dabei handele es sich eher um eine konservative Schätzung. Nicht einberechnet seien die Dunkelziffern, unter anderem in der ambulanten Gesundheitsversorgung und die volkswirtschaftlichen Folgekosten, die durch die Einschränkung der Leistungsfähigkeit, der Produktivität, der Kosten für die Sozialversicherungen der geschädigten Patient:innen sowie für die Personen, die sich um diese kümmern, entstehen. Die Autor:innen der OECD-Studie führen einen Großteil der Probleme auf eine »handvoll« Ereignisse zurück: »Nosokomiale Infektionen [NI], venöse Thromboembolien, Druckgeschwüre, Medikationsfehler sowie falsche oder verspätete Diagnosen.«[337] Der britische Gesundheitsminister Jeremy Hunt bezifferte die jährlichen Kosten von unerwünschten Ereignissen so hoch wie die Ausgaben für 2000 Allgemeinmediziner oder 3500 Pflegefachpersonen.[338] Laut der Studie der OECD lohnen sich die Investitionen in die Patientensicherheit; die Prävention von Behandlungsfehlern ist deutlich günstiger als die Behebung der Folgen. In den USA sind zwischen 2010 und 2015 schätzungsweise USD 28 Milliarden (EUR 26 Milliarden) durch eine systematische Verbesserung der Sicherheit eingespart worden. »Wir können es uns nicht leisten, nichts zu tun«,[339] betonte Hunt weiter. In einer großen britischen Stadt sei die Rate von Infektionen bei orthopädischen Eingriffen in neun Kliniken untersucht worden. Dabei ergab sich bei den Patienten, die eine Infektion erlitten, eine Spannbreite von 0,2 Prozent bis 5,0 Prozent, berichtete er. »Die Behandlung einer solchen Infektion koste immerhin rund 100 000 Pfund (117 000 Euro).«[340]

Eine deutsche Berechnung zu Infektionen kommt zu folgenden Zahlen: »Ebenso ist der ökonomische Mehraufwand [...] immens. Bereits NI unspezifische Erreger bedeuten eine verlängerte Krankenhausverweildauer um ca. fünf Tage und zusätzliche Kosten von 5000 bis 20 000 Euro pro Infektion. Des Weiteren fallen direkte (Ressourcenverbrauch von Gütern und Dienstleistungen – z.B. zusätzliche Therapiekosten und Isolationsmaterial) und indirekte Verluste (z.B. Einnahmeverluste durch Bettsperren) und nichtgreifbare [...] Folgekosten (z.B. negative mediale Aufmerksamkeit der Kliniken, psychische Beeinträchtigung durch Stigmatisierung des Patienten) an.«[341]

Gemäß Zentrum für Infektionsprävention Swissnoso[342] erkranken jährlich 7–8 % der hospitalisieren Patient:innen an sogenannten Spitalinfektionen (Healthcare-assoziierten Infektionen, HAI): »Nach älteren Schätzungen führen solche zu etwa 70 000 Krankheitsfällen und 2000 Todesfällen pro Jahr in der Schweiz.«[343] Diese Infektionen bedeuten nicht nur vermeidbares Leid, sondern führen wegen verlängerter Spitalaufenthalte und Langzeitschäden sowie zusätzlicher Behandlungskosten und Arbeitsausfällen zu hohen Kosten. Mehrere wissenschaftliche Studien belegen, dass Healthcare-assoziierte Infektionen zu einem erheblichen Teil – je nach Lokalisation in bis zu 50 % der Fälle – durch gezielte Präventionsmaßnahmen verhindert werden könnten und Gesundheitskosten von schätzungsweise CHF 250 Millionen mit rund 300 000 zusätzlichen Spitalaufenthaltstagen eingespart werden könnten.[344]

Ein weiteres Beispiel aus der Schweiz: Die Spitalbehandlungen werden mit dem Fallkostenpauschalensystem DRG[345] abgerechnet. Das Spital erhält für die Behandlung einer/s Patient:in eine Pauschale für einen bestimmten Eingriff und die Aufenthaltsdauer. Wenn er/sie beispielsweise eine HAI erleidet, kann nebst der Pauschale für den Eingriff ein Teil der Kosten durch eine entsprechende Zusatzcodierung kompensiert werden. Eine interne Studie des Universitätsspitals Basel aus dem Jahr 2018 kommt zum Schluss, dass bei HAI-Fällen trotz Zusatzcodierung nach Darmoperationen der mittlere Verlust pro Fall CHF 10 000 und bei Bypass-Operationen CHF 25 000 ausmachen.[346] Nebst den ungedeckten Kosten in der genannten Höhe ist es bedenklich, wenn vermeidbare Infektionen über einen Zusatzcode einen Teil der Kosten erstattet erhalten.

Diese Beispiele lassen den zweifellosen Schluss zu: Längst ist die Patientensicherheit auch eine ökonomische Angelegenheit. Die Gründe für die mangelnde Handlungsbereitschaft sind vielschichtig: Die Kosten kann der/die Verursacher:in verrechnen, die Rechnungen werden bezahlt, auch wenn sie aufgrund von Behandlungsfehlern entstehen; die Kosten fallen oft nicht in der Gesundheits-, sondern in der Volkswirtschaftsdirektion oder bei den betroffenen Personen an, für die Haftpflichtfälle werden sie über die Prämien abgewickelt. Die Prämien für die Haftpflichtversicherung sind nicht nur für den stationären Bereich sehr hoch, sondern auch im ambulanten Bereich. Hier könnten die Prämien für die Haftpflichtversicherung zu einem neuen Ansatz führen.

Für den Onkologen Jens Ulrich Rüffer steht die Arzt-Patienten-Beziehung an oberster Stelle.[347] Er engagiert sich für die Qualität der Behandlung und hat in einem Referat im Jahr 2022 den Vorschlag aufgeworfen, die Kosten für die Versicherungsprämien an die Qualität und Sicherheit der Patient:innen zu binden. Er veranschaulicht seine Idee am Aufklärungsmodell der gemeinsamen Entscheidungsfindung (Shared Decision-Making-Modell; SDM). In diesem wird der/die Patient:in von der Ärztin oder dem Arzt auf Augenhöhe aufgeklärt und eine gemeinsame partizipative Entscheidung getroffen. SDM orientiert sich am individuellen Nutzen einer Behandlung für den/die Patient:in, dadurch werden Fehl- und Überbehandlungen reduziert, was sich wiederum positiv auf die Kosten auswirkt. Entsprechend dem Vorschlag könnte beim Nachweis der konsequenten Umsetzung von SDM die Prämienkosten für die Haftpflichtversicherung reduziert werden.

Der Sonderfall seit 2017: Die Sepsis

Die Sepsis, im Volksmund als »Blutvergiftung« bezeichnet, stellt die schwerste Verlaufsform einer Infektion dar. Bei einer Sepsis schädigt die köpereigene Abwehrreaktion gegen eine Infektion das eigene Gewebe und die eigenen Organe. In der Schweiz treten jedes Jahr etwa 20 000 Fälle von Sepsis auf, und 3500 Personen versterben jährlich daran. Von den Überlebenden leidet bis zur Hälfte unter langfristigen, manchmal lebenslangen Folgen im Sinne körperlicher oder psychischer Beeinträchtigung. Eine Sepsis kann alle Personen, unabhängig von Alter und Gesundheitszustand, treffen; viele betroffene Menschen erleiden eine Sepsis außerhalb des Spitals. Die am stärksten gefährdeten Gruppen sind Neugeborene und junge Säuglinge, ältere Menschen und Personen mit einer chronischen Erkrankung oder eingeschränkter Immunabwehr.[348]

Die WHO forderte schon 2017 die 194 UN-Mitgliedsstaaten mit einer Resolution zur Verbesserung der Prävention, Erkennung und Behandlung von Sepsis auf.[349] Die sogenannte Sepsis-Resolution veranlasste viele Länder in Europa und auf der ganzen Welt zur Implementierung von nationalen Programmen und Aktionsplänen zur Qualitätsverbesserung, um die Sepsis als eine der Hauptursachen von Mortalität und Morbidität in allen Altersgruppen zu bekämpfen. Die WHO erklärte die Verminderung der Sepsislast als dringend erforderlich, angesichts von 49 Millionen betroffener Menschen und 11 Millionen Todesfällen pro Jahr. In der Folge haben fünf Jahre nach der Resolution viele europäische Länder in Zusammenarbeit mit Regierungen,

Fachleuten und Patientenorganisationen koordinierte Programme zur Verbesserung der Prävention, Diagnose und Behandlung von Sepsis entwickelt oder sind dabei, derartige Programme einzurichten. 2021 veröffentlichte die European Sepsis Alliance den »European Sepsis Report 2021«, der die einschlägigen Maßnahmen in mehreren europäischen Ländern vorstellt. Die Schweiz wird in diesem Bericht nicht erwähnt, da es hierzulande bislang an einem koordinierten Ansatz zur Bekämpfung der Sepsis mangelt.[350] Aus dem »European Sepsis Report 2021« ging hervor, dass die Schweiz die Sepsis-Resolution der WHO noch nicht umgesetzt hatte. Als Reaktion darauf bildete eine vielköpfige Gruppe von Sepsis-Expert:innen ein mulitdisziplinäres nationales Gremium, das die Erfordernisse, Lücken und Strategien bei der Bekämpfung der Sepsis in der Schweiz ermittelte. Die Gruppe lancierte im September 2022 den Schweizerischen Nationalen Aktionsplan gegen Sepsis.[351] Im Vorwort der Broschüre beglückwünschte der Präsident Niranjan »Tex« Kissoon im Namen der Global Sepsis Alliance die Schweizer Kolleginnen und Kollegen zu diesem Vorhaben: »Ich freue mich auf Ihre Erfolgsberichte in den kommenden Jahren.«[352]

»Der Schweizerische Nationale Aktionsplan gegen Sepsis ist ein entscheidender Schritt in die richtige Richtung und dürfte den von Sepsis betroffenen Personen und Familien in der Schweiz einen erheblichen Nutzen bringen. Seine Implementierung als nationale Qualitätsinitiative birgt ein enormes Kosteneinsparungspotenzial und wird sicherlich nicht nur zu einem Rückgang der direkten Sepsislast, sondern auch der sepsisbedingten Langzeitinvalidität führen.«[353] »Genaue

Zahlen zu den Kosten der Sepsis in der Schweiz sind nicht bekannt. Eine frühere Studie mit Daten aus den Jahren 1998–2000 ergab durchschnittliche direkte Kosten von CHF 41 790 (Standardabweichung CHF 33 222) pro Sepsisfall und geschätzte jährliche Kosten zwischen CHF 493 und 1199 Millionen in der Schweiz. Dabei muss berücksichtigt werden, dass die tatsächlichen gesellschaftlichen Gesamtkosten im Zusammenhang mit Sepsis um ein Vielfaches höher liegen: Zunächst einmal entstehen Folgekosten aufgrund neuer gesundheitlicher Beeinträchtigungen und neuer Versorgungserfordernisse nach einer Sepsis. Laut Berechnungen im Rahmen einer großen landesweiten deutschen Studie beliefen sich die pro überlebender Person in den ersten drei Jahren nach der Sepsis anfallenden Gesundheitskosten auf durchschnittlich EUR 29 088 (Standardabweichung EUR 44 195). Zweitens entstehen indirekte Kosten aufgrund der verlorenen Lebensjahre oder der verminderten oder vollständig eingebüßten Arbeitsfähigkeit der Betroffenen, der langfristigen kognitiven, körperlichen oder geistigen Beeinträchtigungen, die sich wiederum auf die berufliche Leistungsfähigkeit auswirken, sowie aufgrund der durch Betreuungsaufgaben verminderten beruflichen und wirtschaftlichen Leistungsfähigkeit von Ehepartnern, Eltern und Kindern. Da die Folgen einer Sepsis lebenslang anhalten können, sind diese Auswirkungen auf die gesellschaftlichen Kosten zusammengenommen enorm.«[354]

Die Schweizer Broschüre ist als Appell an alle zu verstehen, sich an der Bekämpfung von Sepsis zu beteiligen, und sie verweist auf Wissen, das in anderen Ländern beispielsweise mit der Initiative »Deutschland erkennt Sepsis« bereits vorhanden ist. Hierzu sind auch die Handlungsempfehlungen für Ärztinnen und Ärzte, Pflegekräfte und Angehörige anderer Gesundheitsberufe »Sepsis geht uns alle an!« vom deutschen Aktionsbündnis Patientensicherheit vorhanden.[355]

6

Die Sicherheitskultur

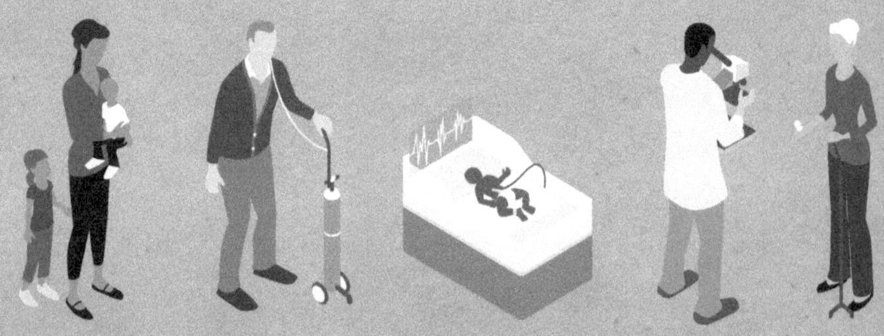

In unserem Verständnis geht die Sicherheitskultur von der Patientenperspektive und vom Grundsatz »Lernen aus Fehlern und kritischen Ereignissen« aus. Sie stellt einen entscheidenden Kulturwandel dar, der von engagierten Fachleuten schon lange gefordert, gelebt und gefördert wird.[356] Zur Umsetzung der Sicherheitskultur ist die Definition der Begriffe »Gefährdung« und »Risiko« notwendig: Die Gefährdung umfasst Ereignisse oder Entwicklungen, die die Sicherheit der Patient:innen oder ihrer Lebensgrundlagen beeinträchtigen; das Risiko umfasst das Ausmaß und die Eintrittswahrscheinlichkeit einer Gefährdung. Gefährdungs- und Risikoanalysen bilden die Grundlage für Maßnahmen zur Verhütung und Bewältigung von Behandlungsfehlern sowie zur Identifikation von Gefährdung, der Eintrittswahrscheinlichkeit der Risiken und die Bewertung des Schadensausmaßes.[357]

Zudem ist die Implementierung eines Organisationsrisikomanagements in einer Institution notwendig. Dieses umfasst Risikobereiche wie IT-Sicherheit, technisches Risikomanagement, Notfallmanagement usw. und im Besonderen das klinische Risikomanagement. Bei Letzterem handelt es sich um eine Methode, in systematischer Form Fehler oder Risiken in der Patientenversorgung zu verhindern und somit die Patientensicherheit zu erhöhen bzw. die Haftungsrisiken des Spitals oder der Institution zu reduzieren.[358] Es betrifft die Gesamtheit der Strategien, Strukturen, Prozesse, Methoden, Instrumente und Aktivitäten in Prävention, Diagnostik, Therapie und Pflege einer Institution und unterliegt einem ständigen Lernprozess, der in einem Organisationsrisikomanagementsystem zusammengeführt sein muss.[359] Dieser Ansatz gewinnt auch aus ökonomischer Sicht an Bedeutung. Die Haftpflichtversicherer der Spitäler beginnen zunehmend den Umgang mit Risiken einer Institution bei der Prämienberechnung miteinzubeziehen.

Im vorliegenden Buch richten wir den Blick auf das klinische Risikomanagement. CIRS gilt als wichtige Alarmglocke, denn mit den CIRS-Meldungen lässt sich der Prozess des Risikomanagements übersichtlich strukturieren, zudem dient es den Institutsleitungen als herausragendes Instrument, um das immense interne Wissen der Mitarbeitenden auf allen Ebenen als Ressource zu nutzen.

Das London-Protokoll (Sally Taylor-Adams und Charles Vincent), basierend auf den Forschungsarbeiten von James Reason, bietet eine systematische Struktur zur Analyse und Bewältigung schwerer Zwischenfälle und ermöglicht, wirksame Maßnahmen zur Vermeidung von Behandlungsfehlern zu ergreifen. Aufgrund der Detailtiefe der Untersuchung liefert eine derartige Schadensfallanalyse wichtige Informationen, die weit über die einfache Analyse von Zwischenfällen hinausgehen.[360]

Damit die Sicherheit der Patient:innen, des Personals und der Organisation gewährleistet ist, ist die Sensibilisierung der Mitarbeitenden für riskante Situationen notwendig. Im Handbuch zum Risikomanagement des Eidg. Finanzdepartements sind allgemeine Stolpersteine aufgeführt, die eine effektive Umsetzung des Risikomanagements bei komplexen und schwer fassbaren Risiken beeinträchtigen und eine allmähliche Entwicklung von Risiken begünstigen können:

- *»Bürokratie:* Eine proaktive Umsetzung des Risikomanagementprozesses ist für den Erfolg entscheidend. Nachdem der Prozess einige Jahre immer gleich durchgespielt und umgesetzt wurde, steigt die Gefahr, dass er danach immer mehr zu einer bürokratischen Routine verkommt. [...]
- *Fehlender Einbezug von Anspruchsgruppen* [Anm. Patient:innen, Ärzt:innen, verschiedene Fachbereiche]: Der Einbezug aller [...] im Risikomanagementprozess ist von großer Bedeutung. Erstens stellt er sicher, dass die bestmögliche und möglichst vollständige Information zur objektiven Beurteilung eines Risikos vorliegt. Zweitens hilft er, das Vertrauen (intern und extern) in das Risikomanagement und dessen Resultate wesentlich zu erhöhen. [...]
- *Interessenskonflikte und absichtliche Fehldarstellung von Risiken:* Sowohl bei der Analyse von Risiken als auch bei der Umsetzung von Bewältigungsmaßnahmen können vorhandene Interessenskonflikte den Risikomanagementprozess behindern. Spezifische Interessen von Anspruchsgruppen können einerseits zu einer absichtlichen oder unabsichtlichen Fehldarstellung und -analyse von Risiken führen. [...]
- *Verstreute bzw. nicht klar geregelte Verantwortlichkeiten:* Besonders in komplexen Organisationen, in denen verschiedene Akteure gemeinsam Verantwortung tragen oder die Verantwortung nicht klar geregelt ist, kann dies in Kombination mit einer schlechten Kommunikation dazu führen, dass notwendige Maßnahmenentscheide nicht oder zu spät gefällt und umgesetzt werden, weil niemand voll in der Verantwortung steht. [...]

- *Abwägung zwischen Transparenz und Vertraulichkeit:* Die Vertraulichkeit (und damit die fehlende Kommunikation) von Risikoinformationen ist in einigen Fällen zum Schutz der nationalen Sicherheit oder zur Vermeidung von öffentlicher Panik gerechtfertigt. [...]
- *Informationsasymmetrien:* In einigen Fällen dient die Aufrechterhaltung von Informationsasymmetrien den Zielen des Risikomanagements, beispielsweise kann die Geheimhaltung von Informationen zur Terrorismusbekämpfung die nationale Sicherheit erhöhen. [...]
- *Öffentliches Verständnis und Toleranz von Risiken:* Neben der wissenschaftlichen und objektiven Analyse von Risiken werden große Risiken in der Gesellschaft immer auch von der breiten Öffentlichkeit bewertet, wobei diese Einschätzung von der objektiven Bewertung abweichen kann. [...]
- *Erkennen von und Handeln in unerwarteten Situationen:* Einerseits existieren bei der Identifikation von neuen Risiken häufig kognitive Barrieren. Das heißt, viele Menschen haben Mühe, Ereignisse außerhalb von akzeptierten Paradigmen zu erkennen. Um dem entgegenzuwirken, ist es wichtig, bei der Identifikation von Risiken einen Fokus auf Kreativität zu legen und beispielsweise auch Querdenker in der Risikoidentifikation mit einzubeziehen. [...]«[361]

Das Qualitätsmanagement einer Institution entscheidet, welche Systeme und Instrumente ihren spezifischen Bedürfnissen entsprechen und wie sie dieses implementieren können.[362] Wenn ein kritisches Ereignis eintritt, müssen Vorgaben vorhanden sein, die eine rasche und wirksame Bewältigung ermöglichen. Das setzt »die Festlegung von Rollen und Verantwortlichkeiten innerhalb des institutionellen Rahmens mit klarer Abgrenzung von Befugnissen und Zuständigkeiten, Berichts- und Kommunikationswegen und Konfliktlösung für die Operationalisierung von Strukturen und Prozessen der Patientensicherheit auch auf nationaler und subnationaler Ebene« voraus.[363] Die WHO formuliert in ihrem globalen Aktionsplan verschiedene Strategien und Umsetzungsempfehlungen, die für die Weiterentwicklung der Patientensicherheit wichtig sind:

- »Wissenstransfer zu Sicherheitsrisiken bei klinischen Prozessen und Verbreitung von Tools und Instrumenten zu deren Management.
- Sicherstellung eines ständigen Informations- und Wissensflusses, um die Risikominderung, die Verringerung vermeidbarer Schäden und die Verbesserung der Sicherheit voranzutreiben, insbesondere Melde- und Surveillance-Systeme und Untersuchungen bei schweren Ereignissen.«[364]

Der Bundesrat hat in seiner Strategie zur Qualitätsentwicklung bis 2024 die Einführung eines Risikomanagementsystems festgelegt. In den Vierjahreszielen in der Rubrik »Handlungsfeld Patientensicherheit« lauten die Vorgaben wie folgt: »Die Leistungserbringer vermeiden unerwünschte Ereignisse (adverse events) und Schäden an Patientinnen und Patienten unabhängig von deren sozialen Benachteiligungsfaktoren und Gesundheitskompetenz. Sie wenden die evidenzbasierten Praktiken zur

Vorbeugung unerwünschter Ereignisse systematisch und nachhaltig an. [...] Die EQK [Eidgenössische Qualitätskommission] legt in einem Risiko-Management-Prozess fest, wie auf nationaler Ebene die Gefahren identifiziert, die Patientenrisiken analysiert und bewertet werden und setzt ihn um (inkl. Nationales Risikoportfolio).«[365]

Die EQK kooperiert in der Umsetzung der Vierjahresziele des Bundes eng mit der Stiftung Patientensicherheit Schweiz. Sie hat diese mit dem nationalen Grundlagenprogramm »Risikomonitoring und -reduktion« beauftragt; das Projekt startete am 1. Februar 2022 und läuft bis 31. Dezember 2024. Eine der wichtigsten Aufgaben der Stiftung ist die Festlegung eines Risiko-Management-Prozesses, um auf nationaler Ebene die Gefahren zu identifizieren, die Patientenrisiken zu analysieren, zu bewerten und schließlich Maßnahmen vorzuschlagen. Das Monitoring umfasst auch die eindeutig identifizierbaren, schwerwiegenden Ereignisse im Zusammenhang mit der klinischen Behandlung, die Never Events.

Die Stiftung hat in Anlehnung an die international definierten Never Events ein national einheitliches Register für die Schweiz vorgelegt. Die Liste führt Never Events wie »unbeabsichtigtes Belassen von Fremdkörpern«, »Verbrennungen und Verbrühungen« und »Implantation eines falschen Medizinproduktes« auf. Die Liste ist nicht abschließend, kann jederzeit erweitert und der Entwicklung der Gesundheitsversorgung angepasst werden. Zur Medikationssicherheit wird die Fehldosierung von Hochrisiko-Medikamenten, falscher Verabreichungsweg von Medikamenten, zu schnelle Verabreichung von Hochrisiko-Medikamenten erwähnt.[366] Aufgrund der großen Bedeutung der Medikationssicherheit, die seit Jahren eines der größten Problemfelder in der Gesundheitsversorgung darstellt, müsste die Medikation jedoch umfassend aufgeführt werden.

Das Monitoring trägt durch die Meldungen und Transparenz zur Qualitätsverbesserung bei. Doch es bleibt noch viel zu tun, denn auch die Tagung der Stiftung Patientensicherheit zu Never Events im Herbst 2021 zeigte die fehlende Datenbasis eindrücklich auf. Weil die Meldungen der Ereignisse freiwillig sind, nicht systematisch erfasst und ausgewertet werden, befinden wir uns – laut David Schwappach, dem damaligen Leiter der Stiftung – bezüglich der Sicherheit des Schweizer Gesundheitssystems im »Blindflug«.[367]

Für die angestrebte Just Culture muss die »Festlegung und klare Abgrenzung und Unterscheidung zwischen medizinischen Fehlern und medizinischer Fahrlässigkeit« geschaffen werden, auch um »angemessene Korrekturmaßnahmen zu erleichtern«.[368] Die Stiftung für Patientensicherheit untersucht im Auftrag der EQK seit Februar 2023 in einer Machbarkeitsstudie, ob und mit welchem Fokus Projekte zur Stärkung der Just Culture[369] in Gesundheitsinstitutionen der Schweiz umgesetzt werden können.

Frauen tragen ein größeres Risiko, Opfer eines Behandlungsfehlers zu werden oder Nebenwirkungen und Komplikationen zu erleiden. Die Gastprofessorin an der Universität Zürich Vera Regitz-Zagrosek[370] zeigt das anhand einer Studie auf: »Frauen mit Herzschwäche kommen anscheinend mit sehr viel geringeren Medikamentendosen aus als Männer. Bei der halben Dosis ist ihre Sterblichkeit offenbar am niedrigsten. Dafür sprechen jedenfalls die in der Fachzeitschrift ›Lancet‹ veröffentlichten Ergebnisse einer Studie, an der ich beteiligt war. Leider gibt es nur wenige Studien, die dieser Frage nachgehen.«[371] Verschiedene Bestrebungen tragen dazu bei, dass die Unterschiede bei der Behandlung von Frauen und Männern, die häufig stark vernachlässigt werden, obwohl sich diese auf Diagnostik, Verlauf und Therapie von Krankheiten auswirken, Rechnung getragen wird.

Die medizinische Fakultät der Universität Zürich verfügt ab 2024 über den ersten gendermedizinischen Lehrstuhl in der Schweiz;[372] in Deutschland und Österreich gibt es deren je zwei. 2022 gründeten die medizinischen Fakultäten der Schweiz gemeinsam eine digitale Plattform zur Förderung der Integration von Geschlecht und Gender in der medizinischen Ausbildung.[373] Professor Cathérine Gebhard lancierte als Vorsitzende die ersten berufsbegleitenden Weiterbildungslehrgänge (CAS) zu Sex- and Gender-Specific Medicine, die an den Universitäten Bern und Zürich angeboten werden.[374]

Die Schweizerische Vereinigung der Forschungsethikkommissionen (swissethics) hat im Dezember 2020 die »Empfehlungen zur Gender-gerechten Forschung« mit einer Checkliste für die Beurteilung eines Forschungsgesuchs herausgegeben.[375] Sie betont die regulative Funktion, die die KEK (Kantonale Ethikkommissionen) innehaben, und weist auf die Notwendigkeit hin, die Empfehlungen umzusetzen. Die KEK Zürich hat daraufhin Empfehlungen zur Beurteilung von bewilligungspflichtigen Projekten hinsichtlich der Beteiligung von Frauen und dazu, dass die erhobenen Daten gendergerecht ausgewertet werden, herausgegeben.[376]

Gendermedizin war bei der Revision des Humanforschungsgesetzes bereits 2011 ein Thema. Anlässlich der

Anhörung zum Gesetzesprozess in der beratenden Kommission des Nationalrats brachte die Autorin den Antrag ein, die Gendermedizin im Gesetz zu verankern. Leider wurde dem Antrag nicht stattgegeben;[377] mit politischen Vorstößen im Jahr 2019 von SP-Nationalrätin Bea Heim, Motion »Homo mensura. Der Mann, das Mass in Forschung und Medizin?«, von SP-Nationalrätin Laurence Fehlmann Rielle, Postulat »Gesundheit der Frauen«, und 2020 von der grünen Nationalrätin Léonore Porchet, »Geschlechterunterschiede als Thema in der medizinischen Lehre und Forschung«, wurde das Anliegen jedoch weiterverfolgt und versucht, es gesetzlich zu verankern.[378]

Der Bundesrat anerkennt die Forderung eines chancengerechten Gesundheitssystems, das allen Bevölkerungsgruppen adäquate Leistungen bietet.[379] Den Lösungsansatz sieht er in einem nationalen Forschungsprogramm zur Gendermedizin. Dieses soll den Paradigmenwechsel in der medizinischen Forschung vollziehen und die Forschung zu Gendermedizin voranbringen. Was die Forschungsförderung betrifft, verweist der Bundesrat auf den Grundsatz des Bottom-up-Prinzips: Für die Forschenden aller Schweizer Hochschulforschungsstätten ist es jederzeit möglich, das Thema z.B. über den Schweizerischen Nationalfonds (SNF) einzubringen oder bei der Innosuisse Mittel für die Durchführung wissenschaftlicher Projekte zu einer bestimmten Thematik zu beantragen. Weiter können interessierte Kreise Themenvorschläge für neue Nationale Forschungsprogramme (NFP) im Rahmen von NFP-Prüfrunden beim Departement für Wirtschaft, Bildung und Forschung/Staatssekretariat für Bildung, Forschung und Innovation einreichen. Die Fristen und Bedingungen für neue NFP-Vorschläge werden jeweils auf der Website kommuniziert.[380]

Im Umgang mit Medizinprodukten gilt für die Herstellerfirma wie auch für die Anwender:innen eine Meldepflicht von Komplikationen oder von einem Vorfall bei Swissmedic. Die doppelte Meldepflicht soll dem Schutz der Patient:innen dienen und verhindern, dass sich schwerwiegende Vorkommnisse wiederholen. Sie durchlaufen ein europäisches Konformitätsbewertungsverfahren; für die Zulassung kann der Hersteller eine Zertifizierungsstelle auswählen.[381]

Die Bewilligung und das Meldesystem für Medizinalprodukte weisen Risiken auf: Wie die Statistik der Swissmedic per Ende 2018 zeigt, haben Spitäler im Durchschnitt nur halb so viele »Zwischenfälle« Swissmedic gemeldet wie die Hersteller. Damit die Meldepflicht besser eingehalten wird, hat Swissmedic die Bußen per 2019 deutlich angehoben: Pro Fall betrug sie im Jahr 2018 bis zu CHF Franken, ab 2019 sind Höchstbußen bis zu CHF 20 000 pro Fall möglich.[382] Auch Rolf Prions, Bereichsleiter und Mitglied der Geschäftsleitung bei H+ Bildung, appelliert an die Fachpersonen: »Daher ertönt der Ruf nach einem offenen und besseren Umgang mit Fehlern laut. Die tiefe Anzahl der Materio-Vigilance-Meldungen durch die Leistungserbringer bei der Swissmedic zeigt eindrücklich, dass die Fachpersonen diese Kultur noch nicht verinnerlicht haben. Es ist höchste Zeit, die Sicherheitskultur zu leben!«[383]

Das Bewilligungsverfahren der Swissmedic beruht bei den Bewilligungsgesuchen auf dem Vertrauen darauf, dass die Angaben der Forschenden korrekt sind und die Forschung und Publikation wissenschaftlich korrekt erfolgen. Swissmedic muss von Gesetzes wegen sicherstellen, dass ein Hersteller alle betroffenen Ärzt:innen warnt, wenn ein Implantat vom Markt genommen wird. Damit endet aber die Verantwortung der Swissmedic. Ob ein Rückruf oder Warnhinweis die entsprechenden Maßnahmen auslöst, kontrolliert die Behörde durch Stichproben. Damit lässt das System zu, dass eine dringend notwendige Kontrolle einer/s Patient:in diese/n nie erfasst, wie sich das bei den massiven Problemen durch das Implantat bei Manuela E. ereignet hat. [→ Patientenbeispiel, S. 52]

Wenn Patient:innen entscheiden müssen, ob ihr Arzt oder ihre Ärztin ihnen ein neuartiges Medizinprodukt implantieren soll, ist eine unabhängige Aufklärung über die Risiken und Alternativen zentral; dazu gehören auch Informationen zu Interessenskonflikten. Es existiert keine schweizweite Datenbank von Ärzt:innen mit finanziellen Beteiligungen an Medizinalprodukten.

Medizinprodukte weisen zahlreiche, bekannte Probleme auf, und zwar mangelt es international an Kontrolle und Transparenz durch die Behörden.[384] Die notwendige Gesetzesänderung oder Lösungsansätze müssten von Fachpersonen und Politiker:innen dringend realisiert werden.

Vorbildlich handelt die britische Regierung. Sie regelt per Gesetz, »[...] die Ergebnisse *aller* klinischen Studien innerhalb von 12 Monaten nach Abschluss der Studie zu veröffentlichen. [...] Das britische Gesetz setzt einen neuen globalen Maßstab für Transparenz in der medizinischen Forschung. Vergleichbare Offenlegungsgesetze in der Europäischen Union und den Vereinigten Staaten decken nur einige Arten von Studien ab und werden bisher nicht durchgesetzt.«[385]

7

Die Rolle des Bundes bei der Qualität und Patientensicherheit

Der Bundesrat übernahm 2021 mehr Verantwortung und legte mit der Strategie zur Qualitätsentwicklung in der Krankenversicherung (Qualitätsstrategie) 2020–2030 und den Vierjahreszielen konkrete, nationale Vorlagen vor, die verbindlich umgesetzt werden sollen.[386] Das Krankenversicherungsgesetz (KVG) ist 1996 in Kraft getreten; verankert ist die Qualität der Gesundheitsversorgung im Artikel 58.[387] Dieser wird trotz Bemühungen und Teilerfolgen nicht vollumfänglich umgesetzt. Problemfelder wie die Medikationssicherheit sind seit Jahren bekannt; trotz wissenschaftlicher Erkenntnisse ist die Sicherheit nicht gewährleistet, ebenso ist kein funktionierendes, nationales Fehlermeldesystem vorhanden. Der ehemalige SP-Nationalrat Thomas Hardegger wollte diesen Vollzugsmangel im September 2013 mit dem Postulat »Fehlermeldesysteme und medizinische Erkenntnisse für die Verbesserung der Patientensicherheit einsetzen« bearbeiten lassen.[388] Im Fokus stand die Umsetzung wissenschaftlich ausgewiesener Maßnahmen, z. B. zur gezielten Antibiotika-Therapie und zur Verhinderung von Fehlmedikationen z.B. Beers-Liste. Diese, in den USA erstmals 1991 veröffentlicht, diente der Priscus-Liste (priscus, lateinisch für: alt, altehrwürdig) als Vorbild. Seit damals wurde sie mehrmals überarbeitet und 2023 aktualisiert veröffentlicht. »Wirkstoffe werden in der Regel an jüngeren Menschen getestet – mit Folgen für Ältere, denen man sie am Ende verschreibt.« Die Ärztin und Pharmakologin Petra Thürmann betont im »Spiegel«-Interview, wie Gefahren durch Pillen vermieden werden können.[389] Das Parlament unterstützte den Vorstoß; der Bundesrat nahm ihn entgegen und versicherte, zu einem späteren Zeitpunkt auf das Anliegen zurückzukommen.

Das nationale Parlament hat über die Jahre verschiedentlich ein stärkeres und direkteres Engagement des Bundes bei der Verbesserung der Qualität gefordert. Der Bundesrat hielt in seiner Medienmitteilung fest: »Jeder zehnte Patient erlebt laut internationalen Studien bei seiner Behandlung in einem Spital einen medizinischen Zwischenfall, zum Beispiel einen Diagnosefehler, eine Infektion oder eine falsche Medikation.«[390] Der Bundesrat möchte die Anzahl Zwischenfälle vermindern, unnötige sollen verhindert und die Sicherheit und Qualität des Gesundheitssystems weiter gesteigert werden, wie er es in seiner gesundheitspolitischen Strategie »Gesundheit2020« festgelegt hat. Er setzte diese Forderung mit einem Gesetzesentwurf zur Errichtung eines Zentrums für Qualität und Wirtschaftlichkeit im Mai 2014 um und gab ihn in die Vernehmlassung; es beteiligten sich zahlreiche Akteur:innen wie Krankenversicherungsverbände, Universitäten, Fachverbände, Stiftung für Patientensicherheit, Patientenvertreter:innen und Kantone daran.[391] Vorgesehen war das Zentrum für Qualität und Wirtschaftlichkeit als unabhängige öffentlich-rechtliche Anstalt, die von einem Verwaltungsrat aus maximal neun unabhängigen Fachpersonen geleitet wird und eng mit Universitäten, Fachhochschulen und anderen in der Qualitätssicherung tätigen Organisationen zusammenarbeitet. Es hätte die Organisationen und Initiativen schweizweit unter einem Dach vereint, die Kompetenzen und Verbindlichkeiten festgelegt und die wertvollen Ressourcen gebündelt; die großen Gewinner:innen wären die Patient:innen gewesen.

Im Vernehmlassungsverfahren gingen die Ansichten zum Gesetzesentwurf weit auseinander; die Vorlage hätte keine Mehrheit gefunden. Offenbar war die Befürchtung der Beteiligten zu groß, ihr Einfluss könnte schwinden, sie könnten Leistungen verlieren oder sie unterständen vermehrt externer Kontrolle. Einigkeit zeigte die Vernehmlassung jedoch darin, dem Bund eine stärkere Führungsrolle in der Qualität und Patientensicherheit zuzuweisen. Bundesrat Alain Berset hat die Stakeholder:innen im Dezember 2014 zur Erörterung des weiteren Vorgehens an einen Runden Tisch ins Bundeshaus eingeladen. Wie sich zeigte, mussten der Bundesrat und die Befürworter:innen, zu denen die Autorin gehörte, von der Idee des Zentrums Abstand nehmen und einen neuen Lösungsansatz finden. Die künftige Organisationsform blieb vorerst offen. Weil vor allem die Rechtsform des geplanten Zentrums auf Widerstand gestoßen war, realisierte Bundesrat Berset ein Netzwerk-Modell. Für dieses sprach er CHF 22 Millionen und reklamierte die Steuerbarkeit und die Erfolgskontrolle für sich. Auf diesen Vorschlag einigten sich die verschiedenen Akteur:innen am Runden Tisch. Mit dem Netzwerk sollten die zahlreichen laufenden Aktivitäten besser koordiniert und ausgebaut werden. Die medizinischen Leistungen der Grundversorgung sollten wirksam sein, ineffiziente und unnötige Behandlungen reduziert, teure Fehl- oder Überversorgungen vermieden und die Behandlungsqualität erhöht werden. So wurde beispielsweise die systematische Überprüfung der Gesundheitstechnologien (Health Technology Assessment, HTA) postuliert.[392] Der Begriff »Health Technology Assessment« steht international für die systematische Bewertung medizinischer Verfahren und Technologien. HTA gilt als wichtiges Instrument der evidenzbasierten Politikberatung und Entscheidungsfindung, mit der die Wirksamkeit, Zweckmäßigkeit und Wirtschaftlichkeit einer medizinischen Leistung transparent dargelegt und überprüft werden kann. Die Ergebnisse können dazu beitragen, nicht wirksame oder nicht wirtschaftliche Leistungen nicht mehr oder nur limitiert aus der Grundversicherung zu bezahlen. Der Bund hat 2015 ein HTA-Programm lanciert, das bereits von der obligatorischen Krankenpflegeversicherung (OKP) vergütete Leistungen evaluiert. Im Rahmen dieses Programms werden jährlich Themen ausgewählt, für die anhand eines systematischen Prozesses HTA-Berichte durch externe Auftraggeber erstellt und auf der Homepage HTA-Netzwerke publiziert werden.[393]

Für die nächsten Schritte zur Stärkung der Qualität und Patientensicherheit im Gesundheitswesen war eine Standortbestimmung notwendig. Dazu gab das Bundesamt für Gesundheit einen Bericht in Auftrag und übertrug die Leitung an Professor Charles Vincent von der Universität Oxford und Anthony Staines, Qualitätsbeauftragter des Waadtländer Spitalverbands. Der Bericht entstand mit der Unterstützung, den Anregungen, den Ideen und der konstruktiven Kritik von zahlreichen Autorinnen und Autoren, die Kurzbeiträge beisteuerten; die Aufarbeitung der Fachliteratur zu Qualitäts- und Sicherheitsmaßnahmen und zum Stand der Qualität und Patientensicherheit im schweizerischen Gesundheitswesen wurden ebenfalls miteinbezogen; geprüft wurde er von Mitgliedern des wissenschaftlichen Beirats des BAG. Vincent und Staines legten den Bericht »Verbesserung der Qualität und Patientensicherheit des schweizerischen Gesundheitswesens« am 25. Juni 2019 vor.[394]

Der Bericht bestätigte die Mängel in der Qualität und der Patientensicherheit eindrücklich. Er erwähnt eine Studie aus den USA, gemäß dieser kommt es – auf die Schweiz hochgerechnet – in den hiesigen Spitälern zu jährlich 2000 bis 3000 Todesfällen infolge vermeidbarer medizinischer Zwischenfälle. Die Autor:innen kritisieren vor allem die mangelnde Transparenz über die Qualität. Der Bundesrat erklärte die Patientensicherheit zum Schwerpunktthema der schweizerischen Gesundheitsversorgung und trieb unter der gesundheitspolitischen Strategie »Gesundheit2020« zusammen mit den Kantonen seit 2013 über 36 Maßnahmen voran. Darauf baut die Strategie »Gesundheit2030«, die der Bundesrat am 6. Dezember 2019, ergänzt mit neuen Schwerpunkten, verabschiedete. Der Fokus konzentriert sich auf die vier dringlichsten Herausforderungen:

- »den technologischen und digitalen Wandel
- die demographischen und gesellschaftlichen Veränderungen
- den Erhalt einer qualitativ hohen und finanziell tragbaren Versorgung und
- die Chancen auf ein Leben in Gesundheit.«[395]

Die Strategie »Gesundheit2030« bildet den Rahmen für die prioritären Aktivitäten des Bundes; gleichzeitig ist sie ein Appell an alle, sich gemeinsam für deren Umsetzung zu engagieren.[396]

Zur Steigerung der Sicherheit von Patient:innen und Fachpersonen war eine Revision des Artikels 58, KVG, notwendig. Die revidierten Gesetzesbestimmungen traten am 1. April 2021 in Kraft und erteilen dem

Bund die notwendige Kompetenz, die geforderte Qualitätsverbesserung im Interesse der Patientensicherheit voranzubringen. Sämtliche Leistungserbringer müssen bis Ende 2023 mit den beiden Krankenkassenverbänden Curafutura und Santésuisse Qualitätsverträge abschließen.[397] In den Qualitätsverträgen müssen u.a. die Qualitätsmessung, die Maßnahmen zur Qualitätsentwicklung, die Überprüfung und Veröffentlichung der Verbesserungsmaßnahmen sowie die Sanktionen bei Vertragsverletzungen festgelegt werden. Die Regeln gelten als befolgt, wenn eine Institution jährlich die Selbstdeklaration ausfüllt und allfällige angemessene terminierte Auflagen von Prüfstellen fristgerecht erfüllt.[398] Diese Qualitätsverträge treten erst durch die Genehmigung des Bundesrats in Kraft; können sich die Verbände nicht auf einen Vertrag einigen, setzt er sie zur gegebenen Zeit in Kraft.

Die Ausarbeitung und die Umsetzung dieser Qualitätsverträge und die Maßnahmen zur Qualitätsverbesserung sind zwar für alle Beteiligten eine große Herausforderung, sie sollen der Qualität in der gesamten Gesundheitsversorgung aber einen veritablen Schub verleihen und die interdisziplinäre Zusammenarbeit nachhaltig über sämtliche Bereiche hinweg fördern.

Die Anerkennung der Verbesserungsmaßnahmen

Die Qualitätsverbesserungsmaßnahmen (QVM) sind Teil der Qualitätsverträge (QV), die von den Vertragspartner:innen einzeln anerkannt sein müssen. Die Fachkommission (FKQ) von H+ »Die Spitäler der Schweiz« bearbeitet und prüft die fachliche Anerkennung der QVM für den stationären Bereich. Die Kommission stellt den Spitälern und Kliniken zur Ausarbeitung der QVM ein Konzept zur Qualitätsentwicklung zur Verfügung. Die Voraussetzung für die Anerkennung des Qualitätsvertrags ist, dass die Resultate der QVM in den vierstufigen Regelkreis des kontinuierlichen Verbesserungsprozesses gemäß PDCA-Zyklus: Plan, Do, Check, Act, im internen Qualitätsmanagementsystem integriert werden.[399] Wichtige QVM sind das Interprofessionelle Peer Review (IPR) und ein nationales Meldesystem für Fehler und kritische Ereignisse.

Die Stiftung für Patientensicherheit bietet seit 2006 ein überregionales Netzwerk lokaler Fehlermeldesysteme in der Schweiz an. Alle angeschlossenen Gesundheitseinrichtungen können ihre lokalen CIRS-Meldungen anonymisiert an die Critical Incident Reporting & Reacting NETwork (CIRRNET-)Datenbank weiterleiten. Die Teilnahme ist freiwillig, dient in erster Linie der Selbstbewertung und soll eine selbstkritische Betrachtung des eigenen Meldesystems auslösen.[400] Die Stiftung unterstützt die Umsetzung des CIRS mit verschiedenen Aktivitäten, z.B. der jährlichen Tagung zum CIRRNET.[401] Für den Spitalbereich bietet das CIRRNET ein ausbaufähiges Netzwerk für die Patientensicherheit. Als externe Plattform dient sie der jeweiligen internen Plattform, die zu einer erfolgreichen Betreibung derselben gehört.

Eine wirkungsvolle QVM ist das Interprofessionelle Peer Review (IPR). Es ist ein unbürokratisches, flexibles und auf den kollegialen Austausch fokussiertes Verfahren zur Förderung eines proaktiven Qualitäts- und Fehlermanagements. Es handelt sich um eine Überprüfung (Review) und Bewertung von Behandlungen durch

Gleichgestellte (Peers bzw. Reviewende). Interprofessionelle und klinikübergreifende Teams besuchen andere Spitäler und Kliniken und entwickeln mit dem Behandlungsteam Vorschläge zur Optimierung der Behandlung. Das IPR kann mit entsprechenden medizinischen, pflegerischen und betreuenden Fachpersonen und einem erweiterten Kreis von Teilnehmenden in jedem Bereich angewandt werden.

Die Schweizerische Gesellschaft für Intensivmedizin (SGI) hat sich für die fachliche Anerkennung des IPR für die Intensivmedizin engagiert. Miteinbezogen hat sie dafür die IPR der deutschen Interdisziplinären Vereinigung für Intensiv- und Notfallmedizin (DIVI) und der deutschen Initiative Qualitätsmedizin (IQM) und hat es den schweizerischen Gegebenheiten angepasst.

Damit ein IPR anerkannt wird, muss es nicht nur in der Intensivstation, sondern auch in anderen Bereichen eingesetzt werden können. Die Initiative der Allianz Peer Review CH (FMH, H+, Swiss Nurse Leaders) führte 2012 bis 2015 ein Pilotprojekt zu national einheitlichen Peer Reviews der IQM in der Akutsomatik[402] durch; mittlerweile sind sie für diese standardisiert. Aufgrund der Erfahrungen und Rückmeldungen erachtete es die Allianz zudem als sinnvoll, auch für die Psychiatriekliniken ein schweizweit standardisiertes Verfahren aufzubauen und das IPR in der Psychiatrie zu etablieren. Zwischenzeitlich ist das Pilotprojekt IPR in der Psychiatrie erfolgreich durchgeführt worden.

Die Schweizerische Gesellschaft für Qualitätsmanagement im Gesundheitswesen (sQmh)[403] hat den Anerkennungsantrag für das IPR in Zusammenarbeit mit der SGI ausgearbeitet, und nach der Überprüfung durch die FKQ wurde es zur Anerkennung für die Intensivmedizin, die Akutsomatik und die Psychiatrie im November 2022 eingereicht.[404]

Die eidgenössische Qualitätskommission

Die Revision des Artikels 58 des Krankenversicherungsgesetzes führte zur Gründung der EQK als unabhängige außerparlamentarische Expertenkommission, die vom Bundesrat im April 2021 eingesetzt wurde. In ihr sind die Leistungserbringer, die Kantone, die Versicherer, die Versicherten, die Patientenorganisationen und Personen der Wissenschaft vertreten. Die EQK unterstützt den Bundesrat bei der Umsetzung der gesundheitspolitischen Strategie »Gesundheit2030« und der Erreichung der Vierjahresziele zur Qualitätsentwicklung 2022–2024.

Die EQK setzt sich Jahresziele zur Koordination der Qualitätsprojekte und zur Umsetzung von Qualitätsverbesserungsmaßnahmen. Beispielsweise sind 2022 die Programme zur Qualitätsverbesserung für Bewohner:innen von Pflegeheimen und Fachpersonen in der bereichsübergreifenden Versorgung im Zusammenhang mit einer ausgewählten Krankheit zu unterstützen, angelaufen. Die EQK hat den Auftrag erteilt, bestehende Qualitätsindikatoren im Bereich Spital und Pflegeheime weiterzuentwickeln und neue Indikatoren für die Spitex zu erarbeiten. Sie hat ein Konzept für die systematische Qualitätsmessung und -überwachung vorgelegt, das allen Akteur:innen als Leitlinie dienen soll, ihr Instrumentarium zu entwickeln und die notwendige Qualitätsverbesserungsmaßnahmen auszuwählen.

Weitere Schwerpunkte sind der Wissenstransfer und die breitflächige Einführung von Schulungen in der ganzen Schweiz zur Verbesserung der Qualität. Wichtige Ziele sind, die Projekte zur Qualität zu koordinieren, Qualitätskonzepte zu lancieren und zu fördern, mit denen die Qualität gemessen und die Qualitätsverbesserungsmaßnahmen umgesetzt werden können.

Nebst den verschiedenen Schwerpunkten ist für die Leistungserbringer von großem Interesse, dass die EQK Gelder zur Verfügung hat, mit denen sie auf Antrag Projekte aus der Praxis finanzieren, sich finanziell beteiligen oder Leistungsaufträge erteilen kann.[405] Eingabefristen für die Einreichung von Gesuchen um Finanzhilfe sind jeweils der 28. Februar und der 31. August. Die EQK legt mit dem Jahresbericht Rechenschaft über ihre Tätigkeit ab. Dieser ist auf der Homepage aufgeschaltet, ebenso wie die erteilten Leistungsaufträge und die Formulare für die Finanzgesuche.

8

Die Sicherheit der Patientinnen und Patienten geht alle an

Die EQK will die Interessen der Patientinnen, Patienten und der Bevölkerung besser in politische und unternehmerische Entscheidungsprozesse und in die Führung von Gesundheitseinrichtungen einfließen lassen. Mit Fragebögen werden dazu Informationen für die Messung der Patient:innenerfahrung zu einer zurückliegenden Behandlung gesammelt, die Patient-Reported Experience Measures (PREMs). Mit den Patient-Reported Outcomes Measures (PROMs) werden die Auswirkungen des Versorgungsprozesses auf die Erfahrung der Patient:innen, wie die Kommunikation zwischen diesen und der Fachperson oder die Unterstützung im Versorgungsprozess untersucht und zunehmend als Qualitätsindikator eingesetzt.[406]

Die EQK hat in seinen Vierjahreszielen ein Projekt zur Entwicklung und Implementierung von PROMs, die in der Schweiz bereits in verschiedenen Settings und in unterschiedlicher Weise erhoben und genutzt werden, lanciert.[407] »Der Einsatz von Patient Reported Outcome Measures (PROMs) soll gefördert werden, um zu verstehen, welchen Wert die Patientinnen und Patienten den erhaltenen Leistungen beimessen und welche Auswirkungen sie auf ihre Gesundheit wahrnehmen. Weiter soll auch der Einsatz von Patient Reported Experience Measures (PREMs) verstärkt werden, um besser zu verstehen, wie sich Leistungserbringungsprozesse auf die Erfahrung der Patientinnen und Patienten auswirken.«[408] Die Erkenntnisse aus den PROMs dienen der EQK dazu, Projekte zur Stärkung der Patient:innen zu fördern.[409]

Die PROMs und die PREMs gelten unterdessen international als Instrumente zur Messung der Qualität über den vollständigen Patientenpfad hinweg. Weiter berichten sie über die Behandlungserfahrungen, das Behandlungsergebnis und das Verhalten des Gesundheitspersonals den Patient:innen gegenüber. Die OECD initiierte die internationale Studie Patient-Reported Indicator Surveys (PaRIS) und führt sie in enger Zusammenarbeit mit den Stakeholder:innen und den teilnehmenden Ländern durch.[410] Die PROMs stehen in direktem Zusammenhang mit einer wertorientierten bzw. nutzenorientierten Gesundheitsversorgung (Value-based Healthcare, VBHC). In beiden Modellen steht die erhöhte Lebensqualität und der bessere Gesundheitszustand der Patient:innen nach der Behandlung im Fokus; beides soll möglichst wirtschaftlich erreicht werden. PROMs liefern die Informationen zur Qualität der Behandlung und zur Lebensqualität der Patient:innen, die für die Messung der Zielerreichung notwendig sind. »Wie ein Leiter Qualitätsmanagement eines Spitals […] dazu sagt: ›VBHC ohne PROMs funktioniert nicht, aber PROMs ohne VBHC funktioniert.‹«[411]

Wertorientierte Gesundheitsversorgung / Value-based Healthcare

Das Universitätsspital Basel steht international an fünfter Stelle, und in der Schweiz gilt es als Pionier bei der Beantwortung der Frage: Wie geht es Patientinnen und Patienten nach der Behandlung? Mittlerweile liegen Tausende von Antworten von über 2000 Patientinnen und Patienten vor. Mit dem Ziel, die Qualität der Behandlung laufend zu verbessern, wird der »Berg von

PROM-Datensätzen« vom Qualitätsmanagement-Team koordiniert, gepflegt und genutzt. »Dass hier Top-Arbeit geleistet wird, ist von der Fachwelt anerkannt. [...] Das PROM-Projekt der Brustchirurgie schaffte es international unter die fünf besten Ränge. ›Die Kliniken lernen voneinander‹, freut sich [der Leiter des medizinischen Qualitätsmanagements] Florian Rüter mit seinem Team.«[412]

In der Schweiz und international laufen Bestrebungen, die Gesundheitsversorgung für die Patientinnen und Patienten wertorientiert (Value-based Healthcare, VBHC) zu gestalten. Dadurch wird das schweizerische Gesundheitssystem auf die Patient:innen als Adressat:innen und auf die Qualität ausgerichtet; angestrebt wird der individuelle Nutzen einer Behandlung für die Patient:innen. Das führt zu einer optimierten und qualitativ hochstehenden, integrierten Versorgung, die sich auch auf die Kosten positiv auswirkt. Bereits wird VBHC in der Schweiz in verschiedenen Projekten umgesetzt, wie beispielsweise im Universitätsspital Basel. Dort hat der Qualitätsbeauftragte Florian Rüter erreicht, dass VBHC in die Strategie des Spitals eingeflossen ist.

Partizipative Entscheidungsfindung (PEF)/ Shared Decision Making (SDM)

Partizipative Entscheidungsfindung (PEF) ist eine Form der Arzt-Patienten-Interaktion, bei der beide Partner aktiv und verantwortlich an Entscheidungsprozessen beteiligt sind und die dadurch maßgeblich zur besseren Kommunikation zwischen Patient:in und Arzt oder Ärztin beiträgt. PEF ist ein hilfreicher Prozess zur Entscheidungsfindung, wenn die Abwägung zwischen Nutzen und Risiken von mehr als einer Behandlungsoption abhängen oder bei der Frage, ob eine Intervention überhaupt durchgeführt werden soll; dieses Vorgehen kann stationär, ambulant und in jedem Bereich der Gesundheitsversorgung durchgeführt werden. Gemäß dem deutschen Experten Jürgen Kasper von der Universität Tromsø, Norwegen, »hat sich folgendes Modell der Kommunikation und Entscheidungsfindung bewährt (6-Schritte-Modell):

1. Dem Patienten eine klare Auskunft darüber geben, welche Entscheidung zum jetzigen Zeitpunkt getroffen werden muss.
2. Den Patienten ausdrücklich darauf hinweisen, dass die geeignetste Option nicht durch die Medizin selbst definiert werden kann, sondern auf den Präferenzen des Patienten beruhen muss.
3. Die Behandlungsoptionen, ihre Vorteile und Risiken, die verfügbare Evidenz und allenfalls eigene Erfahrungen möglichst mittels evidenzbasierter Informationen darstellen; bei der Darstellung die Präferenzen des Patienten für Informationsweitergabe berücksichtigen.
4. Die Präferenzen und Bedenken des Patienten in Bezug auf verschiedene Behandlungsoptionen und das Ausmaß der Einbeziehung in die Abwägung der Optionen erfragen.
5. Eine Entscheidung treffen und gleichzeitig genug Raum schaffen, um die Entscheidung auf einen späteren Zeitpunkt zu verschieben. Die Entscheidungshoheit liegt, wie im *Basis-informed Consent*-Modell, beim Patienten.

6. Sich mit dem Patienten über das weitere Vorgehen einigen.«[413]

Das Institut für Biomedizinische Ethik und Medizingeschichte der Universität Zürich führte im Dezember 2019 zusammen mit den Universitätsspitälern Zürich und Basel ein Symposium zum Thema partizipative Entscheidungsfindung (PEF) durch. Laut Meinung der Podiumsteilnehmer:innen wird PEF in der Schweiz noch nicht weitgehend praktiziert. Zur Verankerung im Schweizer Gesundheitssystem bestätigen sie die Notwendigkeit einer klaren Definition von PEF und seiner Komponenten, und sie halten fest, dass die Umsetzung im medizinischen Alltag mit dem 6-Schritte-Modell und mit evidenzbasierten Entscheidungshilfen implementiert werden sollte.[414] Sie halten zudem eine übergreifende systematische Strategie für notwendig, der Begriff PEF müsse konzeptuell geschärft, Fachpersonen müssten überzeugt und die laufenden Initiativen zusammengeführt werden.[415]

In Deutschland gewährleistet das Patientenrechtegesetz die Aufklärung und Einbindung der Patientin oder des Patienten in den Entscheidungsfindungsprozess einer individuellen Therapie seit 2013.[416] Die Implementierung von PEF/SDM in Deutschland ist demzufolge viel weiter vorangeschritten als in der Schweiz. 2021 wird in Kiel das nationale Zentrum für PEF/SDM gegründet.[417] Einer der Exponenten ist Jens Ulrich Rüffer,[418] der sich seit Jahrzehnten europaweit für SDM-Projekte engagiert; aktuell im Projekt der umfassenden Umsetzung der gemeinsamen Entscheidungsfindung unter Verwendung des umfassenden Implementierungsprogramms SHARE TO CARE für die PEF/SDM.[419] Es wird derzeit am Universitätsklinikum Schleswig-Holstein in Kiel, Deutschland, und bei Hausärzten im Land Bremen eingesetzt.

Mit einer Studie werden die Ergebnisse der vollständigen Implementierung von S2C im Hinblick auf die Wirksamkeit innerhalb des Kieler Neuromedizinischen Zentrums mit den Abteilungen Neurologie untersucht. Erste Resultate verweisen bereits heute auf den Erfolg des Projekts.[420] Vereinfacht gesagt, zeigen die Ergebnisse des Kieler Projekts »Making SDM a Reality«, dass Patient:innen in kürzerer Zeit besser informiert werden können. Das führt nicht nur zu zufriedeneren Patient:innen und Pflege- und Ärztepersonal, sondern verringert auch Notfälle. Und das ist wahrscheinlich auf besser aufgeklärte Patient:innen, die therapieadhärenter sind, zurückzuführen.

Der Einbezug der Patientinnen und Patienten in die Entscheidungsfindung und in die Behandlung und Therapie ist ein länderübergreifendes Anliegen. Es ist im Aktionsplan der WHO wie in der bundesrätlichen Strategie und in den Vierjahreszielen des Bundes verankert. Eine länderübergreifende Zusammenarbeit in Projekten wie der Implementierung der PEF/SDM bietet sich somit auch für die Schweiz vordringlich an.

Smarter Medicine

Der New Yorker Arzt Howard Brody[421] stellt 2010 große Unterschiede bei der Versorgung von Patientinnen und Patienten fest; warnende Stimmen zu den Auswirkungen der medizinischen Überversorgung (Overuse) wurden laut. »Er forderte die Ärzteschaft 2010 im ›New England Journal of Medicine‹ auf, stärker ihrem Anspruch gerecht zu werden, das Patientenwohl an die erste Stelle zu setzen und die Verantwortung für die großen regionalen Unterschiede in der Gesundheitsversorgung zu übernehmen, die zu erheblichen Teilen aus Überversorgung bzw. unnötigen Behandlungen resultieren.«[422] Dazu hält die Schweizerische Akademie der medizinischen Wissenschaften (SAMW) fest: »Es werden immer mehr Behandlungen und medizinische Untersuchungen durchgeführt, die den Patientinnen und Patienten mehr schaden als nützen. Die aus den USA stammende Initiative ›Choosing wisely – smarter medicine‹ versucht, diesem Trend entgegenzuwirken. Die von der SAMW 2013 lancierte Initiative, diesen Ansatz auch in der Schweiz einzuführen, mündete 2017 in die Gründung des gleichnamigen Trägervereins.«[423]

Der Verein smarter medicine hat zum Ziel, nicht nur »kluge Entscheidungen« herbeizuführen, sondern auch die offene Diskussion zwischen Ärzteschaft, den Patient:innen und der Öffentlichkeit zu fördern.[424] Das Kernstück des Vereins sind sogenannte Top-5-Listen aus jeder klinischen Fachdisziplin; die je fünf – in der Regel unnötige – medizinische Maßnahmen enthalten. Seit 2017 werden laufend neue Listen publiziert; 2019 veröffentlicht die Akademische Fachgesellschaft (AFG) für Gerontologische Pflege als erste, nicht ärztliche Organisation eine Top-5 Liste:

»1. Lassen Sie ältere Menschen nicht im Bett liegen oder nur im Stuhl sitzen. [...]

2. Vermeiden Sie bewegungseinschränkende Maßnahmen bei älteren Menschen. [...]
3. Wecken Sie ältere Menschen nachts nicht für routinemäßige Pflegehandlungen, solange es weder ihr Gesundheitszustand noch ihr Pflegebedarf zwingend verlangt. [...]
4. Legen oder belassen Sie keinen Urinkatheter ohne spezifische Indikation. [...]
5. Vermeiden Sie die Verabreichung von Reservemedikationen wie Sedativa, Antipsychotika oder Hypnotika bei einem Delir, ohne die zu Grunde liegenden Ursachen zuerst abzuklären, zu eliminieren oder zu behandeln. [...]«[425]

Der Verein fördert zudem Forschung, die die medizinische Über- und Fehlversorgung in der Schweiz, beispielsweise den Nutzen von Top-5-Listen, untersucht.[426]

YouTube-Kurzfilm: Fragen Sie Ihren Arzt die richtigen Fragen!

Der Verein smarter medicine stärkt die Patientinnen und Patienten unter anderem mit dem YouTube-Film »Fragen Sie Ihren Arzt die richtigen Fragen!«: »Ärztinnen und Ärzte sind Experten für Medizin. Und Sie, liebe Patientin, lieber Patient, sind die Expertin, der Experte für Ihre eigene Gesundheit! Die beste Arzt-Patientenbeziehung ist partnerschaftlich. Gehen Sie deshalb immer vorbereitet an ein medizinisches Gespräch über Ihre Gesundheit und vergewissern Sie sich, dass Sie folgende fünf Fragen beantwortet haben. 1. Gibt es mehrere Möglichkeiten? 2. Was sind die Vor- und Nachteile? 3. Wie wahrscheinlich sind diese? 4. Was passiert, wenn ich nichts unternehme? 5. Was kann ich selbst tun?«[427]

Projekt: Sicher im Krankenhaus – Ein Ratgeber für Patientinnen und Patienten

Das deutsche Aktionsbündnis Patientensicherheit (APS) bietet den Patient:innen und deren Angehörigen einen Ratgeber, der deren Stellung im medizinischen Entscheidungsprozess und in der Gesundheitsversorgung allgemein stärkt. »Falls Sie sich unsicher fühlen, fragen Sie lieber einmal zu viel als einmal zu wenig nach. Dies ist ein wesentlicher Beitrag zu Ihrer Sicherheit!«[428] So lautet ein Tipp des APS: Sie zielen auf die Sicherheit der Patientenidentifikation (keine Verwechslungen von Patientinnen und Patienten), der Hygiene, der Medikamente, der Untersuchungen, Operationen sowie des Essens und Trinkens ab, ebenso auf den Schutz vor Stürzen, auf die Schmerzlinderung, den Umgang mit Harnwegskathetern, die Vermeidung von Thrombosen und Druckgeschwüren, zudem geben sie Hinweise zur Spitalentlassung und schließlich zu den Patientenrechten. Die Zusammenfassung der zehn wichtigsten Tipps für einen sicheren Spitalaufenthalt:

»1. Lassen Sie sich – wenn möglich – von einer Person Ihres Vertrauens begleiten.
2. Beteiligen Sie sich aktiv an den Entscheidungen, die Ihre Behandlung und Versorgung betreffen.
3. Teilen Sie uns bitte alle wichtigen Informationen zu Ihren (Vor-)Erkrankungen mit.
4. Geben Sie uns sofort eine Rückmeldung, wenn Sie mit falschem Namen angesprochen werden.

5. Informieren Sie das Krankenhauspersonal sofort, wenn Sie befürchten, dass Sie eine falsche Behandlung, falsche Medikamente oder falsche Nahrung erhalten.
6. Waschen und desinfizieren Sie regelmäßig Ihre Hände.
7. Teilen Sie uns bitte mit, wenn Sie Schmerzen haben.
8. Befolgen Sie die Anordnungen des Krankenhauspersonals, wie Sie sich in Ihrer Krankheitssituation richtig verhalten.
9. Informieren Sie sich vor der Entlassung ausführlich über das weitere Vorgehen.
10. Fragen Sie bei Unklarheiten bitte immer nach.«[429]

Die Broschüre nimmt Themen auf, die Patient:innen immer wieder Sorgen bereiten: das Risiko einer Verwechslung. Sei dies bei einer Untersuchung oder einer Operation. Die Broschüre erklärt, was Patient:innen zur Vermeidung von Verwechslungen beitragen können: »Zu unseren einfachsten und zugleich effektivsten Sicherheitschecks gehört es, regelmäßig Vor- und Nachnamen sowie Geburtsdatum abzugleichen. Dazu werden Sie z.B. vor jeder Untersuchung, Behandlung, Medikamentenverabreichung oder vor jedem Transport nach Ihrem Vor- und Nachnamen und dem Geburtsdatum gefragt.«[430] Patient:innen verunsichert die regelmäßige Abfrage ihres Namens sehr, weil sie glauben, die Fachperson kenne sie immer noch nicht. Mit der Erklärung in der Broschüre sollten sie den Sinn dieses Verhaltens aber verstehen und gerne immer wieder ihren Namen nennen. Danach folgt eine empfehlenswerte Checkliste mit folgenden Rubriken: »Teilen Sie uns bitte unbedingt mit, wenn Sie glauben, dass ...«, »Achten Sie bitte darauf, dass ...«, und schließlich »Sie können z.B. folgende Fragen stellen«.[431] Die Patient:innen zu stärken und zu ihrer Sicherheit beizutragen, ohne die Fachpersonen aus ihrer Verantwortung zu entlassen, trägt wesentlich zur Sicherheit aller Beteiligten bei.

Daten für die Patientensicherheit

»Um ein komplexes Gesundheitswesen hinsichtlich Sicherheit und Qualität der Versorgung steuern zu können, sind aussagekräftige, belastbare und zeitnah zur Verfügung stehende Kennzahlen unerlässlich.«[432] Transparenz verlangt auch der Bund in seiner Qualitätsstrategie; unterstützt wird er von der EQK. Diese soll die relevanten Informationen zur Qualität der Leistungen auf nationaler Ebene zusammenfassen, sie in einer übersichtlichen Darstellung publizieren und im öffentlich zugänglichen Nationalen Qualitäts-Dashboards einsehbar machen. Das BAG publiziert beispielsweise jährlich Qualitätsindikatoren für die einzelnen Akutspitäler wie Fallzahlen (z.B. Anzahl Bypass-Operationen am Herz oder Anzahl behandelte Herzinfarkte) und Mortalitätszahlen (z.B. wie viele Todesfälle ergaben sich bei Patient:innen, die sich einer Bypass-Operation am Herz unterzogen?). Der Vergleich von Fallzahlen für einen bestimmten Eingriff oder eine bestimmte Erkrankung zeigt auf, welches Spital am meisten Erfahrung hat.[433]

Das Ziel einer Datenerhebung muss das Prinzip des kollektiven Lernens sein: »Um das Lernen aus Daten umzusetzen und das Wissen zu transferieren, soll der *PDCA-Zyklus (Plan, Do, Check, Act)* zur kontinuierlichen Verbesserung landesweit breit gefördert werden. Dieser Zyklus stellt sicher, dass jede Verbesserungsinitiative mittels Datenanalyse bewertet wird und ausgehend vom identifizierten Handlungsbedarf zu den notwendigen Verbesserungsmaßnahmen führt.«[434] Das deutsche Aktionsbündnis Patientensicherheit hat sich mit der Datenerhebung auseinandergesetzt und die relevanten Fragen gestellt: Aus welcher Perspektive wird gemessen? Mit welchem Erkenntnisinteresse (z.B. Wissenschaft, einfaches »Zählen«, Monitoring), mit welcher Messmethodik und mit welchen Datenquellen? Welches Problem soll gelöst werden?[435] Wie wichtig die Zielformulierung bezüglich der Datenmessung ist, zeigt das folgende Beispiel: Die Arbeitsgemeinschaft für Qualitätssicherung in den chirurgischen Disziplinen (AQC)[436] nahm in ihrem Register die heute als PREMs und PROMs bekannten Messungen 2010 auf. Bis anhin wurden nicht verifizierte medizinische Daten erfasst, was zur Verunsicherung der Patient:innen (mich interessiert als Patient:in nicht primär, wo schlecht gearbeitet wird, sondern wo ich gute Heilungschancen habe) führte. Die AQC erfasste deshalb im direkten Kontakt mit den Patient:innen zusätzliche Daten zu den Erfahrungen und Resultaten, die sie mit ihrer medizinischen Behandlung machten. »Die Patient:innen erinnern sich beispielsweise sehr genau, ob sie sich einer ungeplanten Reoperation unterziehen mussten.« Die AQC fand das Resultat der auf die Patient:innen zugeschnittenen Messung für ihre Register als revolutionär: »Bis dahin hatten wir uns auf das Negative (Komplikationen, Mortalität, schlechter Outcome) konzentriert. Mit den Patienten wurde unser Blick aufs Positive (guter Outcome, Verbesserung der Lebensqualität, gute Experiance) gelegt. Diese Erfahrung prägt die Art, wie wir seither an neue Register herangehen.«[437]

Jede Fragestellung gegenüber einer Datenerhebung grenzt deren Interpretationsraum und Zielsetzung ein und ist notwendig, damit kein unnötiger Datenberg entsteht.[438] Um beispielsweise vom CIRS eine relevante Antwort zu erhalten, muss die Fragestellung und die Leistung des CIRS klar sein. CIRS ist insbesondere ein Analyseinstrument des Qualitäts- und Risikomanagements, es ist jedoch als epidemiologisches Erhebungsinstrument ungeeignet.

Der Bundesrat will das Datenmanagement im Gesundheitsbereich mit fünf Maßnahmen nachhaltig verbessern. Dazu gehören automatische Meldesysteme zwischen verschiedenen Akteur:innen, ein Konzept für Identifikatoren der Gesundheitsregister, ein Konzept, wie Prozesse für Datenmeldungen an die Behörden an einem Ort erfolgen können, mit welcher Technologie der Aufwand für die Akteur:innen minimiert werden kann und die Ausgestaltung einer Fachgruppe von Bund, Kantonen und Verbänden zur Führung und Steuerung eines gemeinsamen gesamtheitlichen Datenmanagements, und nicht zuletzt sollen die Datenauswertungen weiterentwickelt werden.[439]

Im Bundesamt für Statistik besteht bereits ein Kompetenzzentrum für Datenwissenschaften. Dieses soll so ausgestaltet werden, dass eine gemeinsam nutzbare Datenanalyse-Infrastruktur zur Verfügung steht und der Daten- und Wissensaustausch für Krisensituationen etabliert ist. Die Datenerfassungssysteme sollen in erster Linie dafür sorgen, dass die Ergebnisse der Datenauswertung an diejenigen Teams und Fachpersonen zurückgehen, bei denen die Daten erhoben werden.

Im Umgang mit Daten stellen sich international große Herausforderungen, denn nach wie vor fehlen nicht nur in der Schweiz aussagekräftige Daten, wie es um die Sicherheit der Patientinnen und Patienten steht. Die Frage – nicht nur für die Schweiz – lautet: Wie schaffen wir einen datenbasierten Erkenntnisstand, der statistischen Erhebungskriterien standhalten würde, um eine Vorstellung von der tatsächlichen Rate von Behandlungsfehlern zu bekommen, und der den Handlungsbedarf aufzeigen würde.

Die Entwicklung von schweizweit geltenden Qualitäts- und Sicherheitsindikatoren wären für die einheitliche Datensammlung wie für die Auswertung wichtig, und es müssten verlässliche Statistiken zu Behandlungsfehlern mit gravierenden Gesundheitsschäden zur Verfügung stehen. Eine Maßnahme hierzu hat die WHO für ihr Sekretariat formuliert: »Durchführung einer Studie zur Ausgangssituation über die globale Belastung durch vermeidbare Schäden im Gesundheitswesen und Bewertung der Fortschritte und Verbesserungen im Laufe der Zeit.«[440]

9

Zusammen-arbeit über die Schweizer Grenzen hinweg

Die Schweiz und die Weltgesundheitsorganisation (WHO)

Die Weltgesundheitsorganisation (WHO) wurde 1948 als Sonderorganisation der Vereinten Nationen (UNO) gegründet, nachdem ihre Verfassung am 22. Juli 1946 von 61 Staaten unterzeichnet wurde. Die Mitgliedsstaaten der WHO sind verpflichtet, das Völkerrecht zu achten. Die Völkerrechtsverträge dienen als Ermächtigungsgrundlage und definieren deren Handlungsfähigkeit. Der Zweck der WHO ist in der Verfassung verankert: Allen Völkern soll zur Erreichung des bestmöglichen Gesundheitszustandes verholfen werden. Im September 1978 hielt die WHO die erste »International Conference on Primary Health Care« in Alma-Ata (Kasachstan) ab. Das Abschlussdokument kodifizierte erstmals das Prinzip der sogenannten Primary Health Care; die primäre Gesundheitsversorgung wurde zu einem Schlüsselkonzept der WHO erklärt.[441]

Sophie Hartmann zeigt 2016 in ihrer Dissertation, dass die Konstituierung der WHO im Vergleich zur International Civil Aviation Organization (ICAO) schwieriger war. Die verschiedenen Ländervertreter:innen hatten unterschiedliche Vorstellungen und Voraussetzungen, zudem wollten sie ihre Individualinteressen wahren; das zieht sich bis heute durch die Geschichte der WHO.[442] Sie hat im Laufe der Jahre dennoch die Führungsrolle in globalen Gesundheitsangelegenheiten übernommen. Zur Zielerreichung dient ihr die Strategie »Gesundheit für alle im 21. Jahrhundert«, die 1998 von der Weltgesundheitsversammlung beschlossen wurde.[443]

Die WHO erstellt Standards, die festhalten, was gesund ist und was eine Gefahr für die Gesundheit darstellt. Sie kann mittels Regulierungsmethoden Einfluss auf weltweite Verbesserungsmaßnahmen in der Medizin nehmen, sie kann Agreements (Abkommen) abschließen, beispielsweise mit anderen Sonderorganisationen der UNO, oder sie kann Empfehlungen, die in der Regel Kernaussagen von Leitlinien sind, veröffentlichen.[444]

Die Schweiz ist seit der Gründung der WHO Mitglied und trägt in ihren Leitungsgremien zahlreiche Projekte mit – etwa das Engagement für eine Reform der WHO-Nothilfearbeit. Bereits im Oktober 2004 wurde die World Alliance for Patient Safety als Arbeitsgemeinschaft der WHO mit externen Expert:innen, Führungskräften des Gesundheitswesens und Berufsverbänden gegründet.

Bundesrat Alain Berset empfing die Generaldirektorin der WHO Margaret Chan am 29. Juni 2012 zu einem Arbeitsessen in Bern und bedankte sich bei ihr für die Arbeit der WHO. Chan beglückwünschte ihrerseits die Schweiz zu ihrem bedeutenden Engagement und lobte sie anlässlich der Unterzeichnung der WHO-Vereinbarung. Sie hob den hervorragenden politischen Einsatz als Gastgeberin der WHO an ihrem Sitz in Genf und als Unterstützerin der laufenden WHO-Reform hervor. Die Schweiz unterzeichnete als erster Mitgliedsstaat der WHO die Vereinbarung über eine Länder-Kooperationsstrategie (CCS). In dieser wurden die Herausforderungen für eine engere Zusammenarbeit zwischen der Schweiz und dem WHO-Sekretariat aufgezeigt.

Bemerkenswert ist Chans Haltung zu Antibiotika: »Ärzte sollten Antibiotika nur verschreiben, wenn sie wirklich nötig sind. Auch im Tierbereich sollten keine Antibiotika eingesetzt werden, solange es sich vermeiden lässt. Wir brauchen Investitionen in Forschung und Entwicklung. Und wenn neue Antibiotika verfügbar werden, brauchen wir strengere Regeln, damit sie nur eingesetzt werden, wenn es angezeigt ist. Die Kontrolle muss strenger werden.«[445] Die verschiedenen Länder hielten jedoch an ihren Befindlichkeiten und Strukturen fest und zeigten wenig Solidarität. Diese Haltung kritisierte Chan in einem Interview der »Süddeutschen Zeitung«: »Ich möchte nicht undankbar klingen. Ich empfinde es als Privileg, der Organisation dienen zu können. Aber viele Länder benehmen sich untereinander wie die Besucher der WHO, nicht wie Mitglieder. Mit Ausnahme einiger weniger Länder wie Deutschland, die USA und das Vereinigte Königreich meinen sie es nicht ernst mit dem Management dieser Organisation.«[446]

Bundesrat Berset eröffnete im Mai 2017 die 70. Versammlung der WHO in Genf. Anlässlich dieser verabschiedete er den globalen Public-Health-Aktionsplan gegen Demenz, für den sich die Schweiz sehr engagiert hatte.[447] Die Schweiz unterstützte maßgeblich die Schaffung des Globalen Gesundheitsobservatoriums und die Einsetzung eines WHO-Expertenausschusses für Forschung und Entwicklung zu Krankheiten, von denen Entwicklungsländer unverhältnismäßig stark betroffen sind. Sie leistete zu ihrem Pflichtbeitrag für die Periode 2020–2022 freiwillige Kernbeiträge, u.a. CHF 7,5 Millionen an die WHO selbst und CHF 4,65 Millionen an deren Spezialprogramm zur Forschung, Entwicklung und Forschungsausbildung im Bereich der menschlichen Fortpflanzung (HRP-Programm).

»Die Patientensicherheit hat Vorfahrt«[448]

Die Patientensicherheit soll Leitgedanke bei der Weiterentwicklung des Gesundheitswesens sein – darüber herrschte beim ersten Patient Safety Global Action Summit, das auf Einladung der britischen Regierung im Frühjahr 2016 in London stattgefunden hatte, Einigkeit.[449] Bei der Folgeveranstaltung ein Jahr später hat das deutsche Bundesgesundheitsministerium (BMG) zusammen mit der britischen Regierung das von der WHO mitgetragene Gipfeltreffen für Patientensicherheit auf den Weg gebracht. Dieses Treffen fand am 29./30. März 2017 mit rund 400 Teilnehmenden aus Politik, Medizin und Wissenschaft in Bonn statt. Gesundheitsminister und hochrangige Delegierte aus 45 Staaten (mit unterschiedlichem wirtschaftlichen Entwicklungsstand), Vertreter:innen der Weltgesundheitsorganisation (WHO), der Europäischen Union (EU), der Weltbank (WB) und der OECD sowie Fachleute aus dem In- und Ausland kamen zusammen. Für sie stand das politische Engagement und die Führungsverantwortung für Patientensicherheit im Vordergrund.

In sechs parallelen Workshops wurden grundlegende fachliche Themen zur Patientensicherheit behandelt und die Ergebnisse mit jeweils drei politischen Kernbotschaften den Minister:innen vorgetragen.

»Workshop 1: Ökonomie und Effizienz der Patientensicherheit

Workshop 2: Patientensicherheit global – Perspektiven von Staaten mittleren und niedrigen Einkommens (Gastgeber – WHO)

Workshop 3: Patientensicherheit und mHealth [Anm. mobile Health], Big Data und tragbare elektronische Geräte (Handhelds)
Workshop 4: Infektionsvermeidung und -bekämpfung
Workshop 5: Mehr Sicherheit in Diagnostik und Behandlung – Checklisten und andere Tools
Workshop 5: Arzneimitteltherapiesicherheit (AMTS)«[450]

Am zweiten Tag wurden die gesundheitspolitischen Konsequenzen beraten und die weltweite Initiative für Patientensicherheit ausgerufen. Die Resultate ließen sich sehen: Die Minister:innen unterstützten die gemeinsame Initiative Deutschlands und Großbritanniens, eine (World Health Assembly) WHA-Resolution zu verfassen, mittels derer der 17. September zum internationalen Tag der Patientensicherheit erklärt werden soll, und sie erklärten die Weiterführung des Internationalen Ministergipfels als absolut notwendig. Künftig wird jedes Jahr ein anderes Land das Gipfeltreffen ausrichten, wobei Japan 2018 Gastgeber sein würde. »Alle Delegationen waren sich darin einig, dass alle Bestrebungen, mehr Aufmerksamkeit auf Patientensicherheit zu lenken, in dieser Initiative kombiniert werden müssen. Daraufhin trat der Bundesgesundheitsminister im Einvernehmen mit dem britischen Staatssekretär für Gesundheit auf und verkündete: ›Gemeinsam mit unseren Kollegen aus dem Vereinigten Königreich werden wir eine Resolution für die Weltgesundheitsversammlung 2018 erarbeiten und zählen auf Ihre Unterstützung.‹«[451] Damit legte er den Grundstein für eine weltweite Initiative.

Victor Dzau, Präsident der US National Academy of Medicine: »Diese tausend Meilen lange Reise beginnt mit einem ersten Schritt – einem offiziellen WHO-Welttag der Patientensicherheit.«[452]

Ein Tag für die Sicherheit

Die Gesundheitsminister und hochrangigen Delegierten aus allen 45 der auf dem Gipfel vertretenen Staaten bezeugten einstimmig ihre innere Anteilnahme und ihr Engagement für die Patientensicherheit. Viele wussten von traurigen Patientenschicksalen aus ihren Heimatländern zu berichten. »So berichtete die italienische Gesundheitsministerin von tragischen Todesfällen bei Neugeborenen, die auf mangelhafte Patientenversorgung in ihrem Land zurückzuführen seien. Sie versicherte, sie ›habe die Trauer dieser Familien zutiefst mitempfunden‹ [...].«[453]

»Diese weltweite Initiative für mehr Patientensicherheit vereint in sich die besten Eigenschaften eines Top-down-Engagements von politischen Entscheidungsträgern und einer Bottom-up-Unterstützung durch die Basis in Form von Erfahrungsberichten der Patienten selbst. Wie der Gesundheitsminister von Oman sagte: ›Wir haben das Handwerkszeug, wir haben das Wissen, und jetzt haben wir auch das politische Engagement. Jetzt gilt es noch zu handeln, und darum sind wir ja hier‹.«[454]

»Die Betonung des moralischen Gebots der Patientensicherheit zog sich als roter Faden durch das gesamte Gipfeltreffen, wobei eindringliche Appelle an die Minister ergingen, der Patientensicherheit allerhöchste Aufmerksamkeit zu widmen, um durch die Stärkung ihrer jeweiligen Gesundheitssysteme und Versorgungsabläufe die Lebensqualität für alle ihre Bürger zu verbessern. Um den britischen Gesundheitsminister zu zitieren: ›Jeder Patient zählt; er könnte ebenso gut mein Bruder sein, meine Schwester, meine Mutter oder mein Kind. Aber die Wahrheit ist, dass wir es mit Schädigungen in großem Umfang zu tun haben, und dass nicht jeder Patient zählt. Darum ist es auch so wichtig, dass die hier vertretenen Minister mit ihrem sichtbaren politischen Engagement eine Vorreiterrolle übernommen haben, obwohl die meisten Minister sich scheuen, solche unbequemen Wahrheiten zu benennen.‹«[455]

»In seinen abschließenden Worten hat Bundesgesundheitsminister Hermann Gröhe den Geist der beiden Tage so eingefangen: ›Die Notwendigkeit, eine Patientensicherheitskultur zu entwickeln, ist ebenso unbestreitbar wie die Bedeutung von Führungsverantwortung. Angesichts dieser beiden einfachen Wahrheiten sollte jeder von uns aufstehen und handeln.‹«[456]

Es sei eine kollektive Verantwortung, Erfolgsmodelle zur Verbesserung der Patientensicherheit überall zu verbreiten, erklärte auch Chan: »Das schulden wir den Menschen. [...] Wir müssen in dieser Richtung weitermachen, denn Eintagsfliegen haben wir schon viel zu viele.«[457]

Dem internationalen Tag der Patientensicherheit ist seit Beginn ein Motto vorangestellt. Das erste lautete: »Sicherheitskultur auf allen Ebenen«. Damit sollten unterschiedlichste Schwerpunkte wie Digitalisierung, Kommunikation, Medikationssicherheit, Hygiene und Patient Empowerment gesetzt werden. Über die Sicherheit soll aber nicht nur gesprochen, sondern sie soll auch sichtbar gemacht werden. Dafür erstrahlen jedes

Jahr am 17. September Wahrzeichen in oranger Farbe; unter anderen die Pyramiden in Ägypten und auf Initiative der WHO die Wasserfontäne in Genf. Wäre es nach einer Interpellation des damaligen SP-Nationalrats Thomas Hardegger gegangen, wäre auch das Bundeshaus in Orange erstrahlt.[458] Der Bundesrat lehnte das Begehren ab: »Die Einrichtung des ›Welttages der Patientensicherheit‹ war Teil einer entsprechenden Resolution, welche im Rahmen der Weltgesundheitsversammlung im Mai 2019 verabschiedet wurde. Die Schweiz hat diese Resolution von Beginn an aktiv unterstützt. Für die erste Ausgabe des Welttages hat der Bundesrat Kommunikationsmaßnahmen getroffen. Zentraler Bestandteil des internationalen Engagements der Schweiz ist nicht zuletzt die Ausrichtung des fünften globalen Ministergipfels zur Patientensicherheit am 27. und 28. Februar 2020 in Montreux.«[459] Vor diesem Hintergrund hätte das Bundeshaus in Orange als Aufbruch des Bundes zu einem neuen Umgang mit der Patientensicherheit in der Schweiz stehen können. Ein Zeichen dafür, dass sich die schweizerische Sicherheitskultur nicht nur an der Reform der WHO orientiert, sondern diese auch in der Gesundheitspolitik integriert und sichtbar machen will.

Der internationale Tag der Patientensicherheit trägt mit seinen Mottos sehr viel zur Entwicklung der Sicherheit bei: »Patientensicherheit über die Lebensspanne« im Jahr 2020, »Mach dich stark für die Sicherheit des Gesundheitspersonals« im 2021 und »Sichere Medikation« im 2022. Die Schweiz richtete den für das Jahr 2020 geplanten fünften globalen Ministergipfel zur Patientensicherheit 2020, wegen Covid verschoben, am 23. und 24. Februar 2023 in Montreux aus.

Die WHO will die Patientensicherheit mit dem »Globalen Aktionsplan für Patientensicherheit 2021–2030« vorantreiben. Dieser soll den Mitgliedsstaaten und anderen Interessenträgern einen handlungsorientierten Rahmen bieten, um die Umsetzung strategischer Maßnahmen zur Patientensicherheit auf allen Ebenen der Gesundheitssysteme weltweit zu erleichtern.[460] Dieser dient verschiedenen Ländern wie Deutschland, Österreich und auch der Schweiz als Grundlage für die Entwicklung der Qualität und Sicherheit in der Gesundheitsversorgung.

Das Gesundheitsquintett

Die deutschsprachigen Gesundheitsminister Deutschlands, des Fürstentums Liechtensteins, Österreichs und der Schweiz sowie die Gesundheitsministerin Luxemburgs engagieren sich vorbildlich für die Qualität und Patientensicherheit. Die Minister:innen – sie bilden das sogenannte Gesundheitsquintett – strukturieren die länderübergreifende Zusammenarbeit mit einem jährlichen Treffen. Die Länder verbindet neben der deutschen Sprache und den kulturellen Gemeinsamkeiten auch eine vergleichbare strukturelle, finanzielle und demografische Ausgangslage im Rahmen ihrer Gesundheitsversorgung und -systeme. Sie wollen die Qualität der Gesundheitsversorgung und die Patientensicherheit in ihren Ländern nachhaltig stärken und die Transparenz über die Qualität der erbrachten medizinischen Leistungen verbessern.

An der ersten Arbeitstagung im Jahr 2014 war der Umgang mit Menschen, die an einer Demenzerkrankung leiden, ein wichtiges Thema. Die zunehmende Anzahl älterer Menschen in allen fünf Ländern zwingt zu einer intensiven Auseinandersetzung mit der Frage, wie die Gesundheitsversorgung besser auf Demenz und andere altersdegenerative Krankheiten ausgerichtet werden kann. Dazu gehören eine gute Früherkennung und Prävention, eine koordinierte Versorgung und eine möglichst gute Unterstützung der Angehörigen.

Diskutiert wird auch der Umgang mit der wachsenden Zahl von Spitalinfektionen, die insbesondere durch multiresistente Krankheitserreger ausgelöst werden, sowie die damit zusammenhängende Antibiotikaresistenz. In der Schweiz infizieren sich schätzungsweise bis zu 70000 Patient:innen pro Jahr bei einem stationären Spitalaufenthalt. Mit einer verstärkten Sensibilisierung wollen die Gesundheitsminister:innen in erster Linie das Spitalpersonal, aber auch die Patient:innen dazu bewegen, die Risiken durch richtiges Verhalten zu senken.

Das Gesundheitsquintett trifft sich am 25. November 2021 virtuell zum neunten Mal. Zum Abschluss des Treffens bestätigt es den starken politischen Willen zur verstärkten Zusammenarbeit über die Länder hinweg und mit der WHO.[461] Die Lehren aus der Covid-19-Pandemie zum Schutz der Bevölkerung und für die globale Pandemieprävention sollen gezogen werden, weshalb das Quintett die im Mai 2021 gestartete WHO BioHub Initiative begrüßt.[462] Mit diesem Abkommen stellt die Schweiz der WHO das biologische Sicherheitslabor Spiez des Eidgenössischen Departements für Verteidigung, Bevölkerungsschutz und Sport (VBS) als Repositorium für SARS-CoV oder andere Pathogene mit Epidemie- oder Pandemiepotenzial zur Verfügung. Damit unterstützt die Schweiz ein internationales System für den freiwilligen Austausch von neuartigen Pathogenen. Das Sicherheitslabor in Spiez steht im Zusammenhang mit der Ankündigung des neuen Daten-, Analyse-, Überwachungs- und Beobachtungszentrums mit Sitz in Berlin, das Teil der WHO ist.[463] Das Gesundheitsquintett begrüßt das Ziel des neuen Zentrums, gemeinsam die neuen globalen Herausforderungen durch die intensive Zusammenarbeit von Regierungen, Privatwirtschaft, Wissenschaftler:innen und internationalen Akteur:innen zu beschleunigen, außerordentlich.[464]

Deutschlands Universitätsspitäler vernetzen sich

Die Covid-19-Pandemie war für die Spitäler eine große Herausforderung. Die Universitätskliniken Deutschlands reagierten darauf mit der Gründung eines Netzwerks Universitätsmedizin als Teil des Krisenmanagements zur Bekämpfung der Pandemie.[465] Die Steuerung des Netzwerks erfolgt durch eine nationale Task Force, die aus einem Verbund von Unikliniken und Politik besteht. Das Netzwerk erfasst die Daten der behandelten Covid-19-Patient:innen aus ganz Deutschland systematisch und bündelt sie in einer Datenbank, die der Klinik und der Forschung zur Verfügung steht. Die Ergebnisse sind für die individuelle Behandlung der erkrankten Personen und für den Umgang mit der Pandemie für die gesamte Gesellschaft relevant.

Das Netzwerk schafft mit der Bündelung der Kompetenzen und Ressourcen Strukturen und Prozesse für die Kliniken, die eine optimale Versorgung der an Covid-19 leidenden Menschen sicherstellen.[466] Da es sich um eine weltweite Pandemie einer neuen Krankheit handelt, ist die Vernetzung und Zusammenarbeit der verschiedenen Fachleute von höchster Bedeutung. Das gilt auch für den Zugang und für die Umsetzung von wissenschaftlichen Erkenntnissen. Für die künftige Behandlung neu auftretender Krankheiten ist dies wichtig, zumal mit weiteren Pandemien gerechnet werden muss.

Obduktionen als Qualitätssicherung

Für die Qualitätssicherung hat die Obduktion von verstorbenen Patient:innen eine große Bedeutung. Oswald Oelz, damaliger Chefarzt im Stadtspital Triemli, sagte anlässlich einer Podiumsdiskussion über den Umgang mit Fehlern im Jahr 2004: »Die Autopsie ist immer noch die ultimative Fehlerkontrolle.«[467] Zwei Jahre später war die Autopsie auch im Zürcher Kantonsrat ein Thema. Mit einem Vorstoß hätte diese politische Förderung erhalten sollen; der Vorstoß regte zwar die Diskussion an, wurde aber ohne Maßnahmen abgeschrieben.[468]

Oelz traf mit seinem Statement den Kern des schon damals großen Problems: Die Anzahl an Obduktionen ist stetig rückläufig. Gemäß Paul Komminoth, Chefarzt für Pathologie im Stadtspital Zürich (Triemli), ist das ein »gesamteuropäisches Phänomen«; und auch in den USA liege die Obduktionsrate »seit Jahrzehnten unter fünf Prozent«.[469] Die Patholog:innen sind sich einig: Es braucht die Obduktionen, weil viele Dinge sonst schlicht nicht festgestellt werden. Wolfram Jochum, Vorstandsmitglied der Schweizerischen Gesellschaft für Pathologie, geht noch weiter. »Er ist überzeugt, dass die tiefen Obduktionsraten nicht nur die Qualitätssicherung der

Spitäler gefährden, sondern auch die Qualität der Aus- und Weiterbildung der Mediziner.« – »Um so wichtiger sei es, dass Ärzte künftig vermehrt darin geschult würden, Angehörige zum richtigen Zeitpunkt optimal über den Nutzen der Leichenöffnung aufzuklären, sagen die befragten Pathologen unisono.«[470] Professor Marcel A. Verhoff, Direktor des Instituts für Rechtsmedizin in Frankfurt a. M., pflichtet ihm bei. Er engagiert sich seit Jahren für eine bessere Qualität der Obduktionen und fordert bessere Grundlagen im Medizinstudium.[471] »›Um wirklich einen detaillierten Einblick zu erhalten, wie beispielsweise ein Herzinfarkt aussieht, kommt man nicht umhin, eine Leiche zu öffnen‹, erklärt Wolfram Jochum, Vorstandsmitglied der Schweizerischen Gesellschaft für Pathologie.«[472] Die niedrige Obduktionsrate moniert auch Christian Jackowski, Direktor des Instituts für Rechtsmedizin an der Universität Bern: »Ein guter Arzt ist ein Arzt, der eine sorgfältige Leichenschau durchführt und der Familie vermittelt, warum das wichtig ist.«[473]

Obduktionen beantworten grundlegende Fragen zum Gesundheitszustand, zur Krankheitsentwicklung, zu den Therapien, zur Todesursache und zu ärztlichen Fehlern. Zu Beginn der Corona-Pandemie wurde aus Furcht vor Ansteckung von einer Obduktion abgeraten, beispielsweise vom Robert-Koch-Institut in Deutschland. Die Gefahr einer Ansteckung sei für die Ärzt:innen zu groß. Diese Empfehlung wurde jedoch mit dem Argument, Schutzmaßnahmen vor Ansteckung seien bekannt und ausreichend, früh revidiert.

Auch die Schweiz befolgte die Empfehlung, keine Obduktionen durchzuführen. Eine Ausnahme machten die Pathologen des Kantonsspitals Baselland (KSBL) und des Universitätsspitals Basel (USB): Dort wurde zu Beginn der Pandemie schweizweit die erste Obduktion durchgeführt. Das Team unter der Leitung des Facharztes Gieri Cathomas stand in fachlichem Austausch mit Expert:innen aus Deutschland und Spanien. Cathomas sprach in der Sendung »10 vor 10« des Schweizer Fernsehens vom 23. April 2020 über die neuesten Erkenntnisse wie die zur Lungenerkrankung oder über das erhöhte Thromboserisiko. Diese Erkenntnisse sollen das Fachpersonal bei der Behandlung und bei der Krankheitsbekämpfung und die Bevölkerung im Umgang mit der Infektion unterstützen. Er stellte ein Obduktionsregister in Aussicht, »[...] um die Erkenntnisse zu bündeln und eine höhere Aussagekraft zu erzielen«.[474]

In Deutschland wird dieses Vorhaben mit dem elektronischen DeRegCOVID-Register[475] im Institut für Pathologie der Uniklinik RWTH Aachen im April 2020 in enger Kooperation mit dem Institut für Medizinische Informatik und dem Center for Translational & Clinical Research (CTC-A) umgesetzt. Das Ziel des DeRegCOVID-Registers ist, möglichst alle Obduktion von Covid-19-Erkrankten deutschlandweit zu erfassen, um anschließend als zentrale Vermittlungsstelle für Datenanalyse und Forschungsanfragen zu dienen. Sobald relevantes Wissen vorliegt, wollen sie es mit den medizinischen Fachgesellschaften, dem Robert-Koch-Institut, dem Bundesgesundheitsministerium und der Öffentlichkeit teilen.

Mit dem Netzwerk solle künftigen Krisensituationen schneller, schlagkräftiger und besser vorbereitet begegnet werden können. Weil eine Pandemie alle Länder der Erde betrifft und sie vor große Herausforderungen stellt, sollen die Ressourcen in enger internationaler Zusammenarbeit genutzt und über die Weltgesundheitsorganisation (WHO) allen Ländern zugänglich gemacht werden.

Im Rahmen der SARS-CoV-Pandemie lancierten die WHO und die Schweiz im Mai 2021 eine globale BioHub-Initiative für die Lagerung, Weitergabe und Analyse von Krankheitserregern. Den rechtzeitigen Austausch epidemiologischer und klinischer Daten sowie biologische Materialien sicherzustellen ist von größter Bedeutung. Das Ziel ist, den Aufbau eines internationalen Austauschsystems für SARS-CoV und andere, insbesondere neue Krankheitserreger zu unterstützen.

Der Journalist Alexander Sturm hält in einem Artikel zur Digitalisierung in der »ÄrzteZeitung« schon 2018 fest: »Die Auswertung von Patientendaten ist eines der wichtigsten Zukunftsprojekte im deutschen Gesundheitssystem. Gefördert mit 150 Millionen Euro vom Bundesforschungsministerium, läuft eine Initiative, mit der Universitätskliniken eines Tages Patientendaten austauschen könnten.«[476]

Die Pandemie hat uns gezeigt, wie klein die Welt ist und wie Herausforderungen einer Pandemie nur gemeinsam, über die Grenzen hinweg effizient gelöst werden können. Urs Karrer, Chefarzt Infektiologie, Kantonsspital Winterthur, bringt es auf den Punkt: »Das Gesundheitswesen und die Spitäler in der Schweiz konnten sich nach gewissen Anfangsschwierigkeiten rasch auf die Behandlung der vielen schwerkranken Covid-Patientinnen und -Patienten einstellen. Dank internationaler wissenschaftlicher Zusammenarbeit konnte die Behandlungsqualität schnell verbessert werden.«[477]

10

Schlusswort

Forderungen für mehr Sicherheit

Hauptsächliches Anliegen dieses Buches ist es, zur gelebten Sicherheit der Patientinnen und Patienten sowie des Personals beizutragen. Die folgenden Maßnahmen und Vorschläge sollen einen Wandel im Denken und Handeln zum Thema Sicherheit voranbringen.

Forderungen:

- Meldungen zur Gefährdung von Patientinnen und Patienten müssen umgehend abgeklärt und gegebenenfalls Maßnahmen ergriffen werden.
- Alle Organisationen im Gesundheitswesen sind verpflichtet, den Aufgabenbereich der Patientensicherheit explizit einer verantwortlichen Person auf der obersten Leistungsebene zuzuordnen und diese dazu zu verpflichten, dass regelmäßig gegenüber der obersten Leitungsebene berichtet wird.
- Die mit dieser Aufgabe explizit beauftragten Führungskräfte stellen als Gesamtverantwortliche für das Qualitäts- und Risikomanagement sicher, dass Maßnahmen zur Etablierung einer Sicherheitskultur umgesetzt werden.
- Die Organisationen legen verbindlich fest, dass die sicherheitsbeauftragten Personen über die entsprechende Aus- und Weiterbildung verfügen müssen und sich regelmäßig weiterbilden.
- Whistleblower:innen müssen vor Repressalien geschützt werden.
- »Second Victim« soll als Berufskrankheit anerkannt werden.

- Um ein komplexes Gesundheitswesen hinsichtlich Sicherheit und Qualität der Versorgung steuern zu können, sind aussagekräftige, belastbare und zeitnah zur Verfügung stehende Kennzahlen unerlässlich.
- Die EQK erhält den Auftrag, Kennzahlen zur Patientensicherheit zu erarbeiten, die u.a. auch zeitnah und einrichtungsbezogen Informationen über die Sicherheitskultur und die Belastung der Mitarbeitenden (Mitarbeiterschutz) liefern.
- Die Behörden und die Ethikkommissionen müssen sicherstellen, dass bei einem Rückruf eines Medizinalprodukts oder einem Warnhinweis die betroffenen Patientinnen und Patienten informiert und gegebenenfalls nachbehandelt werden.
- Patientinnen und Patienten, die einen so gravierenden Krankheitsverlauf erleiden wie die im Buch geschilderten Beispiele, sei es durch einen Behandlungsfehler oder eine schicksalhafte Entwicklung, dürfen von den spitalverantwortlichen Personen nicht allein gelassen und mit den dadurch verursachten Mehrkosten belastet werden. In solchen Situationen muss rasch eine individuelle Lösung gefunden werden.
- Das BAG soll eine Ombudsstelle insbesondere für die Bevölkerung für Meldungen zur Gesundheitsversorgung einrichten, um die Sicht der Patientinnen und Patienten abzuholen.

Den Patientinnen und Patienten bleiben Vertrauen und Hoffnung

Der Report vom Institute of Medicine (IOM-Report) »To Err Is Human – Building a Safer Health System« zur Sicherheit der Patientinnen und Patienten machte 1999 Schlagzeilen. Er zeigte gravierende Lücken in der Sicherheit auf, rechnete vor, welche Kosten die Behandlungsfehler verursachten, und zeigte Lösungsvorschläge und Ziele auf. Fünf Jahre nach dem bahnbrechenden Bericht waren von den gesteckten Zielen kaum welche erreicht.

Trotzdem bewegte der Bericht einiges. Eine Führungsrolle bei der Förderung der Patientensicherheit übernahm die Anästhesie; ihre Aktivitäten strahlten sowohl in die Schweiz als auch in andere Länder aus. Unter der Führung von Daniel Scheidegger setzte die Anästhesie im Universitätsspital Basel wegweisende Maßstäbe für einen neuen Umgang mit Fehlern und kritischen Ereignissen. Ebenfalls ein Meilenstein war in dieser Hinsicht die Umsetzung des virtuellen Spitals Schweiz durch Max Stäubli vom Spital Zollikerberg. Nicht zu vergessen den entscheidenden Paradigmenwechsel weg von der individuellen Schuldfrage hin zur Analyse und Bewertung der Strukturbedingungen. Mit dem Ansatz »Lernen aus Fehlern und vermeidbaren unerwünschten Ereignissen« soll eine offene Kommunikation gelebt und Strategien entwickelt werden, die die Sicherheitskultur im Sinne einer Just Culture vollumfänglich etablieren. Zu diesem Ansatz gehört auch der Einbezug der Patientinnen und Patienten.

Trotz der erfreulichen punktuellen Verbesserungen steht der entscheidende Durchbruch bis heute aus. Das erforderliche Wissen und die notwendigen wissenschaftlichen Erkenntnisse sind zwar seit den 1990er-Jahren bekannt. Umgesetzt ist bis heute jedoch nur ein Teil davon, auch weil noch zu vieles auf Freiwilligkeit basiert.

Die Beweislast für Behandlungsfehler und den kausalen Zusammenhang mit einem Gesundheitsschaden liegt bei den betroffenen Personen. Schon allein dieser Umstand führt zu einer engen Selektion der Ereignisse, die überhaupt untersucht werden. Dazu kommt, dass kaum Daten zur Anzahl von Behandlungsfehlern zur Verfügung stehen. Verschiedene Annahmen lassen auf eine hohe Dunkelziffer schließen. Ans Licht der Öffentlichkeit gelangen allenfalls besonders gravierende Behandlungsfehler, meistens in skandalisierter Form.

In den letzten dreißig Jahren hat eine beachtliche Entwicklung stattgefunden, die Problemfelder sind aber nach wie vor dieselben. Solange keine verbindlicheren Maßnahmen, Kontrollen und Sanktionen bei einer Vernachlässigung der Sicherheit eingeführt werden, wird sich daran auch in Zukunft nichts Grundlegendes ändern; darunter zu leiden haben auch die Gesundheitsfachpersonen. Den Patientinnen und Patienten bleiben das Vertrauen und die Hoffnung, dass sie von engagierten und kompetenten Fachpersonen behandelt werden.

Anhang

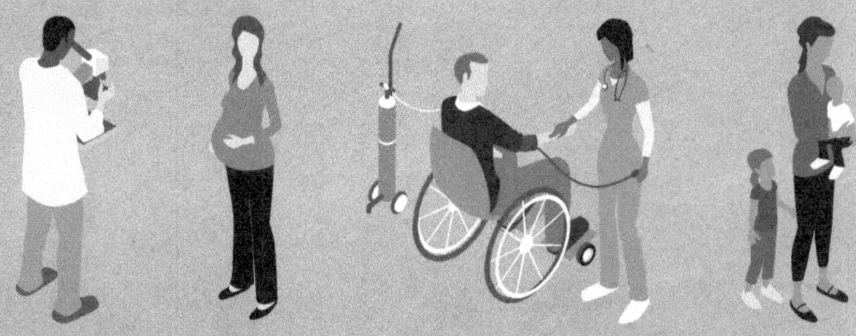

Anmerkungen

Alle Websites wurden zuletzt am 1.2.2023 abgerufen.

1 Das Konzept der Medikalisierung geht maßgeblich auf Ivan Illich (1926–2002) zurück.

2 Patient M. mit der Autorin im Gespräch, Zürich, 2018.

3 Marti, M.: »Vertrauen gewinnen ist eine Ehre«, in: VSAO Journal Nr. 4, August 2020.

4 Rüffer, J.U.: »Mein Patient, mein Freund«, in: MT dialog, www.mtdialog.de/artikel/mein-patient-mein-freund.

5 Bundesministerium für Gesundheit: Globaler Aktionsplan für Patientensicherheit 2021–2030 – Auf dem Weg zur Beseitigung vermeidbarer Schäden in der Gesundheitsversorgung; www.bundesgesundheitsministerium.de/fileadmin/Dateien/3_Downloads/P/Patientensicherheit/WHO_Global_Patient_Safety_Action_Plan_2021-2030_DE.pdf; > Englisches Original: WHO: Global patient safety action plan 2021–2030 – Towards eliminating avoidable harm in health care, 2021: https://apps.who.int/iris/rest/bitstreams/1360307/retrieve.

6 Hartmann, S.: »Risikobewältigung in der Luftfahrt und in der Medizin – eine vergleichende Untersuchung«, Berlin 2016, S. 19.

7 SRF, »Kassensturz«: »Ruhig gestellt im Pflegeheim«, 25.1.2023.

8 WHO: health worker safety: a priority for patient safety, 2020; www.who.int/docs/default-source/world-patient-safety-day/health-worker-safety-charter-wpsd-17-september-2020-3-1.pdf.

9 Der Name ist der Autorin bekannt.

10 Interne Korrespondenz.

11 Mündliche Aussage der Angehörigen.

12 Mündliche Aussage der Angehörigen.

13 Mündliche Aussage der Angehörigen.

14 Kontaktaufnahme der Angehörigen mit der Autorin, damals Leiterin der Patientenstelle Zürich.

15 → Patientinnendossier, Auszug A, S. 315.

16 → Patientinnendossier, Auszug B, S. 315.

17 Internes interdisziplinäres Arbeitspapier, 2020.

18 [→ Anm. 5], S. 93.

19 Hannawa, A.F.; Postel, S. (Hg.): »SACCIA – Sichere Kommunikation – Fünf Kernkompetenzen mit Fallbeispielen aus der pflegerischen Praxis«, Berlin, 2018, S. 4f.

20 o. a. A.: »WHO: Jede Minute fünf Tote durch falsche medizinische Behandlung«, in: Neue Zürcher Zeitung, 14.9.2019.

21 Ebd.

22 SWI, swissinfo: »Bis zu 60 medizinische Fehler pro Woche«, 28.4.2004: www.swissinfo.ch/ger/bis-zu-60-medizinische-fehler-pro-woche/3879566.

23 Patentensicherheit Schweiz; Gehring, K.; Schwappach, D. (Hg.): »Speak Up – Wenn Schweigen gefährlich ist«, Stiftung für Patientensicherheit; https://patientensicherheit.ch/wp/wp-content/uploads/2023/03/Schriftenreihe_08_DE_Speak_Up.pdf.

24 Gemeinsame Kampagne »Speak Up« von der Stiftung für Patientensicherheit Schweiz, dem Aktionsbündnis Patientensicherheit und der Plattform Patientensicherheit Deutschland.

25 Prof. Dr. Annegret F. Hannawa, Kommunikationswissenschaftlerin und Gründungsdirektorin des Kompetenzzentrums für Qualität und Sicherheit im Gesundheitswesen, Università della Svizzera italiana, Lugano.

26 [→ Anm. 19], S. 53.
27 Ebd., S. 93ff.
28 Sir Liam Joseph Donaldson, britischer Arzt, ehemaliger Chief Medical Officer für England, Hauptberater der Regierung des Vereinigten Königreichs in Gesundheitsfragen des National Health Service (NHS).
29 Hannawa, A.F.: »Safe Communication in Healthcare«, Interview with Sir Liam Donaldson: https://annegrethannawa.com/the-power-of-communication.
30 König, R.: » Der Umfang der ärztlichen Dokumentationspflicht«, Arzthaftpflicht – ein neues Leiturteil des Schweizerischen Bundesgerichts, in: Tribune, S. 1703.
31 walderwyss rechtsanwälte: »Untersuchungsbericht für Spitaldirektion Universitätsspital Zürich«, 21.4.2020, S. 34: www.oeffentlichkeitsgesetz.ch/downloads/geschichten/befreite-dokumente/2020-06-11-TA-Maisano.pdf.
32 810.30, Bundesgesetz über die Forschung am Menschen (Humanforschungsgesetz, HFG), vom 30.9.2011.
33 Schweizerische Akademie der Medizinischen Wissenschaften (Hg.): »Abgrenzung von Standardtherapie und experimenteller Therapie im Einzelfall«, Basel 2015: www.samw.ch/dam/jcr:c2e8543e-78d6-4714-8098-97553ece1cb6/richtlinien_samw_standardtherapie.pdf.
34 SAMW, Richtlinien: »Zusammenarbeit von medizinischen Fachpersonen mit der Industrie«, Bern 2022.
35 SAMW: »Integrität in der Wissenschaft«, 2002; www.samw.ch/dam/jcr:9e19f67f-15b3-457a-83c8-51154470fd59/richtlinien_samw_integritaet_

medizinische_forschung_unlauterkeit_2002.pdf.

36 Akademien der Wissenschaften Schweiz, Publikation »Kodex zur wissenschaftlichen Integrität«, Bern 2021.

37 Studienportal für klinische Versuche in der Schweiz (SNCTP): www.kofam.ch/de/studienportal/nach-klinischen-versuchen-suchen.

38 Unter »Compassionate Use« versteht man den Einsatz (noch) nicht zugelassener Arzneimittel an Patient:innen außerhalb eines klinischen Versuchs. Bei »Compassionate Use« handelt es sich immer um eine experimentelle Therapie und rechtlich um einen »Unlicensed Use«.

39 [→ Anm. 33], S. 15: *»Von einer informierten Einwilligung spricht man, wenn folgende Voraussetzungen erfüllt sind: Die Patientin ist urteilsfähig. / Sie ist in ausreichendem Maß aufgeklärt. / Sie ist in der Lage, die Aufklärung und die Reichweite ihrer Einwilligung zu verstehen. / Sie kann ihre Wahl unbeeinflusst von Zwang oder Manipulation treffen und äußern.«*

40 Swissmedic: »Vigilance betreffend Medizinprodukte«, Stand 28.11.2022; www.swissmedic.ch/swissmedic/de/home/medizinprodukte/wiederaufbereitung---instandhaltung/vigilance-mep.html: *»Das Heilmittelgesetz (HMG, SR 812.21) sieht vor, dass berufsmäßige Anwender schwerwiegende Vorkommnisse mit Heilmitteln an Swissmedic melden müssen (Art. 59 Abs. 3 HMG). [...] Wer als Fachperson bei der Anwendung von Produkten ein schwerwiegendes Vorkommnis feststellt, muss dieses nach Artikel 66 Absatz 4 MepV und Artikel 59 Absatz 4 IvDV dem Lieferanten und Swissmedic melden.«*

41 Swissmedic: »Regulierung Medizinprodukte«; www.swissmedic.ch/swissmedic/de/home/medizinprodukte/regulierung-medizinprodukte.html: *»[...] Medizinprodukte werden in verschiedene Risikoklassen eingeteilt, die unterschiedliche Bewertungsverfahren erfordern. Das sichtbare Resultat einer erfolgten Konformitätsbewertung ist das so genannte CE-Zeichen. Mit diesem Zeichen können Medizinprodukte innerhalb der EU und auf Grund der einseitigen Anerkennung der CE-Kennzeichnung, auch in der Schweiz in Verkehr gebracht werden.«*

42 Baumgarten, H.; Moretti, E.: »Unabhängige Untersuchung zur Verwendung von Bandscheibenimplantaten des Typs CAdisc-L des Herstellers Ranier Technology Ltd. in Spitälern der Privatklinikgruppe Hirslanden«, Untersuchungsbericht vom 1. Juli 2019, S. 44: www.hirslanden.ch/content/dam/corporate/downloads/de/media/press-releases/2019/hirslanden-untersuchungsbericht-publikationsexemplar-august-2019.pdf.

43 Ebd., S. 104.

44 Ebd., S. 45.

45 Ebd., S. 45f.

46 Süddeutsche Zeitung: »Die Implantat Files – Das gefährliche Geschäft mit der Gesundheit – Splitter im Rücken«: www.sueddeutsche.de/projekte/artikel/politik/implant-files-medizinskandal-um-kuenstliche-bandscheibe-e394939: *»Von der missglückten Affenstudie habe sie damals nichts gewusst, erklärt die britische Prüfstelle heute. Allerdings hätte die Firma Ranier Technology die Information laut den damals geltenden Leitlinien vorlegen sollen, sagen Experten. ›Die Rechtfertigung der Tierversuche ist ja gerade eine Nutzen- und Risiko-*

abwägung. Wenn man die Ergebnisse dann verheimlicht, wird das natürlich ad absurdum geführt‹, sagt Kurt Racké vom Vorstand des Arbeitskreises Medizinischer Ethik-Kommissionen in der Bundesrepublik Deutschland. ›Das ist extrem unlauter.«

47 Schweizerische Eidgenossenschaft, Staatssekretariat für Wirtschaft SECO: »CE-Kennzeichnung«: *»Durch die CE-Kennzeichnung erklärt ein Hersteller in der Europäischen Union, dass ein bestimmtes Produkt den geltenden Anforderungen genügt, die in den einschlägigen Harmonisierungsrechtsvorschriften festgelegt sind und dies mit dem entsprechenden Konformitätsbewertungsverfahren nachgewiesen wurde.«*

48 [→ Anm. 43]

49 [→ Anm. 42], S. 10.

50 [→ Anm. 42], S. 10.

51 [→ Anm. 43]

52 [→ Anm. 31], S. 24.

53 Valtech: »Dringender Sicherheitshinweis – Cardioband Mitralklappen-Rekonstruktionssystem«; https://fsca.swissmedic.ch/mep/api/publications/Vk_20171122_01/documents/0.

54 [→ Anm. 31], S. 27.

55 [→ Anm. 42], S. 11.

56 SRF, »10 vor 10«: »FOKUS – Der Implantat-Skandal«, 27.11.2018: https://bit.ly/3SYxcYY.

57 Boss, C.; Gamp, R.: »Der Schweizer Starchirurg und die zersplitterten Implantate«, in: Tages-Anzeiger, Das Magazin, Zürich 21.1.2023.

58 [→ Anm. 31], S. 25.

59 [→ Anm. 31], S. 22.

60 [→ Anm. 31], S. 19.

61 [→ Anm. 31], S. 19f.

62 Susanne Driessen ist seit 2015 Präsidentin von swissethics, der nationalen Dachorganisation der sieben kantonalen Ethikkommissionen für die Forschung am Menschen in der Schweiz. Die Ethik-

kommissionen bewilligen klinische Versuche für Medikamente oder auch Medizinprodukte. Driessen arbeitet seit zehn Jahren im Bereich der Forschungsethik und war zuvor als Ärztin klinisch in der Hämatologie und der Onkologie tätig.

63 Boss, C.: »Das ist ein schwerwiegendes Versagen des Systems«, in: Tages-Anzeiger, 11.6.2020.

64 UniversitätsSpital Zürich: »Weltpremiere: Herzteam des UniversitätsSpitals Zürich führt erstmals neuen Eingriff an einer Herzklappe durch«, Zürich, 26.9.2016: www.usz.ch/neuer-eingriff-an-herzklappe.

65 [→ Anm. 31], S. 46f.

66 Boss, C.; Gamp, R., Zihlmann, O.: »Journal meldet Bedenken über Publikationen des Klinikchefs«, in: Tages-Anzeiger, 25.7.2020.

67 Albrecht, P.; Bühler, D.; Hürlimann, B.: »Mir fällt nur ein Wort ein: Katastrophal«, in: Republik, 8.3.2021.

68 [→ Anm. 66]

69 [→ Anm. 66]

70 Boss, C.; Gamp, R.: »Diese Täuschung ist verheerend«, in: Tages-Anzeiger, 23.5.2020.

71 Ebd.

72 Filipovic, M.; Metzler, B.; Wahlers, T.: »Gutachten für die Universität Zürich, St. Gallen, Innsbruck, Köln«, 3.12.2020, S. 25: www.media.uzh.ch/dam/jcr:cc59364a-41dc-460f-8204-218ca71bb1d8/Gutachten_Unlauterkeit_anonymisiert.pdf.

73 Ebd.

74 [→ Anm. 70]

75 [→ Anm. 70]

76 Gamp, R.; Boss, C.: »Die Hierarchie in den Spitälern ist steiler als im Schweizer Militär«, in: Tages-Anzeiger, 20.09.2020.

77 [→ Anm. 70]

78 Ganten, D.: »Solche Fälle dürfen nicht verschwie-

gen werden«, Interview mit Ralf Krauter, in: Deutschlandfunk, 6.11.2017.

79 Ebd.

80 Ebd.

81 Ebd.

82 Signorell, G.: »Nominiert für den Prix Courage 2021: André Plass – Er deckte Missstände im Spital auf«, in: Beobachter, 10.9.2021.

83 Baches, Z.: »Zivilcourage trotz hohen Risiken«, in: NZZ am Sonntag, 13.6.2021.

84 Bundesversammlung: 03.3212 Motion Gysin Remo, »Gesetzlicher Schutz für Hinweisgeber von Korruption«, 22.6. 2007; www.parlament.ch/de/ratsbetrieb/amtliches-bulletin/amtliches-bulletin-die-verhandlungen?SubjectId=21904#votum2.

85 Bundesversammlung, 13.094 Obligationenrecht »Schutz bei Meldung von Unregelmässigkeiten am Arbeitsplatz«, 5.3.2020; www.parlament.ch/de/ratsbetrieb/amtliches-bulletin/amtliches-bulletin-die-verhandlungen?SubjectId=48524.

86 Nationalrat: 12.419 »Wahrung höherer, berechtigter öffentlicher Interessen als Rechtfertigungsgrund«, Bericht der Kommission für Rechtsfragen, 4.2.2022; www.parlament.ch/centers/kb/Documents/2012/Kommissionsbericht_RK-N_12.419_2022-02-04.pdf.

87 Foundation for Aviation Competence – FFAC: Forschungsstudie zur Just Culture, im Auftrag vom Bundesamt für Justiz, Studienleiter: Prof. Dr. iur. RA Roland Müller, St. Gallen, 18.1.2022; https://ffac.ch/wp-content/uploads/2022/03/FFAC-Forschungsstudie-Just-Culture-2022.01.18.pdf.

88 [→ Anm. 85]

89 Bundestag: »Besserer Schutz für hinweisgebende Personen im beruf-

lichen Umfeld beschlossen«, 16.12.2022; www.bundestag.de/dokumente/textarchiv/2022/kw50-de-hinweisgeber-926806.

90 Ebd.

91 [→ Anm. 5], S. 2.

92 Roggo, A.; Staffelbach, D.: »Offenbarung von Behandlungsfehlern/Verletzung der ärztlichen Sorgfaltspflicht – Plädoyer für konstruktive Kommunikation«, Bern 2006, S. 415.

> [→ Anm. 30], S. 1701: Wie die Autoren in dem wissenschaftlichen Beitrag zutreffend aufgezeigt haben, fällt der Kunstfehler zwar unter den Begriff des Behandlungsfehlers. Jedoch gibt es Behandlungsfehler, die keine Kunstfehler sind. So zum Beispiel die unzureichende Aufklärung zur Therapiesicherung oder die mangelhafte Eingriffsaufklärung.

93 [→ Anm. 92], S. 315f.

94 Grawe, P.: »20 Jahre nach ›To Err Is Human – Building a Safer Health System‹ – Eine bibliometrische Analyse der akademischen Rezeption des IOM-Reports«, Nürnberg 2022, S. 12f.; https://d-nb.info/1250500761/34.

95 Leape, L.L.; Berwick, D.M.: »Five Years After To Err Is Human – What Have We Learned?«, JAMA. 2005; 293(19): 2384–2390; https://doi.org/10.1001/jama.293.19.2384.

96 [→ Anm. 94], S. 7.

97 Institute of Medicine: »To Err Is Human – Building a Safer Health System«, Washington DC 2000; https://doi.org/10.17226/9728.

> [→ Anm. 95]

98 [→ Anm. 94]

99 [→ Anm. 94], S. 24ff.

100 [→ Anm. 94], S. 13.

101 [→ Anm. 94], S. 14.

102 [→ Anm. 6], S. 215.

103 [→ Anm. 5], S. 24.

104 Schrappe, M.; Aktionsbündnis Patientensicher-

heit (Hg.): »APS-Weißbuch Patientensicherheit«, Berlin 2018; www.aps-ev.de/wp-content/uploads/2018/08/APS-Weissbuch_2018.pdf.

105 Ebd.

106 Ebd.

107 Ebd., S. 13.

108 [→ Anm. 8]

109 Aktionsbündnis Patientensicherheit: »Wege zur Patientensicherheit – Katalog für Kompetenzen in der Patientensicherheit«, Berlin 2022; www.aps-ev.de/wp-content/uploads/2022/05/2022_APS_Lernzielkatalog.pdf.

110 Aleff, M.: »Vom Kernkraftwerk ins Krankenhaus – Sicherheitsgerichtete Verhaltensstandards«, Referat, GQMG-Impuls, 8.11.2022.

111 [→ Anm. 104]

112 Institut für Qualitätssicherung und Transparenz im Gesundheitswesen: »Planungsrelevante Qualitätsindikatoren«, 2016. S. 17ff.

113 UZH, News: »Herzchirurg Carrel kommt doch nicht nach Zürich«, Zürich, 1.12.2004; www.news.uzh.ch/de/articles/2004/1478.html.

114 [→ Anm. 22]

115 [→ Anm. 22]

116 [→ Anm. 22]

117 [→ Anm. 22]

118 SRF, »10 vor 10«: »Fall Rosmarie Voser«, 13.6.2005; www.srf.ch/play/tv/10-vor-10/video/fall-rosmarie-voser?urn=urn:srf:video:d1c24a21-e654-412c-bbd0-9f0ebf6f3809.

119 SRF, Tagesschau: »Moratorium und Suspension«, Zürich, 19.6.2005. www.srf.ch/play/tv/tagesschau/video/moratorium-und-suspension?urn=urn:srf:video:fbabcc24-2616-4293-befe-39f8515183c0.

120 [→ Anm. 119]

121 [→ Anm. 119]

122 [→ Anm. 119]

123 [→ Anm. 118]

124 HSM Beschlussorgan: »Entscheid zur Planung der hochspezialisierten

Medizin (HSM) im Bereich der Herztransplantationen«, 27.11.2013: www.gdk-cds.ch/fileadmin/docs/public/gdk/themen/hsm/hsm_spitalliste/201311_02a_bb_dc_tx_herz_20131127_def_d.pdf.

125 GDK, Medienmitteilung: »Herztransplantationen: Bundesverwaltungsgericht stützt Beschluss der Kantone«, 19.5.2012; www.gdk-cds.ch/de/die-gdk/medienmitteilungen/detail/herztransplantationen-bundesverwaltungsgericht-stuetzt-beschluss-der-kantone-1.

126 SRF, News: »Das Universitätsspital Zürich darf weiter Herzen verpflanzen«, 20.9.2013.

127 Ebd.

128 Plass publizierte dazu in Fachjournalen und referierte auf Fortbildungen und Kongressen:

> Plass, A. et al.: »The Potential Impact of Functional Imaging on Decision Making and Outcome in Patients Undergoing Surgical Revascularization«, Thorac Cardiovasc Surg, 2015; 63(4):270–6; https://doi.org/10.1055/s-0034-1395393.

> Plass, A. et al.: »Aortic Valve Replacement Through a Minimally Invasive Approach: Preoperative Planning, Surgical Technique, and Outcome«, 2009 Dec; Science Direct, The Annals of Thoracic Surgery 88(6):1851–6; https://doi.org/10.1016/j.athoracsur.2009.08.015.

> Plass, A. et al.: »The Potential Value of Hybrid Positron Emission Tomography/Dual-Source Computed Tomography Imaging in Coronary Bypass Surgery«, Heart Surg Forum, 2011 Oct; 14(5): E283–90; https://doi.org/10.1532/HSF98.20111045.

129 Plass, A.: »Checkliste für Herzchirurgie«, Zürich 2012, internes Papier.

130 USZ, News: »Der Faktor Mensch in der Fliegerei

und im Gesundheitswesen«, 13.2.2015.

131 Ebd.

132 Ebd.

133 Ebd.

134 Schmid, A.; Tommer, B.: »Private Pläne für Zürcher Herzchirurgie«, in: Neue Zürcher Zeitung, 6.6.2010.

135 https://afasiaarchzine.com/2019/10/valerio-olgiati_26/afasia-valerio-olgiati-swiss-cardiac-center-abu-dhabi-1.

136 SRF, Regionaljournal Zürich Schaffhausen: »Zürcher Unispital verliert Herzchirurgie-Spezialisten«, 30.4.2014.

137 [→ Anm. 67]

138 »›Qualität muss in den Händen der Ärzte bleiben‹ – Erfahrungen mit dem Register«, in: allianz q (Hg.): »›Qualität im Gesundheitswesen‹ – Kuration und Prävention: Welche Qualitätsdaten braucht es?«, Seengen 2017, S. 6.

139 Anderegg, S.: »In Zürich sterben zu viele Herzpatienten nach OPs«, in: Tages-Anzeiger, 31.3.2018.

140 Ein Audit ist die systematische Überprüfung, ob ein Prozess, eine Aktivität oder ein System in seiner Definition und Umsetzung zuvor festgelegte oder geregelte Standards, Richtlinien, Normen oder Gesetze erfüllt. Dieser Prozess erfolgt systematisch, unabhängig und dokumentiert. Aus: www.yaveon.de/glossar/audit.

141 [→ Anm. 139]

142 USZ, News: »Michele Genoni verlässt das USZ«, 1.7.2019.

143 USZ, Medienmitteilung: »Weltpremiere: Herzteam des UniversitätsSpitals Zürich führt erstmals neuen Eingriff an einer Herzklappe durch«, 26.9.2016.

144 Vgl. »Bewilligungsverfahren und Meldepflicht«, S. 44.

145 USZ, News: »Prof. Francesco Maisano verlässt das USZ«, 3.9.2020.

146 Ebd.

147 Gesetz über das Universitätsspital Zürich (USZG): Ordnungsnr: 813.15, Erlassdatum: 19.9.2005; www.zhlex.zh.ch/Erlass.html?Open&Ordnr=813.15.

> Kantonsratsgesetz (KRG) Zürich: Ordnungsnr: 171.1, Erlassdatum: 25.3.2019; www.zhlex.zh.ch/Erlass.html?Open&Ordnr=171.1.

148 Motion von Lorenz Schmid (CVP, Männedorf) betreffend Indikationsqualität stationärer Leistungen, KR-Nr. 76/2018, 19.3.2018; https://zh.die-mitte.ch/wp-content/uploads/sites/7/2021/08/Motion-Indikationsqualitaet-stationaerer-Leistungen.pdf.

149 Auszug aus dem Protokoll des Regierungsrates des Kantons Zürich: 515. Motion (Indikationsqualität stationärer Leistungen), Sitzung vom 6.6.2018; www.zh.ch/bin/zhweb/publish/regierungsratsbeschluss-unterlagen./2018/515/RRB-2018-0515.pdf.

150 [→ Anm. 31], S. 7.

151 [→ Anm. 31], S. 18.

152 [→ Anm. 31], S. 4.

153 [→ Anm. 31], S. 7.

154 [→ Anm. 31], S. 45.

155 [→ Anm. 31], S. 45.

156 [→ Anm. 31], S. 53.

157 Rutishauser, A.: »Anwaltskanzlei erhielt lukrativen Folgeauftrag«, in: Tages-Anzeiger, 27.6.2020.

158 Vertrauliche Anhörung von Erika Ziltener, Sitzung der Subkommission, Zürich, 11.9.2020.

159 Die Befragung der Autorin durch die Subkommissionspräsidentin. (Protokoll ist vertraulich).

160 SRF, News: »Martin Hilti: ›Die Vertraulichkeit muss einen hohen Stellenwert geniessen‹«, 26.3.2021.

161 Ebd.

162 SRF, News: »André Plass: ›Man wird potentiell vernichtet‹«, 26.3.2021.

163 Jäggi, S.: »Nicht an dieser Klinik …«, in: Zeit online, 3.6.2020.

164 Rundmail von P.A., Journalist der »Republik« an USZ-Mitarbeitende.

> Der Name des Journalisten ist der Autorin bekannt.

165 Albrecht, P.; Bühler, D.; Hürlimann, B.: »Zürcher Herzkrise – eine Trilogie: II. Absturz«, in: Republik, 4.3.2021.

166 Albrecht, P.; Bühler, D.; Hürlimann, B.: »Zürcher Herzkrise – eine Trilogie: I–III«, in: Republik, 3./4./5.3.2021.

167 [→ Anm. 165]

168 [→ Anm. 162]

169 Presserat, Nr. 77/2021: Wahrheit / Anhören bei schweren Vorwürfen / Berichtigung / Identifizierung, Sitzung in der 3. Kammer, Zürich.

170 [→ Anm. 169]

> Presserat, III. Feststellungen. Die »Republik« hat mit der Namensnennung in den genannten Artikeln die Ziffer 7 (identifizierende Berichterstattung) verletzt.

171 »Republik«, Hürlimann, B.: » Schlussstrich«, 14.9. 2022; www.republik.ch/2022/09/14/am-gericht.

172 Mitteilungen der Angehörigen von Peter Birchi, September 2022.

173 Rutishauser, A.: »Affäre Universitätsspital Zürich weitet sich nach Bern und Luzern aus«, in: Tages-Anzeiger, Sonntagszeitung, 7.6.2020.

174 Furger, M.; Schmid, A.: »Ärzte-Affäre in Zürich: Gesundheitsdirektorin Natalie Rickli kritisiert die Spitze des Unispitals scharf«, in: NZZ magazin, 30.5.2020.

175 Hudec, J.: »Spitalratspräsident Waser nach Trennung von Herzchirurg Maisano: ›Wir haben uns hier tatsächlich nicht mit Ruhm bekleckert‹«,

in: Neue Zürcher Zeitung, 3.9.2020.

176 [→ Anm. 173]

177 UZH: »Prof. Francesco Maisano«, 12.3.2021; www.news.uzh.ch/de/arti cles/2021/Maisano.html.

178 [→ Anm. 72]

179 [→ Anm. 177]

180 Signorell, G.: »Der Professor war nicht einmal Doktor«, in: Beobachter, 2.6.2021.

181 [→ Anm. 177]

182 sip: »Berufung zum Professor ohne Doktortitel«, in: Tages-Anzeiger, 3.6.2021.

183 SRF, Tagesschau: »Vorfall am USZ: Staatsanwaltschaft eröffnet Strafverfahren«, 13.1.2022.

184 Boss, C.; Gamp, R.: »Zu viele Tote, fehlendes Fachwissen – neue Fakten zur Zürcher Herzklinik«, in: Tages-Anzeiger, 2.12.2022.

185 USZ: Jahresbericht 2021 – Transplantationszentrum UniversitätsSpital Zürich: www.usz.ch/app/uploads/2022/10/Jahresbericht_TPLZ-2021_Deutsch.pdf.

186 BAG: »Qualitätsindikatoren Fallzahl«; www.bag.admin.ch/bag/de/home/zahlen-und-statistiken/zahlen-fakten-zu-spitae lern/qualitaetsindikato ren-der-schweizer-akut spitaeler/qualitaetsindi katoren-fallzahl.html.

187 [→ Anm. 184]

188 Boss, C.; Gamp, R.: »Wenn man über der erwarteten Mortalität liegt, ist das sicher kein Top-Ausweis«, in: Tages-Anzeiger, 2.12.2022.

189 Ebd.

190 USZ, Medienmitteilung: »Omer Dzemali wird Klinikdirektor Herzchirurgie«, 26.8.2022.

191 Der Name ist der Autorin bekannt.

192 → Patientendossier, Auszug C, S. 315.

193 → Patientendossier, Auszug D, S. 315.

194 [→ Anm. 138], S. 6.

195 → Patientendossier, Auszüge E, S. 316.

196 Straumann, F.: »Mikroben-Krimi am Zürcher Unispital«, in: Tages-Anzeiger, 5.11.2017.

197 Ebd.

198 Catherine Boss ist seit 2012 Reporterin des Recherchedesks von Tamedia; sie hat unter anderem bei den Recherchen zu den »Panama Papers« und den »Paradise Papers« im internationalen Journalisten-Team des ICIJ mitgearbeitet. www.linkedin.com/in/catherine-boss-7239577a.

199 Boss, C.; Zihlmann, O.; Skinner, B.: »Ohne Tabletten war es nicht auszuhalten«, in: Tages-Anzeiger, 4.12.2018.

200 Boss, C.; Gamp, R.; Zihlmann, O.: »Maisano entlastet, weil sich ein Toter nicht beschwert hatte«, in: Tages-Anzeiger, 10.6.2020.

201 Feusi, A.: »Ärzte machen immer wieder Kunstfehler – warum sie trotzdem kaum je verurteilt werden«, in: Neue Zürcher Zeitung, 21.1.2019.

202 Aschwanden, M.: »Niemand weiss genau, wie oft in Spitälern gepfuscht wird«, in: Tages-Anzeiger, 25.11.2021.

203 Gasche, U.P.: »Diese Spitäler operieren zu wenig und gefährden Patientinnen«, in: Infosperber, 25.8.2022.

204 [→ Anm. 31], S. 68.

205 Avedis Donabedian (1919–2000) begründete die Forschung zur Qualitätsentwicklung im Gesundheitswesen mit dem nach ihm benannten Qualitätsmodell.

206 Sens, B. et al.: »Begriffe und Konzepte des Qualitätsmanagements«, 4. Auflage. GMS Med Inform Biom Epidemiol. 2018; 14 (1): Doc04; doi: 10.3205/mibe000182; https://bit.ly/3muoOBe.

207 Ebd., S. 4

208 Mündlicher Bericht von Steffen Thomas, unter

anderem langjähriger Kantonsarzt Basel-Stadt.

209 Hartmann, S.: »Risikobewältigung in der Luftfahrt und in der Medizin – eine vergleichende Untersuchung«, PHD-Dissertation, Humbold Universität, Berlin, S. 20.

210 Scharrer, M.: »Man könnte ein Drittel einsparen«, in: Luzerner Zeitung, 21.7.2009.

211 Giger, M.; Anliker, M.; Bartuff, G.: »Polymedikation und Neuroleptika in Schweizer Pflegeheimen in den Jahren 2019 und 2020«, online veröffentlicht: 17.8.2022; https://doi.org/10.1024/1661-8157/a003909.

212 Ebd.

213 Heim, B.: »Wir wissen, wovon wir reden!«, in: seniorweb, 30.9.2022.

214 [→ Anm. 211]

215 [→ Anm. 5], S. 49.

216 Regierungsrat Kanton Zürich: »Generelle Anforderungen an die Listenspitäler«, Version 2023.1, Zürich, 1.1.2023; www.zh.ch/content/dam/zhweb/bilder-dokumente/themen/gesundheit/gesundheitsversorgung/spitalplanung_2013/aktualisierung-spl23/spl2023_generelle_anforderungen_v1.0.pdf.

217 Norbert Rose, Qualitätsmanagementsystem, Referat nicht öffentlich, Bern, Juli 2022.

218 Stäubli, M.: »Vermeidung medizinischer Zwischenfälle«, in: tellmed.ch by Mediscope, 31.5.2006; www.tellmed.ch/tellmed/Kolumne/Vermeidung_medizinischer_Zwischenfaelle.php.

219 Stäubli, M.: »Meldesystem für Komplikationen im Spital«, in: Soziale Medien, Nr. 1.05, Basel 2005.

220 [→ Anm. 218]

221 BAG: »Die Sicherheit von Patientinnen und Patienten stärken: medizinische Strahlenereignisse erkennen, erfassen, bewerten, melden und analysieren«,

40/21, S. 10ff.; www.svmtr.ch/files/Dokumente/News/2101985_BAG_Bulletin_DE_40_2021_Strahlenbericht_BF.pdf.

222 Ebd.

223 [→ Anm. 219]

224 [→ Anm. 219]

225 Schlusseditorial, »Viele Hunde sind des Hasen Tod…«, Bulletin Komplikationenliste Nr. 41/2019, Februar 2020, S. 2 (nicht öffentlich).

226 [→ Anm. 225]

227 Stäubli, M.: »Vermeidung medizinischer Zwischenfälle«, in: tellmed.ch, 31.5.2005; https://bit.ly/3EZdVAK.

228 Schneider, P.; Egger, A.; Kurz, R.: »Bessere Qualität dank Critical Incident Reporting-Systemen? Eine Frage der Kultur?«, in: Schweizerische Ärztezeitung, 2013, 94(37), S. 1407–1410; https://doi.org/10.4414/saez.2013.01720.

229 Hohenstein, C.; Fleischmann, T.: »Patientensicherheit im Hochrisikobereich«, in: Notarzt 2007, 23(1), D, S. 1–6; www.thieme-connect.com/products/ejournals/abstract/10.1055/s-2006-939998.

230 Postulat von Renate Fässler (SP) vom 1.11.2000: »Stadtspitäler, Einführung eines Meldesystems über Fehlleistungen und Fehleinschätzungen«, GR Nr. 2000/527, 7.2.2001.

231 Ebd.

> Die SP-Bundesrätin Ruth Dreifuss war damals für das Gesundheitswesen zuständig.

232 Kaufmann, M.; Staender, S.; von Below, G. et al.: »Computerbasiertes anonymes Critical Incident Reporting: ein Beitrag zur Patientensicherheit«, in: Schweizerische Ärztezeitung, 2002; 83(47), S. 2554–2558; https://doi.org/10.4414/saez.2002.09390.

233 Postulat von Heidi Bucher-Steinegger, Erika Zil-

tener, Hans Fahrni vom 6.6.2007: »Bericht und Antrag des Regierungsrates an den Kantonsrat zum Postulat KR-Nr. 316/2004«; KR-Nr. 316/2004; https://docplayer.org/83142912-Der-regierungsrat-erstattet-hierzu-folgenden-bericht.html.

234 [→ Anm. 22]

235 [→ Anm. 22]

236 Ärzteblatt Berlin, Newsletter: » Zehn Jahre CIRS: ›Der Kulturwandel ist noch nicht vorbei‹«, 19.9.2018; www.aerzteblatt.de/nachrichten/98014/Zehn-Jahre-CIRS-Der-Kulturwandel-ist-noch-nicht-vorbei.

237 »Zehn Jahre CIRS: ›Der Kulturwandel ist noch nicht vorbei‹«, in: Ärzteblatt, 19.9.2018.

238 Ebd.

239 Ebd.

240 Gesellschaft für Qualitätsmanagement in der Gesundheitsversorgung e.V.: »Beschwerden als Chance nutzen«, 24.10.2022; www.gqmg.de/gut-informiert/beschwerden-als-chance-nutzen-453.

241 o.a.A.: »Zum Tag der 112: ›Gaffen tötet!‹«, 11.2.2022.

242 Autorin nahm als Rechtsvertreterin daran teil, Zürich September 2019.

243 Bericht einer Ärztin, Name der Autorin bekannt.

244 Erfahrung der Pflegefachperson, Name der Autorin bekannt.

245 Aktionsbündnis Patientensicherheit: »Nachhaltige Gesundheitsversorgung durch mehr Patientensicherheit – Sieben Anliegen für die nächste Legislaturperiode 2021–2025«, 3/2021; www.aps-ev.de/wp-content/uploads/2021/03/Politische-Forderungen-des-APS_2021-2025.pdf.

246 KSPVQ: »Tätigkeitsbericht der kantonalen beratenden Kommission für Patientensicherheit und Versorgungsqualität (KPSVQ) – Geschäftsjahre

2019 und 2020«, 8.2.2021; https://bit.ly/3F3Ob6p.

247 Eva Maria Genewein, Stv. Chefärztin Innere Medizin und Notfallstation.

248 Im Oktober 2022 überarbeitete das NCC MERP den Medication Error Index, der einen Fehler nach dem Schweregrad des Ergebnisses klassifiziert. Es ist zu hoffen, dass der Index Ärzt:innen und Institutionen im Gesundheitswesen hilft, Medikationsfehler konsequent und systematisch zu verfolgen: www.nccmerp.org.

249 Aktionsbündnis Patientensicherheit, Patientensicherheit Schweiz, Plattform Patientensicherheit (Hg.): »Einrichtung und erfolgreicher Betrieb eines Berichts- und Lernsystems (CIRS) – Handlungsempfehlung für stationäre Einrichtungen im Gesundheitswesen«, 2016; www.plattformpatientensicherheit.at/download/themen/CIRS.pdf.

250 Die 5-Why-Methode, auch 5-W-Methode oder kurz 5 Why beziehungsweise 5W genannt, ist eine Methode im Bereich des Qualitätsmanagements zur Ursache-Wirkung-Bestimmung. Ziel dieser Anwendung der fünf »Warum?«-Fragen ist es, eine Ursache für einen Defekt oder ein Problem zu bestimmen. https://de.wikipedia.org/wiki/5-Why-Methode.

251 Stiftung Patentensicherheit Schweiz; Imhof, A.; Fridrich, A.; Schwappach, D.: »COM-Check – Sichere Chirurgie«, Ergänzung und Weiterführung der Schriftenreihe 5, 9/2021; https://patientensicherheit.ch/wp/wp-content/uploads/2023/03/D_Schriftenreihe_5__def.pdf.

252 SRF, »Espresso«: »Mit Checklisten gegen vermeidbare Fehler im Operationssaal«, 14.3.2013.

253 Gasche, U.P.: »Chirurgen wollen keine obligatori-

schen Checklisten«, in: Infosperber, 18.4.2016.

254 Bundesgericht 1B_289/2016; https://bit.ly/3S1esaJ.

255 [A.d.R. Hinweis der Anklageschrift: »wobei diese im Umfeld des Spitalpersonals zu finden ist«]

256 Bundesgericht: »Urteil vom 8. Dezember 2016; I. öffentlich-rechtliche Abteilung«; https://bit.ly/3n91Djx.

257 Roggo, A.: »Aspekte aus dem Medizinrecht zur Arzt-Patient-Beziehung«, 2010, S. 16; www.irm.unibe.ch/unibe/portal/fak_medizin/ber_dlb/inst_remed/content/e40010/e219183/section219184/files363393/SkriptumMedizinrecht_ger.pdf.

258 Edition (lat.: editio = »Ausgabe, Herausgabe«, nach griech. ékdosis) oder Ausgabe einer Publikation bezeichnet die Vorbereitung zur Veröffentlichung oder diese Veröffentlichung selbst.

259 [→ Anm. 256], S. 2.

260 Kislig, B.: »Justiz soll Zugriff auf vertrauliches Meldesystem der Spitäler erhalten«, in: Tages-Anzeiger, 7.11.2018.

261 BGE 141 III 363; 49. Auszug aus dem Urteil der I. zivilrechtlichen Abteilung i.S.A. gegen B. (Beschwerde in Zivilsachen); 4A_137/2015 vom 19.8.2015; Vertragliche Haftung des Arztes. Inhalt und Umfang der ärztlichen Dokumentationspflicht (E.5). http://relevancy.bger.ch/cgi-bin/JumpCGI?id=BGE-141-III-363.

262 [→ Anm. 257], S. 28.

263 Stiftung Patientensicherheit Schweiz: »Empfehlungen für das Betreiben eines Bericht- und Lernsystems (CIRS)«, ergänzt Mai 2021; https://patientensicherheit.ch/wp/wp-content/uploads/2023/03/Empfehlungen-fuer-das-Betreiben-eines-CIRS_2021_V03.pdf.

264 Motion Humbel Ruth. »Lernsysteme in Spitälern zur Vermeidung von Fehlern müssen geschützt werden«, 18.4210, Nationalrat: 29.10.2020; Ständerat: 20.9.2021; www.parlament.ch/de/ratsbetrieb/amtliches-bulletin/amtliches-bulletin-die-verhandlungen?SubjectId=50798.

265 Bundesamt für Justiz: »Fehlerkultur: Möglichkeiten und Grenzen ihrer rechtlichen Verankerung«, Bericht des Bundesrates vom 9. Dezember 2022 in Erfüllung des Postulats 20.3463 (RK-S) vom 25. Mai 2020, 9.12.2022; www.bj.admin.ch/bj/de/home/publiservice/publikationen/berichte-gutachten/2020-12-09.html.

266 BAG; Gächter, T.; Vokinger, K.: »Berichtssysteme in Spitälern – Rechtsfragen rund um den Schutz von Berichts- und Lernsystemen in Spitälern vor gerichtlichem Zugriff«, Rechtsgutachten, 26.5.2020; www.bag.admin.ch/dam/bag/de/dokumente/kuv-leistungen/qualitaetssicherung/rechtsgutachten-bag-cirs.pdf.download.pdf/Rechtsgutachten_BAG%20CIRS_Gaechter_Vokinger_26_Mai_20.pdf.

267 [→ Anm. 266], S. 46ff.

268 Bericht des Bundesrates in Erfüllung des Postulats 20.3463 (RK-S) vom 25.05.2020: »Fehlerkultur: Möglichkeiten und Grenzen ihrer rechtlichen Verankerung«, S. 23; www.newsd.admin.ch/newsd/message/attachments/74365.pdf.

269 Regierungsrat Kanton Zürich: »Generelle Anforderungen an die Listenspitäler«, Version 2023.1, gültig ab 1.1.2023; www.zh.ch/content/dam/zhweb/bilder-dokumente/themen/gesundheit/gesundheitsversorgung/spitalplanung_2013/aktu

alisierung-spl23/spl2023_generelle_anforderungen_v1.0.pdf.

270 Gesundheitsgesetz vom 14.02.2008, » SGS 800.300 – Verordnung über die Versorgungsqualität und Patientensicherheit«, Artikel 11, 3.9.2014; https://lex.vs.ch/frontend/versions/2059.

271 KPSPQ: Fragebogen – »System zur Meldung und Handhabung von Zwischenfällen (CIRS: Critical Incidents Reporting System) – Ergebnisse und Kommentare«, 2.11.2016, S. 9.

272 [→ Anm. 246]

273 Richard Kuonen, Qualitätsbeauftragter, Spital Wallis 2022.

274 Ebd.

275 [→ Anm. 246]

276 [→ Anm. 246]

277 GQMG: Positionspapier »Sicherheitskultur im Gesundheitswesen«, 7.3.2019, S. 1; www.gqmg.de/media/redaktion/Publikationen/Positionspapiere/GQMG_PP._Sicherheitskultur_im_Gesundheitswesen_28.03.19.pdf.

278 [→ Anm. 5], S. 93.

279 Dr. med. Ute Buschmann Truffer, Fachärztin Neurochirurgie, Exec. MBA HSG, Leiterin Standort Wolhusen, Mitglied erweiterte Geschäftsleitung LUKS Gruppe.

280 WHO: »Patient Safety Incident Reporting and Learning Systems Technical report and guidance«, 2020; www.who.int/publications-detail-redirect/9789240010338.

281 [→ Anm. 209], S. V.

282 [→ Anm. 209], S. 34.

283 [→ Anm. 209], S. 55

284 www.justculture.ch/was-ist-just-culture.

285 Bundesgericht: 6B_332/2019 – Urteil vom 29.10.2019, Strafrechtliche Abteilung; https://bit.ly/41eKPGS.

286 Ebd.

287 Ebd.

> www.justculture.ch/gerichtsurteile.

288 [→ Anm. 285]
289 www.justculture.ch/gerichtsurteile.
290 Medienberichterstattung z.B. SRF, »News«: »Ist der ›Fall Patrouille Suisse‹ wirklich abgeschlossen?«, 22.12.2022.
291 Wyler, M.: »Patrouille Suisse: Ein Gerichtsurteil aus einer längst vergangenen Zeit«, 24.12.2022; www.martin-wyler.ch/blog/detail/patrouille-suisse-ein-gerichtsurteil-aus-einer-laengst-vergan genen-zeit.
292 Ebd.
293 Bundesversammlung: 19.478 Parlamentarische Initiative eingereicht von Gregor Rutz: »Verbesserung der öffentlichen Sicherheit durch Verankerung der Redlichkeitskultur«, 16.9.2019.
294 Bundesversammlung: 20.3463 Postulat eingereicht von der Kommission für Rechtsfragen SR: »Redlichkeitskultur im Schweizer Recht«, RK-S Postulat, Redlichkeitskultur im Schweizer Recht, 25.5.2020.
295 Bundesversammlung: 20.3463 Postulat RK-S: »Redlichkeitskultur im Schweizer Recht«: Daniel Jositsch, Ständerat, Votum Sitzung, 23.9.2020; www.parlament.ch/de/ratsbetrieb/amtliches-bulletin/amtliches-bul letin-die-verhandlungen?SubjectId=50279.
296 [→ Anm. 87]
297 Bundesamt für Justiz: »Fehlerkultur: Möglichkeiten und Grenzen ihrer rechtlichen Verankerung«, Bericht des Bundesrates vom 9.12.2022 in Erfüllung des Postulats 20.3463 (RK-S) vom 25.5.2020; www.bj.admin.ch/bj/de/home/publiservice/pub likationen/berichte-gut achten/2020-12-09.html.
298 [→ Anm. 87]
299 Name ist von der Redaktion geändert.
300 → Patientendossier, Auszug F, S. 316.

301 Mündliche Aussage des Patienten.

302 → Patientendossier, Auszug G, S. 316.

303 → Patientendossier, Auszug H, S. 316.

304 → Patientendossier, Auszug I, S. 317.

305 Mit einer antegraden Kardioplegie wird das Herz mit Medikamenten über die Aorta für die Operation ruhiggestellt.

306 → Patientendossier, Auszug J, S. 317.

307 → Patientendossier, Auszug K, S. 317.

308 SRF, »Puls«: »Pfuscht die Medizin, ist guter Rat teuer«, 15.1.2019.

309 Ebd.

310 Information des Ehemanns an die Autorin.

311 [→ Anm. 308]

312 SRF, »Puls«: »FMH-Vizepräsident Christoph Bosshard und Patientenanwältin Bettina Umhang diskutieren über Beweislast, Gutachter, Zeitbedarf, einfühlsame Kommunikation mit Patienten und wiederholt pfuschende Ärzte«, 14.01.2019; https://bit.ly/3IDoWdh.

313 Gutachten in Sachen T.M., Basel, 16.09.2019. (Hinterlegt bei der Autorin.)

314 Husmann, D.; Kaufmann, P.: »Was Ärzte über Kausalität wissen sollten«, in: Schweizerische Ärztezeitung, Bulletin Tribüne, 2009; 90, S. 7; https://bit.ly/3kSAj81.

315 Vgl. Ziltener, E.; Spöndlin, R.: »Die Wucht der Diagnose – Aus dem Alltag der Patientenstelle«, Zürich 2015, S. 74ff.

316 BGE 120 II 248 – Behandlungsrisiken: 47. Auszug aus dem Urteil der I. Zivilabteilung vom 29. Juli 1994 i.S. W. gegen F. (Berufung); https://bit.ly/3Im110D.

317 Ebd.

318 Ebd., S. 251.

319 Bundesversammlung: 12.3103 Motion »Spitalinfektionen. Umkehr der

Beweislast«, eingereicht von Edith Graf-Litscher, 8.3.2012; www.parlament.ch/de/ratsbetrieb/suche-curia-vista/geschaeft?AffairId=20123103.

320 Der Bundesrat verweist auf den Bundesgerichtsentscheid 120 II 248. In: Stellungnahme des Bundesrates auf die Motion »Umkehr der Beweislast bei Spitalinfektionen«, eingereicht von Edith Graf-Litscher, 19.3.2009; www.parlament.ch/de/ratsbetrieb/suche-curia-vista/geschaeft?AffairId=20093196.

321 [→ Anm. 319]

322 [→ Anm. 257], S. 23ff.

323 [→ Anm. 257], S. 12ff.

324 BAG: »Patientenrechte und Patientenpartizipation in der Schweiz«, 24.6.2015, S. 57ff.; www.bag.admin.ch/dam/bag/de/dokumente/nat-gesundheitsstrategien/nat-programm-migration-und-gesundheit/patientenrechte/patientenrechte_partizipation_bericht.pdf.download.pdf/patientenrechte_partizipation_bericht_DE.pdf.

325 Bundesversammlung: 00.3536 Postulat »Patientenfonds«, eingereicht von Jost Gross, 5.10.2000; www.parlament.ch/de/ratsbetrieb/suche-curia-vista/geschaeft?AffairId=20003536.

326 Deutscher Bundestag, Wissenschaftliche Dienste: »Zu einem Patientenentschädigungs- und Härtefallfonds in den europäischen Nachbarländern«, WD 9 – 3000 – 046/18, 2018; www.bundestag.de/resource/blob/592450/f4869fd8bf0ae04135a0e0ec476075bc/WD-9-046-18-pdf-data.pdf.

327 Oeken, J.: »Was tun bei Medizinschadensfällen?«, Abschlussbericht der »Initiativgruppe Patientenentschädigung«, Ärzteblatt, Sachsen 4/2011. S. 157–160; https://bit.ly/3lViwgL.

328 [→ Anm. 325]

329 SRF, »News«: Woodtli, N.: »Nach Ärztefehlern: Versicherungen zermürben Spitalpatienten«, 18.10.2016.

330 Ebd.

331 [→ Anm. 94], S. 7.

332 [→ Anm. 94], S. 7.

333 [→ Anm. 94], S. 7.

334 Thomas, E.J. et al: »Incidence and types of adverse events and negligent care in Utah and Colorado«, Medical Care 38(3), S. 261–271, 3/2000; https://doi.org/10.1097/00005650-200003000-00003.

335 OECD: »The Economics of Patient Savety – From analysis to action«, 2020; www.oecd.org/health/health-systems/Economics-of-Patient-Safety-October-2020.pdf.

336 [→ Anm. 94], S. 13ff.

337 Schlingensiepen, I.: »Fehler führen zu enormen Folgekosten«, in: Ärtzezeitung, 11.4.2017.

338 OECD: »The Next Generation of Health Reforms«, Ministerial Statement, 17.1.2017; www.oecd.org/health/ministerial-statement-2017.pdf.

339 [→ Anm. 337]

340 [→ Anm. 337]

341 Schwerdtner, N. L.; Graf E.: »Von Basishygiene bis zu aktiver Netzarbeit«; Heilberufe volume 74, pages 30–33 (2022); https://link.springer.com/article/10.1007/s00058-022-2250-1.

342 Nationales Zentrum für Infektionsprävention Swissnoso, Bern. Swissnoso entstand 1994 auf Anregung des Bundesamtes für Gesundheit, um Empfehlungen zur Bekämpfung nosokomialer Infektionen und Antibiotikaresistenz im Schweizer Gesundheitswesen auszuarbeiten: www.swissnoso.ch/ueber-uns/wofuer-steht-swissnoso.

343 Swissnoso: »Healthcare-assoziierte Infektionen«;

www.swissnoso.ch/worum-geht-es/healthcare-assoziierte-infektionen.

344 Ebd.

345 DRGs bilden ein Patientenklassifikationssystem, mit dem einzelne stationäre Behandlungsfälle anhand bestimmter Kriterien (zum Beispiel Diagnose nach dem ICD-Schlüssel/ICD 10, durchgeführte Operationen, Schweregrad der Erkrankung, Alter des Patienten) zu Fallgruppen zusammengefasst werden. www.swissdrg.org/de/akutsomatik/swissdrg.

346 ECOPLAN: » Anreizsysteme zur Verhütung healthcare-assoziierter Infektionen in Spitälern und Pflegeheimen«, im Auftrag des Bundesamtes für Gesundheit, Definitiver Schlussbericht, 4.1.2019; https://bit.ly/41dNyR9.

347 Lohmann, M.; Rüffer, J.U.: »Wenn eine Begegnung alles verändert – Ärztinnen und Ärzte erzählen«, Köln 2020.

348 Schweizerische Gesellschaft für Intensivmedizin: »Schweizerischer Nationaler Aktionsplan gegen Sepsis«, 9/2022, S. 3, 10; https://bit.ly/3InfB88.

349 WHO: »Improving the prevention, diagnosis and clinical management of sepsis«, Resolution, 29.5.2017; https://apps.who.int/iris/handle/10665/275646.

350 European Sepsis Alliance: »European Sepsis Report 2021«; www.european-sepsisalliance.org/s/European-Sepsis-Report-FINAL.pdf.

351 [→ Anm. 348]

352 [→ Anm. 348], S. 3.

353 [→ Anm. 348], S. 3.

354 [→ Anm. 348], S. 10.

355 Aktionsbündnis Patientensicherheit: »Sepsis geht alle an! Handlungsempfehlung für Ärztinnen und Ärzte, Pflegekräfte und Angehörige anderer Gesund-

heitsberufe«, 2021; www.aps-ev.de/wp-content/uploads/2021/02/APS-HE_Sepsis_Personal.pdf.

356 Eidgenössisches Finanzdepartement: »Handbuch zum Risikomanagement Bund«, 15.9.2022; www.efv.admin.ch/dam/efv/de/dokumente/finanzpolitik_grundl/risiko_versicherungspolitik/handbuch-rm-bund.pdf.download.pdf/Handbuch_Risikomanagement_Bund_d.pdf.

357 BABS: »Mit Gefährdungen und Risiken umgehen«, Bern 2019; www.babs.admin.ch/de/aufgabenbabs/gefaehrdrisiken.html.

358 Kahla-Witzsch, H.A.; Löber, N.; Wolter, B.: »GQMG Implementierungshilfe zum Organisationsrisikomanagement«, 30.11.2022, S. 5; www.gqmg.de/media/user_upload/GQMG_AG_RM_Implementierungshilfe_Organisationsrisikomanagement.pdf.

359 Wolfer, B.; Löber, N.: »Die neue Arbeitshilfe der AG Risikomanagement zum Organisationsrisikomanagement«, Referat, GQMG-Impuls, 10.1.2023.

360 Patientensicherheit Schweiz; Taylor-Adams, S.; Vincent, C.: »Systemanalyse klinischer Zwischenfälle – Das London-Protokoll«, 2007.

361 [→ Anm. 356]; Anhang 9, S. 81f.

362 Die Arbeitsgruppe Risikomanagement der sQmh (Schweizerische Gesellschaft für Qualitätsmanagement im Gesundheitswesen) setzt sich intensiv mit der Implementierung des Risikomanagements in Betrieben auseinander. www.sqmh.ch.

363 [→ Anm. 5]

364 Patientensicherheit Schweiz: »Risikomonitoring und -reduktion«, 2022; www.patientensicherheit.ch/grundlagen programme/risikomonitoring-und-reduktion.

365 Bundesrat: »Ziele des Bundesrates zur Qualitätsentwicklung für die Jahre 2022–2024«, 2022; S. 14; www.bag.admin.ch/dam/bag/de/dokumente/nat-gesundheitsstrategien/qualitaetsstrategie-kk/vierjahresziele-qualitaetsentwicklung.pdf.download.pdf.

366 Stiftung für Patientensicherheit Schweiz: »Never Events«, 9/2021; https://patientensicherheit.ch/never-events.

367 Schweizer Radio, Tagesgespräch zur Tagung, »David Schwappach zur Fehlerkultur im Schweizer Gesundheitswesen«, 18.11.2021; https://bit.ly/3KtAwc8.

368 [→ Anm. 5], S. 26.

369 Einladung zur Teilnahme an der Delphi-Befragung zur »Just Culture«, Stiftung für Patientensicherheit Schweiz, 2/2023.

370 Vera Regitz-Zagrosek ist eine deutsche Fachärztin für Kardiologie. Sie ist Mitbegründerin der Gendermedizin in Deutschland und hat die erste und bisher einzige Professur für Frauenspezifische Gesundheitsforschung mit Schwerpunkt Herz-Kreislauf-Erkrankungen inne.

371 von Lutterotti, N.: »Frauen werden in der Medizin schlechter behandelt als Männer – weil viele Therapien bei Männern getestet wurden«, in: Neue Zürcher Zeitung, 14.11.2022.

372 aeg/sda: »Universität Zürich schafft ersten Lehrstuhl für Gendermedizin«, in: watson.ch, 30.1.2023.

373 Universität Luzern: »Neue Plattform für genderspezifische Medizin«; www.unilu.ch/news/neue-plattform-fuer-genderspezifische-medizin-7199.

374 CAS, Universitäten Bern und Zürich: www.gender-medicine.ch.

375 Swissethics: »Empfehlungen zur Gender-gerechten Forschung«, 13.12.2020;

https://swissethics.ch/assets/pos_papiere_leitfaden/201213_gender-gerechte-forschung_de_v1.0.pdf.

376 Kantonale Ethikkommission Zürich: »Gendergerechte Forschung«, Leitfaden, Internes Papier, Zürich 2021.

377 810.30, Bundesgesetz über die Forschung am Menschen (Humanforschungsgesetz, HFG), 30.9.2011.

378 Bundesversammlung: 20.3092 Motion »Geschlechterunterschiede als Thema in der medizinischen Lehre und Forschung«, eingereicht von Léonore Porchet, 11.3.2020; www.parlament.ch/de/ratsbetrieb/suche-curia-vista/geschaeft?AffairId=20203092.

379 Bundesversammlung: 22.3868 Motion »Gender-Medizin. Schluss mit Frauen als Ausnahme in der Medizin«, eingereicht von der Kommission für soziale Sicherheit und Gesundheit NR, 23.6.2022; www.parlament.ch/de/ratsbetrieb/suche-curia-vista/geschaeft?AffairId=20223868.

380 Staatssekretariat für Bildung, Forschung und Innovation (SBFI): www.sbfi.admin.ch.

381 Als Medizinprodukte gelten medizinisch-technische Geräte und Instrumente wie Defibrillatoren, medizinische Software, Zubehör wie Aufbewahrungsfläschchen und auch Implantate.

> Fedlex: 812.213 »Medizinprodukteverordnung, (MepV)«, 1.7.2020; www.fedlex.admin.ch/eli/cc/2020/552/de.

382 Ryser, M.: »Spitäler missachten Meldepflicht«, in: Infosperber, 14.6.2020.

383 Mündliches Zitat.

384 In einer umfangreichen Recherche hat sich die »Süddeutsche Zeitung« in Kooperation mit NDR, WDR und dem International Consortium of

Investigative Journalists dieses Themas angenommen und die Probleme mit Medizinprodukten in allen erdenklichen Aspekten recherchiert. Publizistik-Preis 2019: Platz 3 für »Implant Files« vom Redaktionsteam der »Süddeutschen Zeitung«: www.sueddeutsche.de/projekte/artikel/politik/sz-e952128.

385 Bruckner, T.: »New UK law will require all clinical trials to rapidly report results«, TranspariMED, 23.3.2023; https://lnkd.in/dgYCTbSf (Deutsche Übersetzung des englischen Posts von Till Bruckner auf LinkedIn zitiert).

386 BAG: »Gesundheitspolitische Strategie des Bundesrats 2020–2030«, 6.12.2019; www.bag.admin.ch/bag/de/home/strategie-und-politik/gesundheit-2030/gesundheitspolitische-strategie-2030.html.

> [→ Anm. 365]

387 BAG: »Bundesgesetz über die Krankenversicherung (KVG)«, Art. 58, Qualitätssicherung, 2021; https://bit.ly/3xLozqG.

388 Bundesversammlung: 13.3875 Postulat »Fehlermeldesysteme und medizinische Erkenntnisse für die Verbesserung der Patientensicherheit einsetzen«, eingereicht von Thomas Hardegger, 26.9.2013; www.parlament.ch/de/ratsbetrieb/suche-curia-vista/geschaeft?AffairId=20133875.

389 Blech, J.: »Jeder zweite Ältere nimmt potenziell gefährliche Wirkstoffe«, in: Der Spiegel, 9/2023, 21.2.2023. https://bit.ly/42W7vgi.

> www.priscus2-0.de.

390 Bundesrat, Medienmitteilung: »Bundesrat will Qualität und Wirtschaftlichkeit in der Gesundheitsversorgung stärken«, 14.5.2014; www.admin.ch/gov/de/start/dokumenta

tion/medienmitteilungen. msg-id-52941.html.

391 Internes Inputpapier, »Weiteres Vorgehen Zentrum für Qualität«, 12.12. 2014, runder Tisch vom 18.12.2014.

392 BAG: »Health Technology Assessment (HTA)«, 16.1.2023; https://bit.ly/3Sj5WEb.

393 BAG: »HTA-Programm«, 6.1.2023; https://bit.ly/42W8ehd.

394 Vincent, C.; Staines, A.: »Verbesserung der Qualität und Patientensicherheit des schweizerischen Gesundheitswesens«, Nationaler Bericht zur Qualität und Patientensicherheit im schweizerischen Gesundheitswesen, im Auftrag des Bundesamtes für Gesundheit, 25.6.2019, S. 9; www.bag.admin.ch/dam/bag/de/dokumente/cc/kom/Qualitaetsbericht.pdf.download.pdf.

395 [→ Anm. 386]

396 [→ Anm. 386]: *»Unsere Standard-Präsentation (PPTX, 4 MB, 19.04.2021) zur Strategie Gesundheit2030 und die einzelnen Grafiken stehen Ihnen in vier Sprachen zur Verfügung. Diese Grundlagen finden Sie am Seitenende unter ›Dokumente‹. Falls Sie nicht finden, was Sie suchen, dürfen Sie uns gerne kontaktieren.«*

397 BAG: »Krankenversicherung: Qualitätsentwicklung in der Schweiz«, 22.12.2022; www.bag.admin.ch/bag/de/home/versicherungen/krankenversicherung/qualitaetsentwicklung-schweiz.html.

398 H+: »Qualitätsvertrag«; www.hplus.ch/de/qualitaet/qualitaetsvertrag.

399 Die Grundlagen umfassen Donabedians Unterscheidung in Struktur-, Prozess- sowie Ergebnisqualität. Der PDCA-Zyklus wird auch als Deming-Kreis, Deming-Zyklus bezeichnet.

https://de.wikipedia.org/wiki/Qualitätsmodell_nach_Donabedian.

400 Stiftung für Patientensicherheit Schweiz: »CIRRNET-Tools«; https://patientensicherheit.ch/ueber-cirrnet-was-ist-das.

401 CIRRNET-Tagungen: Ein aktiver Austausch zu spezifischen Sicherheitsproblemen findet im Rahmen von CIRRNET-Tagungen statt, zu denen Teilnehmende kostenlos eingeladen sind; https://patientensicherheit.ch/veranstaltungen.

402 Akutsomatik bezeichnet vorwiegend in der schweizerischen Gesundheitspolitik die Versorgung der Bevölkerung mit Spitaldienstleistungen in den Bereichen Medizin, Chirurgie und Gynäkologie.

403 Die sQmh hat keine Interessenskonflikte und keine finanziellen Vorteile.

404 Antragsformular: »Fachliche Anerkennung Qualitätsverbesserungsmassnahmen«, Unveröffentlichter Antrag, Nr. V1.0, eingereicht von der sQmh. November 2022.

405 BAG: »Finanzhilfen für Qualitätsentwicklungsprogramme«; https://bit.ly/3ZeoPdu.

406 Steinbeck, V. et al.: »Patient-Reported Outcome Measures (PROMs): ein internationaler Vergleich – Herausforderungen und Erfolgsstrategien für die Umsetzung von PROMs in Deutschland«, S. 59; www.bertelsmann-stiftung.de/fileadmin/files/user_upload/BSt_PROMs-Implementierung_final.pdf.

407 [→ Anm. 406], S. 58.

408 Bundesrat: »Strategie zur Qualitätsentwicklung in der Krankenversicherung (Qualitätsstrategie) – Sicherung und Förderung der Qualität der Leistungen im Rahmen der obligatorischen Krankenpflegeversicherung«, S. 37; https://bit.ly/3ERktBB.

409 [→ Anm. 365]

410 https://paris-sur.org
> BAG: »Aktuelles – Laufende Ausschreibungen«; www.bag.admin.ch/bag/de/home/das-bag/organisation/ausserparlamentarische-kommissionen/eidgenoessische-qualitaetskommission-eqk/laufende-programme-und-projekte/paris.html.

411 Bossart, E.: »PROMs in der onkologischen Nachsorge der Schweiz«, Bachelorarbeit, Departement Gesundheit Institut für Gesundheitswissenschaften (ZHAW), Winterthur 2022., S. 15f.; https://digitalcollection.zhaw.ch/bitstream/11475/26161/1/2022_Bossart_Eveline_BA_GP.pdf.

412 Universitätsspital Basel: »Der Mensch PROM-inent im Mittelpunkt«, Jahresbericht 2019, 30.3.2023; https://jahresbericht.unispital-basel.ch/2019/innovationen/innovative-gefragt.html.

413 Rosca A. et. al.: »Gemeinsame Entscheidungsfindung: keine Modeerscheinung«, in: Schweizerische Ärztezeitung, 2020; 101(39), S. 1239–1241; https://doi.org/10.4414/saez.2020.18913.

414 Ebd.

415 Ebd.

416 §630 BGB, Bundesgesetzblatt 2013.

417 SHARE TO CARE: »SHARE TO CARE – Das Modell der Zukunft«; https://share-to-care.de/ueber-uns.
> Nationales Kompetenzzentrum Shared Decision Making am Universitätsklinikum Schleswig-Holstein: sdm.kiel@uksh.de.

418 PD Dr. med. Jens Ulrich Rüffer, Facharzt für Innere Medizin mit dem Schwerpunkt Hämatologie und Onkologie, Geschäftsführer der SHARE TO CARE GmbH.

419 [→ Anm. 417]

420 Stolz-Klingenberg, C.et. al.: »Comprehensive Implementation of Shared

Decision Making in a Neuromedical Center Using the SHARE TO CARE Program«, Patient Prefer Adherence. 2023 Jan 13;17:131-139. doi: 10.2147/PPA.S388432. eCollection 2023.PMID: 36660043.

421 https://de.wikibrief.org/wiki/Howard_Brody.

422 Gürkan, I.: »Choosing Wisely – unbedingt im gesamten Gesundheitssystem«, in: Gesundheitsökonomie & Qualitätsmanagement 2022; 27 (04): S. 161f.; https://doi.org/10.1055/a-1866-6945.

423 SAMW: »smarter medicine – choosing wisely«; www.samw.ch/de/Projekte/Uebersicht-der-Projekte/smarter-medicine-choosing-wisely.html.

424 smarter medicine: »Breite Unterstützung und neuer Schub für die Kampagne smarter medicine«; https://bit.ly/3kVyiIj.

425 smarter medicine: »Gerontologische Pflege«; www.smartermedicine.ch/de/top-5-listen/gerontologische-pflege.

426 smarter medicine: »Forschungsförderung«; www.smartermedicine.ch/de/angebot/forschungsfoerderung.

427 smarter medicine: »Fünf Fragen vor der Behandlung«; www.smartermedicine.ch/de/angebot/5-fragen-vor-der-behandlung.

428 Aktionsbündnis Patientensicherheit: »Sicher im Krankenhaus –Ein Ratgeber für Patienten«, Berlin, 2017. S. 3; https://doi.org/10.21960/201701.

429 Ebd., S. 5.

430 Ebd., S. 6.

431 Ebd., S. 7.

432 [→ Anm. 245]

433 [→ Anm. 186]

434 [→ Anm. 409]

435 [→ Anm. 104], S. 246f.

436 Adjumed Services AG (So helfen wir der Medizin, was lateinisch »adjuvamus medicinae« heißt: https://adjumed.com.

437 Rageth, L.; Neuhaus, V.: »Medizinische Register-Plattform als Vorform der Gesundheits-Plattformen«, in: Matusiewicz, D. (Hg.): »Plattformen und Tech-Giganten – Die neuen Player im Gesundheitswesen«, Berlin 2023, S. 332.

438 [→ Anm. 104], S. 37ff.

439 Bundesrat, Medienmitteilung: »Das Datenmanagement im Gesundheitsbereich soll verbessert werden«, 12.1.2022: *»Der Bundesrat hat an seiner Sitzung vom 12. Januar 2022 einen entsprechenden Bericht zur Kenntnis genommen und die betroffenen Departemente beauftragt, bis im Juli 2022 über das weitere Vorgehen Bericht zu erstatten.«* www.admin.ch/gov/de/start/dokumentation/medienmitteilungen.msg-id-86762.html.

440 [→ Anm. 104], S. 60.

441 Weltgesundheitsorganisation (WHO), Sitz in Genf: www.who.int.

442 [→ Anm. 209], S. 73.

443 WHO, »Gesundheit 21 – Gesundheit für alle im 21. Jahrhundert«, 1998; https://bit.ly/3KNhyfm.

444 [→ Anm. 209], S. 96.

445 [→ Anm. 6], S. 30;

> Kupferschmidt, K.: »Mein Job wird immer politischer und immer härter«, in: Süddeutsche Zeitung, 15.10.2015.

446 [→ Anm. 6], S. 30.

447 Bundesrat, Medienmitteilung: »70. Weltgesundheitsversammlung: Alain Berset hält Eröffnungsrede in Genf«, 22.5.2017; www.admin.ch/gov/de/start/dokumentation/medienmitteilungen.msg-id-66790.html.

448 Bundesministerium für Gesundheit: »Zweiter Internationaler Ministergipfel zur Patientensicherheit am 29./30. März 2017 in Bonn – Eine weltweite Initiative für Patientensicherheit«, S. 3; www.bundesgesundheitsministerium.de/fileadm

in/Dateien/3_Downloads/P/Patientensicherheit/Zusammenfassung_Patientensicherheitsgipfel.pdf.

449 Ebd.

450 Zitat: »Patientensicherheit hat Vorfahrt«: Zweiter internationaler Ministergipfel zur Patientensicherheit, Bonn, März 2017; www.bundesgesundheitsministerium.de/themen/internationale-gesundheitspolitik/patient-safety-summit-2017.html.

> Der Begriff »Mobile Health« (»mHealth«) beschreibt medizinische Verfahren sowie Maßnahmen der Gesundheitsfür- und -vorsorge, die durch Mobilgeräte wie Mobiltelefone, Patientenüberwachungsgeräte, persönliche digitale Assistenten (PDA) und andere drahtlos angebundene Geräte unterstützt werden.

> Der Begriff »Big Data« bezieht sich auf Datenbestände, die so groß, schnelllebig oder komplex sind, dass sie sich mit herkömmlichen Methoden nicht oder nur schwer verarbeiten lassen.

451 [→ Anm. 448]

452 [→ Anm. 448]

453 [→ Anm. 448], S. 4.

454 [→ Anm. 448], S. 4.

455 [→ Anm. 448], S. 4.

456 [→ Anm. 448], S. 4.

457 iss: »Minister fordern Aktionstag«, in: ÄrzteZeitung, 31.3.2017; www.aerztezeitung.de/Politik/Minister-fordern-Aktionstag-310193.html.

458 Bundesversammlung: 19.4041 Interpellation »Welttag der Patientensicherheit«, eingereicht von Thomas Hardegger, 17.9.2019; www.parlament.ch/de/ratsbetrieb/suche-curia-vista/geschaeft?AffairId=20194041.

> Wie der zuständige Beleuchter im Bundeshaus versicherte, wäre die Beleuchtung sehr einfach und kostenlos

zu realisieren gewesen. Dies weil das Bundeshaus anlässlich der Kampagne »Gewalt gegen Frauen« orange leuchtete, standen die orangen Schablonen zur Verfügung. Weil die Hoheit über das Parlamentsgebäude bei den Parlamentsdiensten liegt, hätte der Präsident der zuständigen Kommission die Bewilligung erteilen müssen. Er lehnte per E-Mail im September 2021 ab.

459 Ebd.

460 [→ Anm. 5]

461 »Videokonferenz der deutschsprachigen Gesundheitsministerin und Gesundheitsminister der Länder Deutschland, Liechtenstein, Luxemburg, Österreich und der Schweiz am 25. November 2021 über Einladung Luxemburgs (9. Gesundheitsquintett) – Schlusserklärung«; https://gouvernement.lu/dam-assets/documents/actualites/2021/11-novembre/29-lenert-gesundheitsquintett/Gesundheitsquintett2021-Schlusserklarung.pdf.

462 Bundesverwaltung, Mitteilung: »Labor Spiez als Repositorium für BioHub Netzwerk der WHO«, 24.5.2021; https://bit.ly/3KAcAUN.

463 Bundesrat, Medienmitteilung: »Bundesrat Berset eröffnet die Weltgesundheitsversammlung der WHO«, 24.5.2021; https://bit.ly/3kgCQJ4.

464 [→ Anm. 461]

465 www.netzwerk-universitaetsmedizin.de.

466 Ebd.

467 Internes Papier einer öffentlichen Podiumsdiskussion. Mündliche Aussage von Oswald Oelz.

468 KR Erika Ziltener, Vorstoß Anfrage zur Autopsie, Februar 2006 (nicht mehr verfügbar).

469 Münzel, T.: »Immer weniger Leichen werden

obduziert – der Grund dafür sind junge Ärzte«, in: Limmattaler Zeitung, 25.2.2019.

470 Ebd.

471 Himmer, N.: »Die Hälfte aller Morde bleibt unentdeckt: ›Niemand verlangt von einem Automechaniker, dass er sieht, was kaputt ist, ohne die Motorhaube zu öffnen – von Rechtsmedizinern wird das so ähnlich erwartet‹«, in: Neue Zürcher Zeitung, 25.9.2022.

472 [→ Anm. 469]

473 [→ Anm. 471]

474 Kantonsspital Baselland: »Neueste Erkenntnisse aus Obduktionen von COVID-19-Opfern«, 5.5.2020; www.ksbl.ch/blog/soekdfa.

475 Uniklinik Aachen, Institut für Pathologie: »Vorstellung des Registers«; www.ukaachen.de/kliniken-institute/institut-fuer-pathologie/register-covid-19-obduktionen/register-vorstellung.

476 Sturm, A.: »Patientendaten analysieren ist das A und O«, in: ÄrzteZeitung, 11.1.2018.

477 Straumann, F.; Walter, N.:»16 Corona-Promis ziehen Bilanz – Worauf sie stolz sind und was sie anders machen würden«, in: Tages-Anzeiger, Sonntagszeitung, 18.2.3023.

Patient:innendossiers

Zu Anm. 15, Auszug A: Operationsbericht

Operation

1. **Mitralklappenersatz (MKE) mittels biologischer Prothese Hancock II Medtronic 27 mm (Model: T510, Implant code S/N: D036522)**
2. **Aortaklappenersatz (AKE) mittels biologischer Prothese Edwards Inspiris Resilia 19 mm (Implant code S/N: 6364722)**
3. **Trikuspidalklappenplastik mittels Ring Contour 28 mm (Implant code S/N: B840523; Model: 690R)**
4. **ECMO Implantation arteriell (rechte Arteria femoralis; 19 FR ohne Proglide) mit Bein Perfusionskanüle; venös (rechte Vena femoralis)**

Zu Anm. 16, Auszug B:

Wiedereröffnen der vorherigen Aortotomie. Die Aortklappenprothese wird entfernt. Im linken Koronarostium wird ein kleiner Thrombus entfernt. Exzision der Avalus und Aortenklappenimplantation einer 19 mm Carpentier Edwards Magna mit 3 Prolene fortlaufenden Nähten. Koronarostien sind frei. Verschluss der Aortotomie mit einem xenologen Perikard-Patch und Erweiterungplastik mit Prolene 4-0. Entlüftung des Herzens und Freigabe der Perfusion. Der linke Ventrikel bessert sich. Reperfusion. In der Zwischenzeit wird über der rechten Arteria femoralis eine *intraaortale Ballonpumpe implantiert*. Abgang von der HLM. Dekanülierung und Übernähen aller Kanülierungsstellen. An der Aortenwurzel und an rechten Vorhof werden mehrere Filz-Matraznähte platziert. Sorgfältige Blutstillung mit verschiedenen chirurgischen Hämostatika. Beide Pleure werden geöffnet und drainiert. Der rechte Ventrikel kontraktilitiet ist wechselhaft. Ausserdem reagiert der Patient wechselhaft auf Volumengabe. Der Thorax wird mit einem kleinen Sperrer aufgelassen. Weil sich der Kreislauf verschlechtert durch RV Versagen und sich ein steigendes Laktaat von 6 mmol zum 8 mmol zeigt, wird eine ECMO eingebaut (artriell rechte Arteria femoralis mit Beinperfusion und venöse Kanüle rechte Vena femoralis) und der IABP entfernt. Verschluss des Sternums mit 4 Drahtcerclagen. Schichtweiser Wundverschluss am Thorax.

Zu Anm. 192, Auszug C:

Zwischenzeitlich ist es zu vermehrter gelblich-rötlich (fraglich purulenter) Sekretion aus den Perikarddrainageaustrittsstellen gekommen. Desweiteren entwickelte der Patient einen progredienten Katecholaminbedarf, sowie steigende Entzündungsparameter. Aufgrund dessen wurde am 26.11.2019 eine Wundrevision durchgeführt. Der Befund des Operationsberichtes liegt nicht vor. Kollegen der Intensivstation berichten aber von einer eitritgen Kollektion im Bereich des Sternums. Diese wurde débridiert bzw. evakuiert. Ein Sampling ist erfolgt. Diskussion ob eine Anpassung der antiinfektiven Therapie zu erfolgen hat.

Zu Anm. 193, Auszug D: aus dem Operationsbericht

Das Herz steht. Nun Eröffnung des linken Vorhofs und Platzieren des LV Vents. Einbringen des Retraktors und Inspektion der Mitralklappe, welche nicht optimal aufgrund von Oxygenierungsproblemen der rechten Lunge dargestellt werden kann. Nach mehrmaliger Umpositionierung nun grenzwertige Darstellung der Mitralklappe. Die Klappe zeigt sich degenerativ verändert mit einem Prolaps im P2-Segment. Es zeigt sich ein Cleft zwischen P2 und P3, welche vernäht wird. Wassertest. Es zeigt sich ein undichtes Segment an der posteromedialen Kommissur, welche ebenfalls verschlossen wird. Nun erneuter Wassertest. Die Klappe zeigt sich dicht mit einer kompetenten Funktion. Nun Anbringen von Annuloplastienähten. Der Klappe wird gesized; Entscheid für einen 28 mm Carpentier-Edwards Physio II Mitral Ring. Beim Runterführen des Rings zeigt sich dieser zu gross. Der Anulus ist sehr klein, sodass entschieden wird eine reine Suture-Anuloplastie durchzuführen.

Zu Anm. 195, Auszüge E:

In der Durchsicht fällt auf, dass Vancomycin am 15.01.2020 fälschlicherweise sistiert wurde und somit aktuell der E.faecium nicht ausreichend behandelt ist.

Vorschlag
diagnostisch:
- Wie bereits empfohlen: Rücksprache mit den Kollegen der Radiologie halten, kann die prästernale Flüssigkeit anhand der Dichtewerte weiter differenziert werden (Hämatom, Wundflüssigkeit, Pus?).

Zu Anm. 300, Auszug F: Ausschnitt aus der Diagnoseliste

2. **Intraoperativer Anaphylaktischer Schock (ED 13.09.2018)**
   - nach Gabe von Protamin oder Physiogel
   - Mechanische Reanimation am 13.09.2018 - Einlage v/a ECLS
     - Minderperfusion Bein links bei St.n. ECLS-Implantation (ED 13.09.2018)
       - Anlage der Reperfusionskanüle
   - Hämatothorax rechts (ED 13.09.2018)
     - Thoraxrevision mit Sternotomie am 13.09.2018, aktive Blutung an der Thoraxwand
     - Rethorakotomie am 14.09.2018, keine Blutungsquelle
     - Mehrfache thorakale Revisionen, inklusive Einlage eines intrathorakalen VAC-Systems, auch im Rahmen von Diagnose 3
   - Schwerer kombinierter Schock (hämorrhagisch / anaphylaktisch)
     - Postoperative Massentransfusion
     - Abdominelles Kompartement (ED 13.09.2018)
       - diagnostische Laparotomie 14.09.2018, kein Hinweis für Blutung oder Ischämie
       - Open Abdomen Treatment mit VAC-Anlage 14.09.2018 - 24.09.2018
     - Kompartementsyndrom an den Armen bds. (ED 13.09.2018) mit Logenspaltung
     - Kompartementsyndrom beider Unterschenkel mit Logenspaltung (ED 14.09.2018)
       - Anlage eines ABRA-Systems beidseits
   - Stresskardiomyopathie (ED 18.09.2018)
   - ausgeprägtes postoperatives Schmerzsyndrom
     - **aktuell:** Basistherapie mit Methadon
   - postoperatives akutes Nierenversagen KDIGO 3
     - cvvHD vom 19.9.2018 - 07.10.2018
3. **Infizierter Hämatothorax rechts ED 01.10.2018 m/b Dg. 4**

Zu Anm. 302, Auszug G: aus dem Überweisungsbericht

Beeinträchtigte körperliche Mobilität:
sehr eigeschränkt,Physio ist involviert.Mobilisation durch 1 PP am Bettrand,Nachtstuhl etc.
Ist noch nicht gelaufen.Macht nur 2-3 Schritte am Bettrand,sehr ängstlich

Gefahr einer Hautschädigung:Mehrere Wunden vorhanden.Wunddokumentation liegt bei

Zu Anm. 303, Auszug H: aus dem Austrittsbericht (2.11.2018)

Austritt vollständig. Bei Wundheilungsstörung inguinal beidseits entschieden wir uns für eine Wundrevision am 31.10.2018. Es wurden rechts und links VAC eingelegt. Auf Wunsch des Patienten und in Rücksprache mit dem Jourarzt Pneumologie des KSSG wird die VAC Therapie dort weiter durchgeführt. Wir empfehlen einen VAC Wechsel bds. zwischen 05. - 06.11.2018.
Nach stabilisertem kardialem Zustand erfolgte eine transthorakale Echokardiographie die eine normale

Zu Anm. 304, Auszug I: Konsilium Neurologie (16.10.2018)

Pat. berichtet, dass er bereits seit einigen Tagen unter einer Schwäche aller 4 Extremitäten leiden würde (seit Wiedereinsetzen seiner Erinnerung nach dem Eingriff), insgesamt habe sich unter regelmässigem physiotherapeutischem Training bereits eine deutliche Besserung eingestellt. Initial habe er sich kaum bewegen können und sich wie "eingesperrt" gefühlt. Aktuell sei der rechte Arm am schwersten von der Schwäche betroffen. Fühlstörungen bestünden nicht. Ebenso auch keine unwillkürlichen Bewegungen.

Zu Anm. 306, Auszug J: aus dem Operationsbericht (13.9.2018)

Segment ist klein. Zusätzlich ist ein Cleft zwischen P1-P2 zu finden. Trianguläre Resektion des prolabierenden P2-Segmentes und Cleftverschluss P1-P2. Sizen des Ringes. Ein Caprentier Physio II der Grösse 36 mm wird ausgewählt und eingenäht. Im Wassertest zeigt sich im Bereich des P1-P2-Segmentes ein diskrete Leckage, welche toleriert wird. Platzierten des LV-Vents in den linken Ventrikel. Atriotomieverschluss mit provisorischer Fixation des LV-Vents mit 4-0 Prolene. Einnähen einer provisorischen Elektrode. Langsames Off-Gehen. Die TEE-Kontrolle zeigt eine Restinsuffizienz im Bereich des P2-Segments basisnah, welche nicht toleriert werden kann. Deswegen Entscheid erneut an die HLM zu gehen. Erneute Kardioplegiegabe. Eröffnen des Atriums und Darstellen der Mitralklappe.

Zu Anm. 307, Auszug K: aus dem Operationsbericht (13.9.2018)

3 Proglides arteriell. Plötzlich lässt sich der Patient schlecht beatmen und der Blutdruck fällt ab. Peripher lassen sich femoral die Pulse schwer tasten. Der ZVD ist im Normbereich und in der TEE zeigt sich keine kardiale Problematik. Gleichzeitig wird echokardiographisch eine Aortendissektion ausgeschlossen. Frustranes Einführen eines arteriellen Katheters femoral rechts. Der MAP beträgt nun ca. 30 mmHg. Beginn der mechanischen Reanimation und gleichzeitges offene Implantation einer v-a ECMO femoral links unter medikamentösen Unterstützung. Das ECLS fährt problemlos. Postuliert wird

Dank

Mein herzlicher Dank geht an

Thomas Hardegger für die wertvollen Diskussionen und für seine begleitende Unterstützung,

Petra Wessalowski für die treffenden Anmerkungen und frühe Weichenstellung für das Buch,

die Patientinnen, Patienten und Angehörigen für ihre fortwährende Gesprächsbereitschaft, ihr Engagement für mehr Sicherheit in der Gesundheitsversorgung und für die zur Verfügung gestellten Dossiers,

an die Fachpersonen, die mir bereitwillig ihr Wissen, ihre Erfahrung und ihre fachliche Überprüfung vermittelt haben,

an die Verlegerin Anne Rüffer, die mir die richtigen Fragen gestellt hat, das Buchprojekt mit konstruktiver Kritik und Fachkompetenz begleitet hat,

an Saskia Nobir für das sorgfältige und kreative Layout,

und an das gesamte Verlagsteam für die Mitgestaltung.

Liebe Leserinnen und Leser

Wir freuen uns, dass Sie uns bis hierhin gefolgt sind. Vielleicht haben Sie nach der Lektüre dieses Buches den Wunsch, mit einem Experten oder einer Expertin Ihre persönlichen Erfahrungen zu diskutieren. Oder Sie möchten Ihre Geschichte mit der Autorin teilen. Möglicherweise haben Sie Fragen zu einzelnen Kapiteln, oder Sie suchen ein offenes Ohr für Ihre Vorschläge zur Verbesserung der Patientensicherheit. Was auch immer Sie bewegt, unter nachstehender Adresse können Sie uns schreiben, und wir leiten Ihre Zeilen an die passende Person weiter.

info@ruefferundrub.ch

rüffer & rub Sachbuchverlag
Alderstrasse 21, CH-8008 Zürich